产业互联网平台突围

在线支付系统设计与实现

马效峰　冀秀平　编著

本书从产业互联网发展现状和当前落地过程中遇到的障碍为出发点，展示了在线支付在产业互联网平台走向交易和数据时代所处的重要地位，并通过典型产业互联网平台及支付模式的案例解析，引出B2B在线支付的相关概念，在此基础上从规划设计、系统架构、功能建设、渠道选择、项目实施和运营推广等全流程系统介绍产业互联网平台在线支付的设计和实现。

本书共7章，内容包括产业互联网与在线支付、产业互联网典型模式与案例解析、B2B支付模式、在线支付系统构建基础、在线支付系统构建方案设计、在线支付实现路径以及B2B平台支付未来发展需求和方向。

本书既可以作为产业互联网领域相关从业人员工作参考用书，也可以作为银行、第三方支付等支付服务商B端支付模式设计开发和运营人员的指导手册。

图书在版编目（CIP）数据

产业互联网平台突围：在线支付系统设计与实现/马效峰，冀秀平编著.—北京：机械工业出版社，2020.6

ISBN 978-7-111-65772-9

Ⅰ.①产… Ⅱ.①马…②冀… Ⅲ.①电子商务-支付手段-系统设计-研究 Ⅳ.①F713.361.3

中国版本图书馆CIP数据核字（2020）第096337号

机械工业出版社（北京市百万庄大街22号 邮政编码100037）
策划编辑：丁 伦 责任编辑：丁 伦
责任校对：徐红语 封面设计：MXK DESIGN STUDIO
责任印制：李 昂
北京机工印刷厂印刷
2020年9月第1版第1次印刷
170mm×240mm·16印张·310千字
0001—2500册
标准书号：ISBN 978-7-111-65772-9
定价：79.90元

电话服务	网络服务
客服电话：010-88361066	机 工 官 网：www.cmpbook.com
010-88379833	机 工 官 博：weibo.com/cmp1952
010-68326294	金 书 网：www.golden-book.com
封底无防伪标均为盗版	机工教育服务网：www.cmpedu.com

前言
Preface

在互联网时代，电子商务以其强大的创新和应用能力开启了继农业革命、工业革命之后的商业革命，彻底改变了人类的生活方式及不同主体间的连接方式。凭借巨大的人口红利，我国的消费互联网出现了爆发性增长，再次展现了让世人瞩目的中国速度，特别是在电子商务和移动支付领域，更是突飞猛进。随着消费互联网竞争格局的初步形成、流量入口的巨头垄断以及人口红利的减弱，消费互联网的应用创新难度也在加大，渐成红海，互联网的下一个增长点会诞生在什么领域已经成为各界关注的焦点。与此同时，物联网、大数据、云计算、5G等技术推动的第四次工业革命正席卷世界，我国针对制造企业转型升级的供给侧改革风起云涌，技术、政策、产业资本等有利因素一起发力，产业互联网恰逢其时地成为继消费互联网之后的新风口。

实际上，产业互联网的实践远远早于消费互联网。早在20世纪90年代互联网开始发展时，某些嗅觉敏感的企业家就希望把握互联网机遇培育领先优势，通过电子商务模式提高企业间的供需对接效率。20世纪末，在马云与他的17个创业伙伴成立阿里巴巴时，一个叫费莫奇（Mitch Free）的人几乎在同一时间于美国创立了MFG. com，此后MFG成为全球最大的制造业B2B在线交易市场，成为阿里巴巴在全球最大的竞争对手之一。只不过产业互联网的发展因为种种原因在新世纪的前十几年里少有新的模式和业态诞生，直至完全被后发先至的消费互联网抢去了风头。

因为消费互联网的巨大成功效应，近年来我国产业互联网的发展携带了太多消费互联网的基因，企业间的电子商务（即通常所说的B2B平台）成了中国产业互联网最先试水的模式，也是迄今为止产业互联网领域最吸金的模式。但凡事都有正反两方面的影响，因为对于消费互联网的路径依赖，产业互联网平台的试水者更多地关注了两者的共同点而忽略了两者的巨大区别，B2B电子商

务在各产业领域的应用推广走了很多弯路，其中在线支付环节成为许多产业互联网平台无法突破的障碍，极大地限制了产业互联网平台全流程服务的提供和盈利模式的创新。许多平台止步于为企业提供信息服务和简单的撮合交易服务，另一些平台开始转而以自营业务模式实现真正的信息流、资金流和物流的统一，还有一些平台尝试绕过支付环节获取企业真实交易数据，如提供物流服务、代理进出口业务、税务服务等。无论对于产业互联网的概念有多少分歧，产业互联网有多少种模式，服务于单个企业或制造业的单个环节都难以称为产业互联，产业互联最终要体现为企业间的连接和利益交换，所以资金在企业间的流动是最终的体现形式。在企业间其他的连接已经逐步转移到网上后，企业间资金的流动最终必然会实现与企业间其他连接的统一，即实现在线支付。因此，尽管许多平台迫不得已绕开在线支付的环节，但更多的平台企业仍在展开在线支付的尝试，银行和第三方支付等支付服务机构也在积极开展针对 B 端支付的模式创新，央行清算管理机构在加强在线支付风险管理的同时也在寻求监管与创新之间的平衡。我们有理由相信，在产业互联网不断发展的过程中，在线支付面临的困境会受到更多重视，而在线支付的系统解决方案将会帮助产业互联网平台实现突围。

笔者身在产业互联网实践的前沿阵地，对于产业互联网平台落地运营过程中存在的困难比较了解。产业互联网的生态系统是多主体依存共生，多应用相互依赖和制约的多维度系统，而在线支付在这个生态系统中处于比较特殊的位置，用户是否愿意使用在线支付，取决于平台的其他产品和服务能否为用户创造价值，而用户是否愿意主动使用平台的产品和服务，一定程度上又取决于在线支付是否能便捷、经济、安全，即便是尚未形成成熟盈利模式的工业互联网应用服务，表面上看似与支付关联性不大，但平台在向用户提供数据存储、传输等服务时，如果有类似通信企业为智能手机用户提供流量套餐和充值扣费功能的支持，用户在使用起来无疑会更加便捷。在平台经济成为主流业态及产融无限融合的今天，金融服务对于平台的价值创造越来越重要，在线支付支持下的交易闭环既为金融服务提供了真实的场景，又为金融服务提供了风险防控的保证。因此，我们更希望站在平台盈利模式创新，而不是仅仅实现资金转移的角度来看待产业互联网平台在线支付的重要性。

目前各类产业和学术研究机构对于产业互联网和在线支付的研究中，有的侧重于对电子支付及模式进行详细讲解和论述，有的侧重于对产业互联网模式的探讨，本书结合笔者在产业互联网领域多年的工作实践，通过对产业互联网实践的跟踪研究，将其宏观背景和具体实操相结合，围绕在线支付这一关键环节，深入剖析B2B在线支付存在的问题，并探求解决办法。笔者希望通过对企业间在线支付障碍的分析、对产业互联网平台成功模式的解析以及对市场上主流B2B在线支付模式的跟踪研究帮助产业互联网平台突破在线支付障碍，打开平台通往交易时代和数据时代的大门。同时结合大量文献资料及工作实践中与各支付服务机构的直接沟通，提出产业互联网平台在线支付系统的规划设计、功能建设和运营落地的系统解决方案，力求帮助产业互联网平台从业人员提高在线支付系统构建的主动性、体系化及前瞻性，同时也可为银行及第三方支付机构在创新产业互联网支付服务时提供借鉴和参考。

本书编写过程中，得到了多个知名银行、支付机构专项服务于B2B平台的专业人员以及产业互联网平台直接从事支付系统开发设计人员的指导和帮助，在此表示感谢！另外，由于笔者对产业互联网这一新兴领域的认识水平有限，且在线支付（尤其是B2B支付）正处于探索发展阶段，书中内容定有不完善之处，恳请读者提出宝贵意见。

目 录
Contents

第一章
产业互联网与在线支付

“激水之疾，至于漂石者，势也”。自人类社会进入信息化时代，互联网普及带来的各类创新势不可挡。随着消费互联网竞争格局的基本确定，其相关技术及商业模式创新的动能已日渐式微，产业互联网成为互联网发展新的风口。以 To B 为典型特征的产业互联网成为政策关注和资本追逐的焦点，互联网巨头也纷纷开始产业互联网战略布局，服务于企业间资源、产品和能力交易的各类 B2B 平台成为产业互联网最先落地的模式。B2B 在线交易快速增长，但也面临种种困境，如何通过支付创新实现 B2B 在线交易闭环，成为产业互联网平台突破的关键。

关键词：产业互联网　消费互联网　B2B 在线交易　在线支付　困境　创新　数据时代

第一节 产业互联网：互联网新风口

在互联网席卷世界的几十年来，带着鲜明标签的中国互联网企业不仅改变了国人的生活，在世界舞台上也颇为引人注目。而当前阶段，产业互联网取代消费互联网成为新的风口，了解大势，御风而行，将会成就一批新的领先者和创新者。

一、互联网之势

20 世纪末，海尔集团董事局主席兼执行官张瑞敏在海尔内部的一次“业务流程再造”培训中，曾经向 70 多位中高层经理提出过一个问题：“你们说，如何让石头在水上漂起来?”那些回答“把石头掏空!”“把石头放在木板上!”“做一块假石头!”的经理们显然没有答到点上。张瑞敏的这个类似于脑筋急转弯的问题实际上脱胎于《孙子兵法》中的一句话“激水之疾，至于漂石者，势也”。十几年后，小米的领军人物雷军的一句“站在风口上，猪都会飞”迅速流传，在互联网界、投资界、创业界几乎人人耳熟能详。这句话说明企业要“顺势而为”，这个“势”同样出自《孙子兵法》中的一句话“故善战人之势，如转圆石于千仞之山者，势也。”无论是让石头在水中漂起来，还是让圆石从高山上滚下来，讲的都是借势。当今社会，最大的势无疑是互联网，这个凝聚古人智慧的“势”字，当下已被另一个更易理解的词“风口”所取代。

互联网的风在我国已经吹了几十年，经过了一次次的创业高潮和网络泡沫，我国互联网创新迭代的速度让人目不暇接。1995 年马云上门推销“中国黄页”惨遭嫌弃的创业故事广为人知，如今马云已经成为我国互联网无可争议的代表人物之一，其创立的阿里巴巴也跻身全球市值最大的互联网公司前列。根据“互联网女皇”Mary Meeker 发布的 2019 年互联网趋势报告中，全球市值排名前 30 的互联网公司中，以阿里巴巴为首的中国企业占据了 7 席，美国占 18 席，其余国家合计占 5 席，在全球互联网领域，中国的地位与美国的差距正在进一步缩小。全球 20 个市值最大的互联网公司排名如表 1-1 所示。

表 1-1 全球 20 个市值最大的互联网公司排名（截至 2019 年 6 月）

排名	公司	国家	市值/亿美元
1	微软	美国	10070
2	亚马逊	美国	8880

（续）

排　名	公　司	国　家	市值/亿美元
3	苹果	美国	8750
4	Alphabet	美国	7410
5	脸书	美国	4950
6	阿里巴巴	中国	4020
7	腾讯	中国	3980
8	奈飞	美国	1580
9	Adobe	美国	1360
10	Pay Pal	美国	1340
11	Salesforce	美国	1250
12	Booking Holdings	美国	770
13	优步	美国	750
14	Recruit Holdings	日本	520
15	Servicenow	美国	510
16	Workday	美国	480
17	美团点评	中国	440
18	京东	中国	390
19	百度	中国	380
20	Activision Blizzard	美国	350

在电子商务领域，我国电子商务的发展则远远超过了美国。据 Forrester 发布的《中国的电子商务：全球最大的电子商务市场的趋势和前景》报告数据显示，到 2022 年，我国电子商务规模将达 1.8 万亿美元，是美国 7130 亿美元的两倍多。阿里巴巴和京东两大电商巨头仍将在国内市场占据主导地位，拼多多、小红书等新兴电子商务平台也处于快速发展中。移动支付的普及推广更是成为近年来电子商务发展的热点，有 3/4 的交易都要通过移动端完成。

二、从消费互联网到产业互联网

互联网近几十年的发展基本都是面向终端消费者的服务，属于消费互联网的范畴，无论是最开始的单向信息门户，还是后来的互动社交网络；无论是开始的 PC 端在线交易，还是后来的移动端支付场景；无论是开始时实体商品所有权的交易，还是后来在线服务提供及商品使用权的转移。按照市场经济发展规律，某一特定领域发展到一定阶段必然走向寡头垄断。近年来在消费互联网领

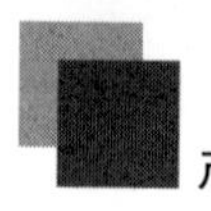

域尽管创新不断，但目前该领域已经逐步出现寡头垄断、同质化竞争的局面。在移动支付后，从面向终端消费者的电子商务环节来突破创新已经难上加难，众多消费类电商平台不断进入死亡名单。之前被称为消费电商最后一块处女地的生鲜电商也已经成为红海，2019 年末，“妙生活”“呆萝卜”等相继传出线上供应品类大幅缩减、线下门店大批关张的消息。在“淘集集”“呆萝卜”速生速灭的事件中，人们仿佛已经习惯了消费电商的开开关关，消费互联网依靠烧钱跑马圈地的模式显然已不可持续，一个话题开始引起关注：互联网下一个风口会出现在什么领域？

事实上“互联网 +”的创新之风已经逐渐开始转向，从为终端消费者提供消费产品与生活服务转向为各类企业提供设计、生产、交易、物流、融资等各类服务，助力产业和其中的企业实现流程重组、资源配置优化和效率提升，产业互联网已一步步走进人们的视野。随着近两年垂直电商平台在各细分产业领域中风起云涌的发展以及 2018 年 11 月 9 日世界互联网大会透露出的互联网未来发展新动向，“产业互联网”开始逐步取代消费互联网，成为互联网经济的新风口。

在产业互联网成为热词，各界大佬都在讨论“To B or Not to B”的命题时，不同背景的人从不同的角度对产业互联网做出自己的理解，可谓见仁见智。比如在《2018 产业互联网白皮书》中，AMT 研究院院长、产业互联网研究联盟秘书长葛新红女士从产业链优化的角度指出：产业互联网平台一方面通过互联网对传统产业链进行整合优化，打通供销通道，去除不增值冗余环节，通过信息连通、供需匹配，建立新模式下的产业价值网络连接。另一方面，以共享经济模式汇聚产业服务资源，对产业链上下游企业进行技术、金融等赋能，带动产业链整体转型升级。产业互联网与消费互联网在产业链中的定位如图 1-1 所示。

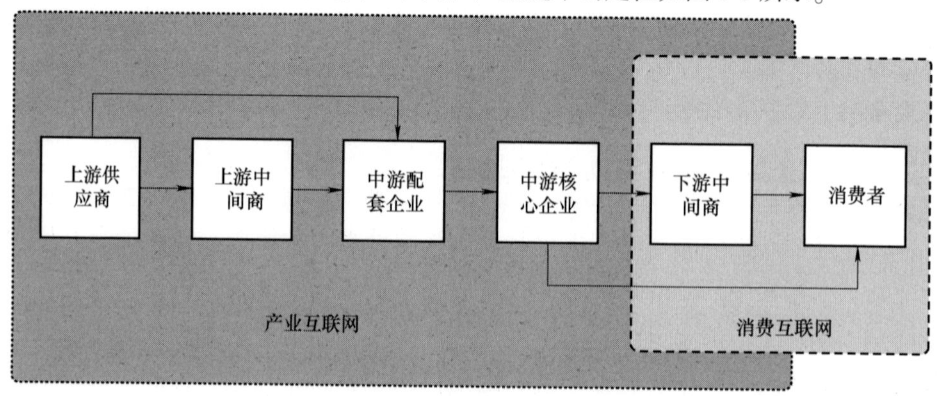

图 1-1　产业互联网与消费互联网产业链环节定位

上图显示的是传统产业链各环节示意图，产业互联网服务的是偏供给侧的环节，消费互联网服务的是偏需求侧的环节。但传统产业链尤其是偏供给侧的产业链存在链条长、从业者分散、供需失衡等问题，因此产业互联网的定位便是通过互联网平台的建设整合产业链资源，通过信息共享、能力协同、供需匹配和生产性服务优化等功能，实现供给侧结构性改革。

由浙江清华长三角研究院产业互联网研究中心等机构发布的《2019 产业互联网白皮书》，在前两年白皮书的基础上，通过对多个产业互联网案例研究和咨询服务实践，得出了 2019 年产业互联网进入蓬勃发展期的判断，并指出产业互联网实践的五种类型：(1）行业龙头企业的裂变式增长；(2）区域特色产业集群的转型升级；(3）专业商贸市场的数字化转型；(4）商贸/物流商到供应链集成服务商的转型；(5）行业资讯平台/SaaS 解决方案商的产业互联网升级。从这个报告中，可以归纳出产业互联网不是指一个制造企业内部设备间的互联，也不是技术层面的万物互联，而是更强调一个产业链上有契约关系的企业间的互联，是产业主体间的交易在线化、产业间的结算集中化。《新风口到来：产业互联网模式创新》一书中，作者从模式创新的角度指出：产业互联网泛指以生产者为用户，以生产活动为应用场景的互联网应用，涵盖了企业生产经营活动的整个生命周期，通过在设计、研发、生产、融资和流通等各个环节的互联网应用和渗透，通过互联网提供的技术、云资源和大数据分析，重构企业内部组织架构；改造和创新生产经营和融资模式以及企业与外部的协同交互方式，改变企业的运营管理方式和服务模式，从而实现提升效率、降低成本、节约资源和协同发展的目的。

尽管有专家提出产业互联网的概念存在一些逻辑混乱问题，很难界定产业互联网与供应链、消费互联网、B2B 电子商务、工业互联网等概念的边界，但通过梳理目前产业互联网与这些容易混淆概念的辨析，可以简明扼要地提炼出产业互联网最主要的特征。首先，产业互联网与消费互联网最本质的区别在于，一个是 To B，一个是 To C，两者相互依存，构成完整的产业链。其次，产业互联网与 B2B 电子商务最本质的区别在于产业互联网强调服务赋能，而 B2B 电子商务强调交易，但目前 B2B 电子商务是产业互联网最核心的应用。最后，产业互联网与工业互联网最本质的区别在于，产业互联网强调整个产业的要素重新组合和角色重新分工，更关注企业与企业、制造业与服务业的连接，而工业互联网强调利用平台帮助单个企业实现生产过程的改造和供应链的优化。随着万物互联时代的到来，企业边界不再那么清晰，工业互联网将成为产业互联网最有潜力实现价值增值的部分。

纵观我国互联网发展的路径，一个概念的出现、分歧、丰富和界定的后面总有其特定的背景和演变规律，关于产业互联网的概念之争也许会持续或被其他更合适的名词所取代，但政策的关注、资本的追逐、互联网巨头的战略布局以及各行业的实践已经赋予了它无可替代的意义，产业互联网风口之势已然形成。

三、密集出台的产业互联网相关政策

近年来，国务院及各相关部门围绕“互联网＋”、供给侧改革、两化融合、供应链创新和应用等推出一系列政策，这些政策直接或间接地推动了产业互联网及配套设施的建设和发展，为产业互联网持续发展营造了良好的环境。笔者整理和提炼了近年来密集出台的产业互联网政策供读者参考，产业互联网相关政策如表1-2 所示。

表1-2　产业互联网相关政策

时间/名称	制定部门	主要内容
2015 年7 月《关于积极推进“互联网＋”行动的指导意见》	国务院	推动互联网由消费领域向生产领域拓展，加速提升产业发展水平，增强各行业创新能力，构筑经济社会发展新优势和新动能
2016 年4 月11 日《智能制造试点示范2016 专项行动实施方案》	工信部	数字化、网络化、智能化日益成为制造业的主趋势。2016 年要边试点示范、边总结经验、边推广应用
2016 年7 月《关于深化制造业与互联网融合发展的指导意见》	国务院	以激发制造企业创新活力、发展潜力和转型动力为主线，以建设制造业与互联网融合“双创”平台为抓手，围绕制造业与互联网融合关键环节，积极培育新模式新业态，强化信息技术产业支撑，完善信息安全保障，夯实融合发展基础，营造融合发展新生态，充分释放“互联网＋”的力量，改造提升传统动能，培育新的经济增长点，发展新经济，加快推动“中国制造”提质增效升级，实现从工业大国向工业强国迈进
2016 年11 月3 日《信息化和工业化融合发展规划（2016－2020 年）》	工信部	按照工业和信息化部“十三五”规划体系和《中国制造2025》“1＋X”体系相关工作安排。“1＋X”规划体系中的“1”是指当时规划的“中国制造2025”本身，“1＋X”规划体系中的“X”将包括智能制造、绿色制造、质量品牌提升等11 项配套政策、行动计划或专项规划
2017 年10 月《关于积极推进供应链创新与应用的指导意见》	国务院办公厅	提出到2020 年，形成一批适合我国国情的供应链发展新技术和新模式，基本形成覆盖我国重点产业的智慧供应链体系。加强供应链大数据分析和应用，确保借贷资金基于真实交易

（续）

时间/名称	制定部门	主要内容
2017年11月《国务院关于深化“互联网+先进制造业”发展工业互联网的指导意见》	国务院	加快建设和发展工业互联网，推动互联网、大数据、人工智能和实体经济深度融合，发展先进制造业，支持传统产业优化升级
2017年《制造业“双创”平台培育三年行动计划》	工信部信软司	到2020年底，重点行业骨干企业互联网“双创”平台普及率超过85%，支持建设面向企业内部和产业链上下游的“双创”要素汇聚平台，促进面向生产制造全过程、全产业链、产品全生命周期的信息交互和集成协作
2017年《工业电子商务发展三年行动计划》	工信部信软司	大力发展工业电子商务平台，推动工业企业交易方式和经营模式的在线化、网络化和协同化
2018年《促进大中小企业融通发展三年行动计划》	工信部、发改委、财政部、国资委	通过夯实融通载体、完善融通环境，发挥大企业引领支撑作用，提高中小企业专业化水平，培育经济增长新动能，支撑制造业创新，助力实体经济发展。产业骨干企业通过平台化转型，实现新的创新发展；同时将自身积累的产业资源和能力通过平台开放化，为产业链上下游进行综合赋能，带动产业链上下游中小微企业共同发展，最终实现整个产业生态圈大中小企业的共赢发展
2018年4月《关于开展供应链创新与应用试点的通知》	商务部、工信部、生态环境部等8部门	在全国范围内开展供应链创新与应用城市试点和企业试点，推动形成创新引领、协同发展、产融结合、供需匹配、优质高效、绿色低碳、全球布局的产业供应链体系，促进发展实体经济
2019年2月《关于推进商品交易市场发展平台经济的指导意见》	商务部、科技部、工信部等12部门	发展平台经济成为商品交易市场转型升级的重要方向，也是我国流通领域深化供给侧结构性改革、推动经济高质量发展的一项重要举措。力争在2020年，培育一批发展平台经济成效较好的千亿级商品市场，推动上下游产业和内外贸融合，形成适应现代化经济体系要求的商品流通体系，更好地服务供给侧结构性改革
2019年8月《关于促进平台经济规范健康发展的指导意见》	国务院	鼓励商品交易市场顺应平台经济发展新趋势、新要求，提升流通创新能力，促进产销更好衔接；发展“互联网+生产”，推进工业互联网创新发展；推进“互联网+创业创新”，依托互联网平台完善全方位创业创新服务体系；加强网络支撑能力建设

从以上梳理的相关国家政策可以看出，从2015年开始国家已经在着手推动互联网由消费领域向生产领域拓展，融合融通、供应链、平台成为这些政策的

关键词，通过支持技术创新、模式创新促进产业链上各类企业的协同发展，打造数字化、智慧化产业链，是国家为产业互联网发展指明的方向。国家政策的持续推动和各产业的积极实践必将带来产业互联网的蓬勃发展。

四、寒冬中资本的角逐

从 2016 年开始，资本寒冬的概念便在不同场合不断被提及。我国实体经济下行的压力、互联网企业延续的烧钱态势以及金融去杠杆的政策导向，无论是一级资本市场还是二级资本市场，资本的风险意识不断加强，出现捂紧钱袋子度过寒冬的态势。但即便是在资本的寒冬中，产业互联网领域的投融资不降反升。引用金沙江创投董事朱啸虎的话说："共享经济风口已过，下一站是产业互联网。企业服务和产业互联网机会非常多、非常多、非常多。"

以目前产业互联网应用最广泛的 B2B 电子商务领域为例，据电子商务研究中心监测数据显示，2019 年全年交易型 B2B 企业融资事件 156 起，获投企业 136 家，吸收融资金额 346 亿元人民币，融资金融持续增长，资本热情不减，且融资事件中，B 轮及以前阶段的融资占到 80% 以上。2016－2019 年 B2B 电商融资事件和融资金额对比如图 1-2 所示。

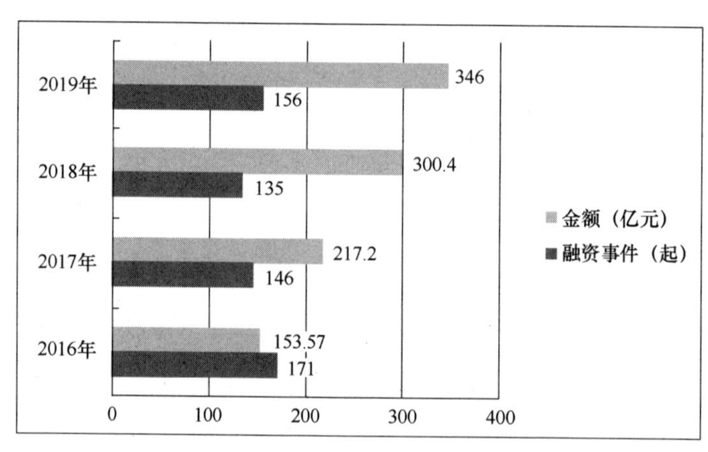

图 1-2　2016－2019 年 B2B 电商融资事件及金额对比图

电子商务研究中心还指出，从 B2B 电子商务投融资事件覆盖的所有领域看，医疗、工业、汽配、汽车、农业仍然具有广阔的投资空间，2019 年供应链物流货代、汽车配件、工业品流通等领域表现突出。从 2019 年十大融资案例中可以看出，易久批、一亩田、震坤行、欧冶云商、百布等都是聚焦垂直领域交易服务的产业互联网平台，融资金额巨大，而且有国内知名基金和实体公司参与，足见资本对产业互联网细分领域领先平台的青睐。2019 年中国 B2B 电商十大融

资案例如表1-3所示。

表1-3 2019年中国B2B电商十大融资案例

融资时间	融资方	融资金额	融资轮次	投资方
1月2日	一亩田	数亿美元	C轮	易果、华创
1月29日	准时达	24亿元	A轮	中国人寿、IDG资本等
2月21日	货拉拉	3亿美元	D轮	高瓴资本、红杉资本等
3月1日	康众汽配	3.8亿美元	D轮	华平投资、PAG太盟投资集团等
3月-8月	易久批	1亿美元+8000万美元	D轮	华平投资、腾讯
6月11日	运去哪	7000万美元	C轮	红杉资本中国基金、Coatue
6月18日	震坤行	1.6亿美元	D轮	腾讯、钟鼎资本
6月28日	欧冶云商	大于20亿元	B轮	中国国有企业结构调整基金、中信证券等
9月12日	智布互联	1亿美元	C轮	腾讯和红杉资本
12月16日	百布	3亿美元	D轮	DST global、中金资本

以上数据对比和融资案例已经显示在资本的寒冬中，知名投资基金、金融投资集团、实体投资企业正在产业互联网领域开始角逐，可以说，产业互联网的春天已经开始。

五、互联网巨头的产业互联网战略布局

在互联网时代，互联网巨头们的动向总是会引起广泛的关注，这不仅仅是因为它们曾经取得的成就，更是因为它们对互联网有深刻的理解和敏锐的嗅觉。近几年，阿里巴巴和腾讯都在从不同的路径切入产业互联网，以获得互联网新时代的竞争优势。

（一）阿里巴巴的“五新”战略

在2016年的云栖大会上，马云发表了主题演讲。在演讲中，马云指出电子商务是阿里巴巴最传统的一块业务，而“电子商务”这个词可能很快就被淘汰。马云为什么会如此说，是因为他认为电子商务是一艘摆渡船，把商品从这一岸运到了另一岸，并没有提升商品的价值。许多人断章取义，或附和或批判，很少关注到他所说的电子商务是指“纯电子商务”，他所说的电子商务时代即将结束也是指纯电商时代即将结束，因为电子商务将会扩展边界，与包括物流在内的供应链其他环节结合起来。就像他说纯电子商务时代要结束一样，在2018年浙商总会的半年年会上，马云又提出纯制造业和服务业都没有未来。由此可以看出，马云实际上是在强调一个概念：未来的机会在于虚拟经济和实体经济、服务业与制造业的融合，而这正符合产业互联网的概念。在2016年云栖大会上

提出“新零售、新制造、新金融、新技术和新能源”概念后的两年时间里，阿里巴巴集团身体力行地在这些方面快速布局。除了与消费互联网结合比较紧密的新零售、新金融、新技术、新能源领域，阿里巴巴甚至快速进入到了并不具备优势的“新制造”领域。2018年8月，在2018重庆·云栖大会上，阿里云发布了“飞象”工业互联网平台，正式进军“新制造”领域。在阿里云对于飞象工业互联网平台的解读中提出了中国制造业的方向：互联网赋能、规模市场赋能与联动中小企业生态。五新中的新零售、新金融、新技术、新能源最终服务的都是新制造，通过融合，每个制造厂商都能衍生出适合自身的新工业生态，未来通过工业生态的连接形成中国特色的工业互联网。“飞象”平台计划在3年内接入100万工业设备，助力重庆4000家制造企业实现“智造”。而在2019年9月底的云栖大会上，刚接任阿里巴巴集团董事局主席的张勇，把马云提出的“五新”，扩展至“百新”“万新”，阿里巴巴开始助力各行各业全方位走向数字化和智能化。

（二）马化腾的公开信与“连接生态”

在2018年10月腾讯全球合作伙伴大会上，腾讯董事会主席兼CEO马化腾发表一封公开信，提出腾讯将扎根消费互联网，拥抱产业互联网。这封公开信与2018年云栖大会上各界互联网大佬关于产业互联网的讨论使“产业互联网”成为一时无两的热点话题。在2019年全国“两会”期间，作为人大代表的马化腾提交“加快发展产业互联网促进实体经济高质量发展”的建议，指出互联网将渗透到产业价值链生产、交易、融资、流通等各环节，形成丰富的全新场景，极大提高资源配置效率，腾讯将助力产业与消费者形成更具开放性的新型连接生态。在此之前，2018年9月，腾讯已经完成了历史上第三次组织架构调整，将原有的七大事业群优化重组，在保留原有的企业发展事业群（CDG）、互动娱乐事业群（IEG）、技术工程事业群（TEG）、微信事业群（WXG）的基础上，突出聚焦融合效应，成立云与智慧产业事业群（CSIG）、平台与内容事业群（PCG）。其中云与智慧产业事业群定位于帮助腾讯在产业互联网时代保持优势，统一接入原本分散在各个事业群下面的To B业务。在架构调整一周年之际，在腾讯控股11月发布的截至2019年9月30日的第三季度财报显示，腾讯Q3季度营业收入为人民币972.36亿元，同比增长21%，其中包括金融科技和企业服务业务在内的To B业务收入总计267.58亿。相比Q1、Q2季度26%、22%的同比增长率，Q3季度金融科技及企业服务同比增长达36%，在整体营业收入中占比达到27.52%，几近追平其一直以来作为支柱的网络游戏业务。腾讯2019年Q3季度营业收入构成如图1-3所示。

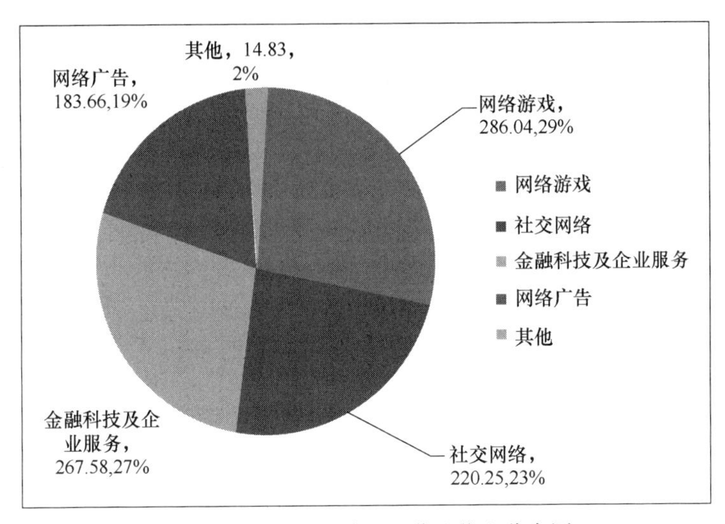

图 1-3 腾讯 2019 年 Q3 营业收入分布图

2019 年腾讯除了在业务架构调整的基础上发力 To B 业务外，其在产业互联网领域的分散投资也颇为引人注目。虽然相比 2018 年的投资高峰，腾讯的总体投资已经下降了近 7 成，但在企业服务领域的投资却同比增加约 23.53%，其中数据信息服务领域 6 起，整合营销传播领域 5 起，财务税务领域 3 起，其他业务服务领域 3 起，销售营销领域 2 起，IT 基础设施、客户服务领域各 1 起。2019 年 6 月腾讯领投震坤行 D 轮股权融资，投资总额 1.6 亿美金，再次刷新中国 MRO 领域的最大单轮融资额。

总之，无论是从政府密集出台的一系列有助于产业互联网平台发展的政策看，还是从资本在经济形势严峻的情况下对产业互联网热点的追逐看，以及从互联网领先企业对未来的战略布局看，产业互联网时代已经到来。这将意味着在政策、产业、资本等多重要素的推动下，产业互联网新的模式、新的生态会不断涌现。是站在风口顺势而为，还是对时代变革视而不见、瞻前顾后，不同的选择将决定企业在未来的成败，也将决定中国产业格局的变迁。

第二节 交易时代：B2B 在线交易的兴起与困境

产业互联网以 To B 为主要特征，而目前阶段提到的 B2B 平台主要是指 B2B 交易平台，因为产业间和企业间的联系最直观也最容易落地的应用集中在交易环节。B2B 平台在用户需求、产品体系、供求关系、交易链路等各方面与 To C

平台有本质的区别，深入了解 B2B 平台的特点和发展规律才能避免走弯路。

一、一波三折的 B2B 电商发展之路

产业互联网概念最初被提及在 2012 年前后。随着互联网领域的创新发展，各行各业纷纷触网，基于互联网平台的产品与服务创新不断涌现，产业互联网概念开始萌芽。到 2014 年，国家正式将互联网 + 作为国家级的行动计划，全面推动传统产业的转型升级。随着找钢网探索出可以落地的交易模式后，该模式快速地在各垂直细分行业复制，产业互联网被推上风口，其中 B2B 在线交易的加速落地功不可没。

纵观我国 B2B 电子商务的发展，可谓一波三折，但总体上看大概可以分为 3 个阶段，各阶段特点及关键节点如表 1-4 所示。

表 1-4　产业互联网平台发展阶段分析

阶　　段	特　　点	代表企业及关键节点
B2B 1.0 信息时代	线下供需信息的线上转移； 盈利模式：会员费、广告费	1999 年，阿里巴巴成立，涉足 B2B 业务； 2003 年，慧聪网上市，B2B 信息服务大规模爆发； 2010 年，慧聪网、环球资源网发展受阻； 2012 年，阿里巴巴发展受阻，在港交所退市。 ——信息服务红利消退
B2B 2.0 交易时代	平台介入交易环节，通过供需双方的信息进行系统匹配或人工撮合，促成交易； 平台融合信息流、资金流、物流环节，通过自营业务提高交易额； 盈利模式：交易服务费、进销差价	2008－2015 年，阿里巴巴转型撮合交易； 2011－2015 年，慧聪网转型撮合交易； 2015 年至今，找钢网开始垂直电商探索，形成找钢模式。 ——各传统大宗商品贸易企业开始在各细分领域开启垂直电商发展之路
B2B 3.0 数据时代	大数据、云计算在互联网平台广泛应用，带来产业变革； 线上交易一体化，供应链金融； 工业互联网的生产性服务； 盈利模式：交易服务费；金融、物流服务费；数据服务费等	2015 年，航天云网成立，国内第一个跨行业跨领域工业互联网平台诞生； 2016 年，树根互联成立； 2018 年，阿里云发布飞象工业互联网平台。 ——一大批工业互联网平台进入培育和推广阶段

（一）B2B 电子商务 1.0 时代

此时代始于 1999 年阿里巴巴网站的上线，随后一大批基于 B2B 或 B2B2C 信息服务的网站涌现出来，比如慧聪网、环球资源网等，这个阶段一直持续到 2010 年左右。该阶段 B2B 电子商务的盈利模式都是通过提供信息服务吸引买卖

双方加入，平台通过向卖方收取入驻费和信息推广服务费盈利。买卖双方实际交易都是线下进行，在线交易并未闭环。这种模式最大的问题就是用户黏性不够，买卖双方在平台由完全陌生到相互熟悉，也许很快就进入交易合作，只不过此时交易已经转为线下，平台无法进行后续跟踪，对买卖双方最终是否达成交易、以什么条件达成交易完全不知情。

（二）B2B 电子商务 2.0 时代

到了 2012 年，阿里巴巴因为 B2B 业务发展受阻在港交所退市，开始探索新的商业模式。而 B2B 在线交易如何落地一直是困扰综合电商平台发展的老大难问题，一直到以找钢网为代表的“找”字辈平台出现，B2B 电子商务进入了 2.0 阶段。越来越多的企业切入在线交易环节，通过系统智能检索或人工撮合，在供需信息匹配环节提供更深入的服务，并通过在线支付系统的搭建为用户提供多种在线支付方式和与资金流动相关的一系列服务，力图实现交易闭环。更多的企业开始将中介业务与自营业务相结合，保证资金流的畅通，使用户与平台产生更紧密的联系。在这个阶段，电子商务平台的商业模式开始转向在交易环节赚取进销差价或根据交易量的一定比例收取交易佣金。随着交易的落地，从交易环节延伸的物流、供应链金融服务也越来越活跃，B2B 电商平台的良性生态逐步生成。

（三）B2B 电子商务 3.0 时代

一旦在线交易实现了突破，消费互联网已经成熟的基于数据的商业模式便会复制到 B2B 电商平台。随着通信技术、云计算、大数据等技术的应用，制造企业信息化的进程会加快，企业内部人、物、信息的关联会随着各种工业 APP 的使用得到极大扩展，从而实现资源合理分配、生产过程有效控制和供应链效率提升。同时通过数据实时共享，企业之间的能力协同与服务关联也会越来越紧密，电子商务与工业互联网平台深度结合将极大地促进组织变革与商业模式创新，一个产业互联的时代呼之欲出，这同时也是 B2B 电子商务发展的 3.0 时代。这个阶段平台的主要利润来源是数据、金融、物流等增值服务。

二、B2B 在线交易快速增长

产业互联网最主要的特征是 B2B，即企业和企业之间的连接，而企业与企业之间的连接大部分是利益互换，即交易。对于产业互联网平台来说，在线交易能否顺利达成关系到平台商业模式是否能够顺利实现。正如《产业互联网白皮书 2018 版》指出，“黏性依托于核心交易、机制创新下的利益连接。只有技术创新不能带来足够的黏性，和核心交易不紧密相关的云应用容易被同质化的低价或免费服务所取代。”

（一）B2B 在线交易的发展之路

以电商行业典型代表企业阿里巴巴的发展历程为例，我们可以看出，阿里巴巴自 B2B 信息平台起家，但当会员从平台得到的利益不足以覆盖会员费、推广费等成本时，这种模式便会率先遭遇客户的抛弃。阿里巴巴在美国上市时，对于 B2B 业务几乎零提及。相比较而言，To C 业务发展要稳健得多，且随着支付的创新特别是近年来移动支付的发展，C2C \ B2C 电子商务一直保持着高速发展，To C 业务对于阿里巴巴乃至整个电商行业的发展最大的贡献应该是支付系统的建立以及对用户交易习惯的改变。

由于组织购买行为的决策流程与个体消费者购买的决策流程有着巨大差别，所以 B2B 在线交易的道路走得格外艰难。尽管近年来大热的移动支付带来了消费互联网又一波快速增长的浪潮，但随着互联网之风开始吹向产业领域，越来越多的传统行业正在探索利用互联网帮助行业提升效率，特别是以钢铁为代表的大宗物资贸易电商化，资本推动下的各路 B2B 平台在促进在线交易方面的努力也渐渐产生效果。

（二）交易规模快速增长

从电子商务研究中心《中国电子商务市场数据监测报告》中可以看出，近年来 B2B 在线交易的增长速度几乎与整个电子商务的发展速度保持一致，而且由于 B2B 每笔交易单价远高于 B2C 交易，所以 B2B 交易在整个电子商务交易金额也远超 B2C 交易，占近 70% 左右的份额。我国 B2B 电商交易规模从 2012 年的 6.25 万亿，一直到 2018 年的 22.5 万亿，呈现出逐年快速增长之势，平均年增长率超过 24% 。近几年我国电子商务交易规模增长趋势及结构如图 1-4 所示。

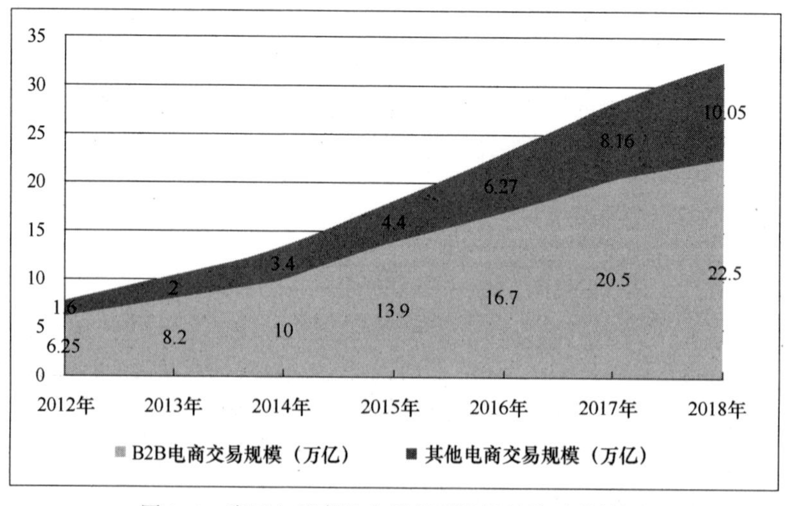

图 1-4　我国电子商务交易规模增长趋势及结构图

与交易规模增长相对应的 B2B 电子商务的营业收入规模也呈现较快的增长趋势，从 2012 年的 160 亿元迅速增长至 2018 年的 600 亿元，并且近两年的增长速度有加快的趋势，2018 年同比增长超过 70%。B2B 电商营业收入增长趋势如图 1-5 所示。

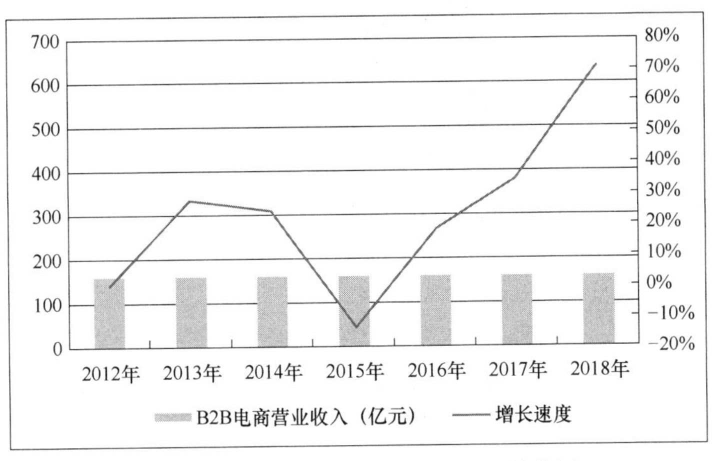

图 1-5 我国 B2B 电商营业收入增长趋势图

（三）领先平台地位受到挑战

根据电子商务研究中心对国内 B2B 电子商务市场份额的跟踪研究看：2017 年阿里巴巴、慧聪集团、环球资源、上海钢联、焦点科技、生意宝、环球市场等七家大的 B2B 平台交易额在全部 B2B 电子商务市场交易额中的占比超过 60%，到 2018 年，阿里巴巴、慧聪网、科通芯城、上海钢联、国联股份、焦点科技、生意宝等七家核心平台占比将近 70%。按通常的数据分析视角看，B2B 电子商务行业集中度有提升，但仔细分析数据可以看出 B2B 第一梯队的地位正在受到挑战。

阿里巴巴 B2B 事业群交易商品覆盖面巨大，但市场份额占比从 2016 年的 43%一路下降到 2018 年的 28.4%。按照申万宏源的研究报告，阿里巴巴 B2B 事业群 2017 年 Q2 季度营收为 32.5 亿元，同比增长 20.68%，而同期整体 B2B 电子商务的营收增长率为 63%。2017 年市场份额排名第三的环球资源网，由于受到我国外贸形势及自身平台盈利模式单一等因素的影响，营业收入和净利润多年连续下跌，2016 年选择从纳斯达克市场退市，2018 年已经退出第一集团。而同期科通芯城在 2017 年尚未进入行业前七名，到 2018 年已经占到全部 B2B 电商市场份额的 9.2%，跃升至第三位。2017 年及 2018 年我国 B2B 电商平台市场份额占比情况分别如图 1-6、图 1-7 所示。

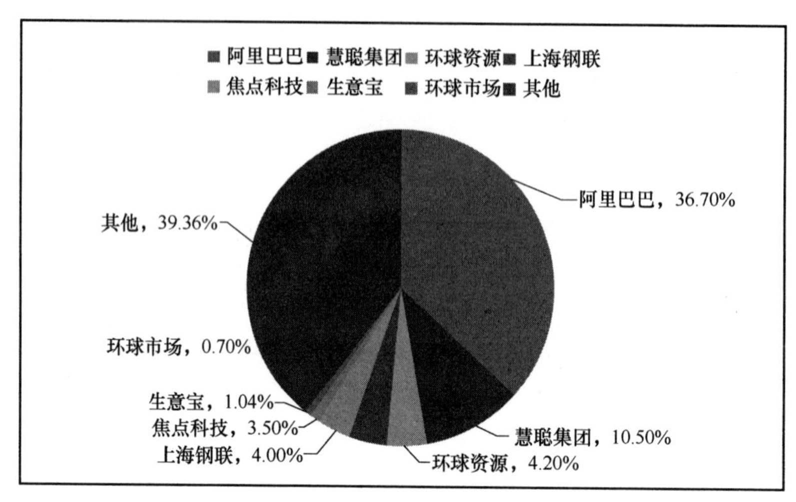

图 1-6　2017 年我国 B2B 电商平台市场份额占比情况

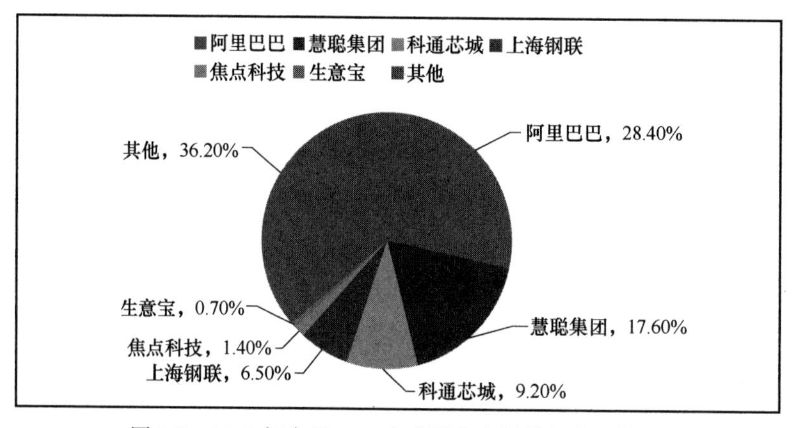

图 1-7　2018 年中国 B2B 电商平台市场份额占比情况

（四）细分行业垂直平台风起云涌

与综合类 B2B 平台相比，细分行业领域的垂直电商平台更了解该细分行业的痛点及运行规律，提供的服务更专业深入，可以满足该行业产业链上企业的深度需求，所以体现出比综合平台更容易吸引行业内企业、更容易促成交易、模式更容易落地等特征，从而对综合性平台商业模式形成更严峻的挑战。一种概念与模式的发展往往会经历萌芽期、爬坡期、膨胀期、成熟期、衰退整合期和谷底期的发展历程，垂直电商平台在各细分行业领域的发展也基本体现了这一规律。根据托比网对 B2B 细分行业的研究，钢铁行业是最早试水垂直电商平台模式的，经过这几年的淬火历练，已经走过爬坡期，开始走向成熟期。在医药、电子元器件、建材等领域，新的 B2B 电商平台也开始探索适合该细分领域的发展之路。同时，属于工业品领域的 MRO 市场在资本的推动下商业模式不断创新，如工品汇、震坤行等平台不断推出与仓储物流结合的交易模式，平台交易规模快速增长，吸引更多资本的目光。2019 年我国 B2B 细分行业发展阶段如图 1-8 所示。

2019 年我国 B2B 细分行业发展阶段				
萌芽期	膨胀期	谷底期	爬坡期	成熟期
纺织面料	工业	印刷包装	钢铁	
建材	物流货代	快消	化塑	
IT/IC	汽车	旅游	农业	
医药	外贸			

图 1-8　2019 年我国 B2B 细分行业发展阶段

产业互联网的发展有其自身的规律，不会完全复制消费互联网的发展道路，产业互联网被大平台垄断的时代远未到来，各细分产业领域中的新平台会有广阔的发展空间。

（五）央企电子商务取得规模化发展

在以 B2B 电商交易为显著特点的产业互联网发展阶段，央企并未缺席而是积极投入。2017 年 7 月 26 日，中央企业电子商务联盟（简称央企电商联盟）成立，根据人民网报道，到 2019 年 11 月底，已有 67 家中央企业和 76 家国有企业加入，覆盖能源、通信、制造、军工、建筑、物流等战略性行业。2018 年，联盟交易规模达 3.98 万亿元，占央企电商总交易规模的 94.2%，有 230 万企业客户参与交易。

借助联盟电商平台，中央企业共享供应商资源和客户资源，推动了一批央企电商平台快速成长，如欧冶云商、五阿哥、易派客等平台在各自领域崭露头角。根据联盟发展计划，到 2020 年，联盟成员单位数将突破 300 家，电商平台年度交易额预计达到 5 万亿元，央企电商联盟将成为具有全球影响力的产业联盟。中央企业电子商务发展迅速，国资委监管的央企中，已有 71 家企业的电子商务取得规模化发展，占中央企业总数的 70%，形成了国网商城、中粮我买网等一批具有代表性和市场影响力的电商平台。

从 1992 年中国第一个 B2B 平台的诞生，到现在 B2B 平台业务几乎覆盖中国所有行业，产业互联网已渐成燎原之势。同时大多 B2B 平台已经完成了从 1.0 信息服务时代向 2.0 交易时代的转变，开始探索整合提供交易撮合、物流加工、融资等供应链综合服务，在线交易规模迅速增长。先进的平台开始通过工业互联网技术的应用面向制造业提供全产业链、全生命周期的服务，并逐步探索新的服务模式。

三、B2B 在线交易面临的困境

在政策和资本的加持下，在互联网巨头向产业互联网扩展及大型传统企业利用互联网转型的推动下，产业互联网即将迎来良好的发展机遇。就目前而言，互联网平台 B2B 交易才刚刚开始，如所有新生事物的诞生一样，B2B 在线交易还面临着各种各样的发展障碍，因此，无论是产业界还是资本界都仍在探讨“To B 与 Not To B”的话题，毕竟与消费互联网相比，产业互联网有其独有的特征，无法复制现成的消费互联网的发展模式。

根据李洪心教授对电子商务的定义来看，电子商务是利用电子手段开展的商务活动，而一个完整的商务活动的业务流程主要包括信息发布与检索、交易磋商与交易订单的达成、资金的交付与清算、订单的执行和售后服务。我们可以从电子商务的这几个阶段来分析一下 To B 与 To C 的区别。

（一）庞杂的产品体系

个体消费者的消费需求无非是衣食住行、学习与娱乐等，产品大类清晰，每一类别的产品参数相对简单，且有约定俗成的规格型号，所以无论是对信息发布方（卖方）还是信息检索方（买方）来说，对于标的物的描述相对来说都要比工业用品容易得多。在挑选所需产品和服务时，几乎每一个消费者都是专家，对于检索到的标的物是否符合自己的需要都有自己的判断。

对于一个制造企业来说，生产一种产品需要组织的生产资料相对来说会相当庞杂，制造企业叠加起来的产品体系更加浩大复杂。如果销售方没有关于产品的清晰分类和准确描述，那么购买方在网络中找到自己需要的标的物就如同大海捞针。从需求的角度看，以人们比较熟悉的轿车为例，一般轿车约由 1 万多个不可拆解的独立零部件组装而成，而这 1 万多个独立的零部件的制造过程同样需要不同的工艺、制造工具、生产资料等，要保持汽车制造企业生产过程的持续稳定高效，采购与仓储的管理是一项浩大的工程。从供应角度看，以一个 10 元左右的十字螺钉为例，震坤行平台某品牌的十字螺钉规格型号就达 26 种之多，这还只是震坤行精选的数百万工业 MRO 产品中的一种，如图 1-9 所示。

可以看出，对于 B2B 电商平台，如果想做一个综合性的平台，选择平台销售的产品范围，规划建设平台的产品目录库是一项重要而艰巨的任务。用户能快速找到其所需的产品，是交易达成的第一步。

（二）价格要不要透明

对于消费互联网来说，价格几乎是毫无争议影响消费决策的第一要素，所以在消费互联网上，产品和服务的价格都是明码标价，价格的变动时间、变动

- 刀杆采用Nb-S2含铌合金钢制造，硬度达到HRC56-60
- 刀杆表面镀哑光珍珠铬，防锈美观
- 发黑处理刀头，带磁性
- 特殊三角形断面设计的手柄，较圆形断面手柄，扭力提高
- 橡塑双材料手柄，表面凹凸花纹，握持舒适，有效防止旋转打滑，耐油和多种溶剂
- 符合GB/T10635-2003和QB/T2564-2012标准

STANLEY件号	规格(mm)	刀杆长MM	总长MM	柄宽MM	
STMT67299-8-23	PH0x50	50	136	18	12
STMT67551-8-23	PH0x75	75	161	18	12
STMT67295-8-23	PH0x100	100	186	18	12
STMT67296-8-23	PH0x125	125	211	18	12
STMT67297-8-23	PH0x150	150	236	18	12
STMT67298-8-23	PH0x200	200	286	18	12
STMT67557-8-23	PH1x25	25	134	30	12
STMT67559-8-23	PH1x75	75	184	30	12
STMT67552-8-23	PH1x100	100	209	30	12
STMT67553-8-23	PH1x125	125	234	30	12
STMT67554-8-23	PH1x150	150	259	30	12
STMT67555-8-23	PH1x200	200	309	30	12
STMT67556-8-23	PH1x250	250	359	30	12
STMT67558-8-23	PH1x300	300	409	30	12
STMT67566-8-23	PH2x45	45	105	29	12
STMT67567-8-23	PH2x75	75	192	32	12
STMT67560-8-23	PH2x100	100	217	32	12
STMT67561-8-23	PH2x125	125	242	32	12
STMT67562-8-23	PH2x150	150	267	32	12
STMT67563-8-23	PH2x200	200	317	32	12
STMT67564-8-23	PH2x250	250	367	32	12
STMT67565-8-23	PH2x300	300	417	32	12
STMT67568-8-23	PH3x150	150	275	35	12
STMT67569-8-23	PH3x200	200	325	35	12
STMT67571-8-23	PH3x250	250	375	35	12

图 1-9 某十字螺钉规格示例

幅度由平台或平台商户来决定，消费者可以决定的是在什么平台买，以及在什么时间段买。所以为了帮助消费者快速了解所购商品在各个不同平台的价格，一些比价导购平台应运而生，如“什么值得买”、“没得比”等。

对于 B2B 交易，价格往往是企业的核心机密，商家出于竞争需求，不希望竞争对手可以轻易地获得自己企业产品与服务的价格体系，所以公开产品价格的意愿不足。同时，不同的交易条件会直接影响产品的价格，比如客户类型、采购数量、付款周期、物流方式等，而且 B2B 交易一般金额比较大，买卖双方都希望通过交易达成长期的合作，所以包括价格在内的交易条款的磋商会是一个必经的过程，很少有买卖双方通过公开报价成交。而需要磋商的交易条件越复杂，磋商过程就会越长，用户放弃在线交易的概率也会越大。B2C 与 B2B 采购比价流程示意如图 1-10 所示。

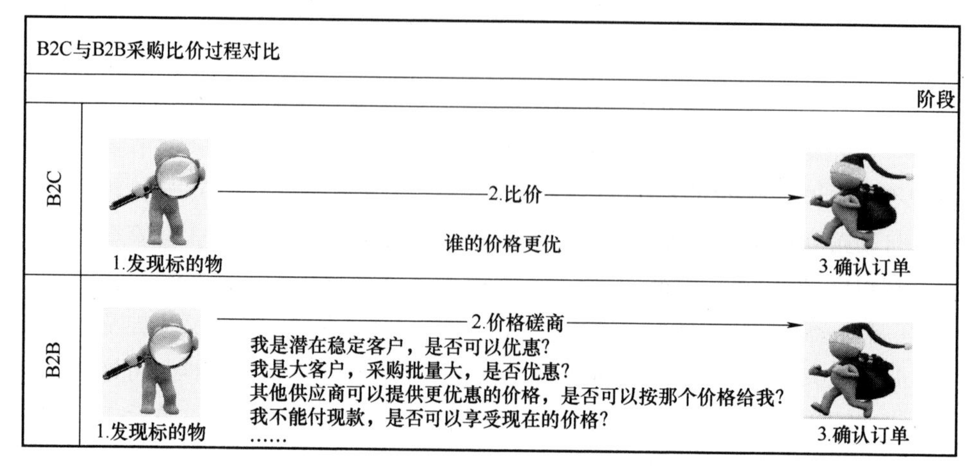

图 1-10　B2C 与 B2B 采购比价流程示意

（三）稳定关系的维持与打破

企业的采购行为与个体消费者的采购行为有着本质的区别。消费者的采购行为体现为采购商品金额小、采购分散、同样商品重复采购率低等特征。消费者即使对某一品牌具有一定的忠诚度，但他们的采购决策是随机的，促销活动对消费决策影响较大，而且在采购过程中与供应商的磋商与交流很少，并不希望与某一供应商保持稳定的关系。

企业采购相对消费者采购来说主要表现为采购商品金额大、采购集中、同样商品重复采购率高等特征。采购者更关注产品质量、交付效率和性价比，一旦在第一次交易中产生了信任，就很容易形成稳定的供销关系。在企业交易磋商的过程中，交易双方一般都会基于长远的合作来确定交易条款，为下一笔交易的达成创造条件。交易磋商的复杂性决定了企业为了保证采购的效率和性价比而不会频繁地更换供应商。

虽然企业采购决策过程相对理性，但仍无法完全避免参与采购的个人会对交易产生重要影响，个人决策衍生出的灰色交易，不但会直接损害企业利益，还会影响公平公正的市场竞争机制的形成。

总之，企业间的交易更容易在线下达成。B2B 平台很难将买卖双方之间的稳定关系转化为用户与平台之间的稳定关系。如果 B2B 平台仅限于让信息快速匹配和简单的撮合交易，而无法在交易及后续环节中提供更专业化和更深度化的服务，则很难使线下交易转化为在线交易，也难以形成基于平台交易的商业模式。

（四）多人决策，层层把关

无论是决定买一台计算机还是一支钢笔，消费者最多事先做一些信息收集和比对分析工作，或者征求一下专业人员的意见，最终会自行决定选择交易平台并完成下单、支付等动作，决策非常简单。

To B 平台在线交易遇到的最大障碍也是 To B 与 To C 最大的不同点，即企业采购是多人决策、层层把关。采购需求的提出方、采购人员、采购审批人员往往是不同的人，甚至在采购的过程中，财务、法务、仓库、物流等各部门也会从各自的角度提出影响决策的意见。使用者、影响者、操作者、决策者、付款者等多角色参与，使得采购的决策和完成流程非常复杂，往往需要经过提出申请、审批申请、签订合同、验收入库、分期支付等程序。合同的签订又会涉及询价比价、商务洽谈、合同起草、法务审核、领导审批、签字盖章等流程。将这些复杂的流程完全搬到网络平台上比较难，而一旦某个环节线上流程设计复杂了，就会影响交易流程的继续，后续流程很可能就此转入线下进行，给 To B 平台商业模式的设计和落地造成很大困扰。B2C 与 B2B 采购流程对比如图 1-11 所示。

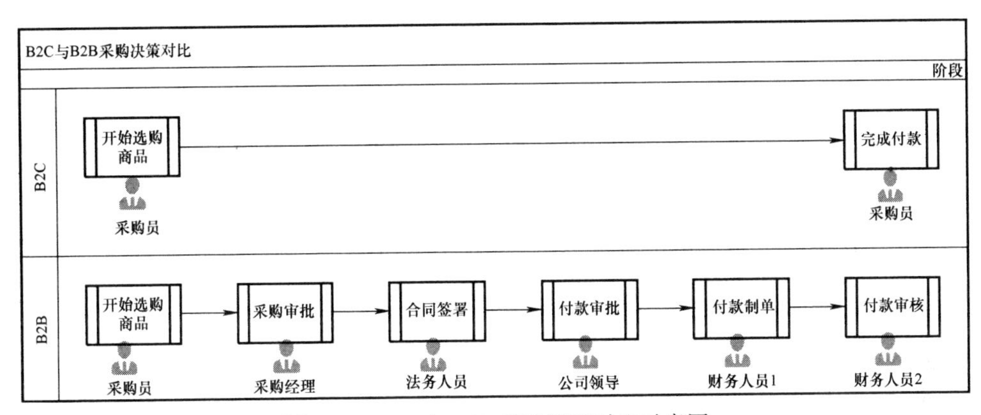

图 1-11 B2C 与 B2B 采购流程对比示意图

（五）坚守流程的财务人员

企业信息化的发端首先是会计电算化，而且随着网银支付的推行，现在的财务人员已经摆脱打算盘、跑银行的传统工作方式，通过财务软件和互联网进行资金划转、会计核算和财务管理已经成为财务人员的标准工作模式。工作方式的变革极大地提升了财务人员的工作效率，但这些变革并非是由财务人员主动推进的，而是外部大环境变动下的顺势而为。通常情况下财务人员依然是一个企业中最严谨甚至有些保守的群体，因为财务工作背后有会计法、税法、会计准则及内部制度等需要遵守，还有公司内外审计机构的各种审计及监督，所以如果没有外部的强制性要求和公司领导的明确指示，财务人员更习惯于按照原有规则、流程和习惯办事，而不愿意冒着可能犯错的风险去创新流程和进行业务变革。

B2B 电子商务的资金支付与 B2C 资金支付的区别在于，消费者个人采购一般金额较小，对于操作便利性要求更胜于安全性，而且采购后不涉及后续财务的处理，索要票据主要是为了支持退换货或售后服务的获得。企业账户的支付为了确保资金安全性，需要多人操作才能完成资金划转，且每一参与者的操作都有明确的权责和流程要求，某种意义上每个人的每次操作都是一次决策，影响决策的因素通常包括：是否有合同、合同的付款节点、付款的审批流程是否合规、是否可以延期支付或者用汇票支付、是否能获得合法有效的凭证来进行后续的财务处理、未来能否进行方便的对账等。

B2B 在线交易不单单是把线下交易搬到线上那么简单，对于管理模式、制度流程、操作习惯都提出变革的需求，特别是在线支付需要有强有力的内外部压力或巨大的利益驱动，同时也需要大环境中的政策支持。

（六）小结

由上面分析可以看出，由于企业间交易环节多、链路长、参与者众多、涉及的商流、资金流、物流和票据流复杂，产业互联网目前应用最广的 B2B 电子商务要实现完全在线交易面临着种种困难。而且除了上面列举的 B2B 交易可能遇到的障碍外，B2B 交易平台建立之初还需要考虑综合性平台商业模式落地的困难与细分市场交易量能否支持规模经济的实现等问题，如产品和服务独特性是否能促使用户进行在线交易、平台技术是否能保证交易安全性与便利性、能否实现非现金交易、能否实现与大型物品物流系统的对接等。

困境往往会孕育新的机会。例如，针对标品的产品目录的建立和针对非标品长尾市场的开发，传统的交易价格不透明，造成交易效率低下，使得越来越多的企业意识到采购过程的不透明给企业造成的损害，因此突破原来稳定供销关系的模式会找到新的机会。例如，支持阳光采购要求的招投标模式和集中采购模式；B2B 网站推出的价格指数会随着在线交易量的增加变得更有指导意义；在线交易过程中多人决策造成的流程中断会随着 B2B 在线交易流程的优化得到解决，而且由此推动的组织变革会使企业运行更加安全高效；适合企业间非现金交易的供应链金融服务和提高仓储物流效率的 B2B 物流服务会成为模式创新的焦点等。

第三节 B2B 在线支付：通向数据时代的高速路

在 B2B 2.0 交易时代向 B2B 3.0 数据时代过渡的阶段，在线交易闭环对于平

台增加用户黏性的重要性以及真实交易数据沉淀的重要性不言而喻，通过丰富支付功能满足交易场景将有助于各类平台跨越在线支付的障碍，走上通往数据时代的高速路。

一、支付不仅仅是资金流动

支付功能对于不同主体之间的资金流动实现来说至关重要，所以 B2B 平台要实现真正的在线交易闭环要考虑建设支付功能。但平台建设支付功能并不仅仅是为了实现资金流动，产业互联网平台要站在商业模式创新的意义上看支付建设，尽可能突破支付建设的障碍，实现产业互联网平台的变革。

（一）在线交易与支付创新

2019 年底，在笔者的朋友圈中曾有人发起一个接龙活动——最近 20 年消失的行业和产品，大家兴致很高，列出了长长的名单，比如傻瓜相机、5 寸磁盘、寻呼机等。让笔者有些意外的是，“钱包”赫然在列。根据相关研究资料显示，钱包虽然还未完全消失，但在有着“中国缝制设备制造之都”之称的浙江台州，现在已经找不到专门生产钱包的企业了。二十多年前，人们难以想象足不出户便可以买到几乎所有的生活用品，同样也难以想象钱包有一天会从生活中消失，而随着电子商务的发展与支付工具的创新，这些已经变成或正在变成现实。

按照李洪心教授在《电子支付与结算》一书中给出的定义，电子支付是指交易双方通过电子终端，直接或间接地向金融机构发出支付指令，实现货币支付与资金转移的一种支付方式。电子支付是电子交易活动的最核心和最关键的环节，没有电子支付，电子交易只能停留在供需产品和需求信息交互及电子合同签订阶段，其他的交易流程只能在线下进行，电子交易无法实现在线闭环。而脱离了交易流程的电子支付，也只是一种单纯的金融支付手段。

在中国电子商务飞速发展的过程中，交易与支付几乎是一对孪生姐妹，交易的便捷性需求促进了支付工具的创新，而支付工具的创新反过来又极大地推动了交易量的提升。众所周知，几乎所有与互联网相关的创新，便捷性与安全性总是存在一种奇妙的跷跷板效应，如何提供更科学的支付功能，以及如何提升用户的使用体验是支付服务机构一直面临的问题。只不过从这几年支付创新的实践看，银行更注重支付安全及对用户的保护，而持有支付牌照的非银行支付机构却选择了另一条道路，更强调支付的便捷性及对交易场景的支持。

回顾阿里巴巴的发展道路，如果没有支付宝的诞生和应用，淘宝、天猫等 To C 平台可能也会沦为单纯的信息平台。正因为支付宝解决了互不相识的买卖双方的信任问题，提供了尽可能多的支付便利，所以消费互联网才一夜爆红，

网购才成为人们新的生活习惯之一。随着技术的进步和智能手机的普及，以扫码支付为代表的移动支付更是打破了 PC 端支付的局限，使得交易可以随时随地发生。几年前，人们不带现金出门几乎寸步难行，而现在就连最传统的菜市场都很少见到现金交易了。

无论是 PC 端的网络支付创新还是移动扫码的支付创新，第三方支付都远远走在银行的前面，特别是通过在多家银行开设账户实现内部账户之间的跨行转账业务，实际上已经动了银行清算业务的奶酪。没有第三方支付加入时银行清算流程如图 1-12 所示。

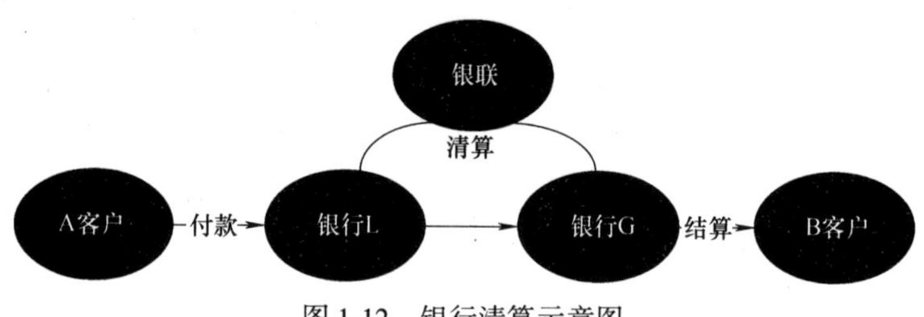

图 1-12　银行清算示意图

在该图中，稳坐上方的是国家为解决跨行转账难题而设立的机构——银联。在客户 A 向客户 B 跨行转账时，并不是每一笔交易都需要在 A 客户的开户银行 L 和 B 客户的客户银行 G 之间进行资金跨行划转，而是通过银联对每一笔交易通过收单记账，然后通知银行统一清算来实现。银联通过帮银行记账降低银行跨行转账的工作量，并收取跨行转账手续费。

在第三方支付加入后，跨行转账清算流程如图 1-13 所示。

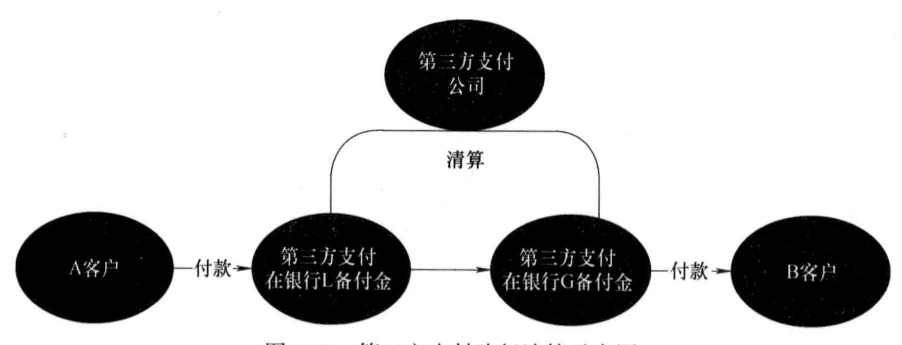

图 1-13　第三方支付跨行清算示意图

第三方支付公司通过在多家银行开设备付金账户，通过备付金账户用两笔同行转账实现跨行转账的效果，即在 L 银行开户的用户 A 向在 G 银行开户的用户 B 转账时，第三方支付在 L 银行的备付金账户收取了用户 A 的款项，而用第三方支付在G银行的备付金账户向用户B支付款项。第三方支付同时在其账务系统中登记该笔转账，然后定期在L银行和G银行的备付金账户之间进行结算，其记账过程类似银联的记账过程。

面对电子商务如火如荼的发展和第三方支付势如破竹的进攻，银行也开始放弃原有的思维模式，发动了所谓的保卫战和反攻战。银行保卫战最精彩的部分是网联平台的推出和支付备付金的全额集中交存。央行这两项监管规定基本划清了银行和第三方支付的界限，真正实现了“支付的归支付，清算的归清算”的管理原则。银行的反攻战以提供互联网交易中的资金担保服务为代表，走上了向互联网交易型银行的转型之路。

可以说，没有支付创新就没有阿里巴巴产业集团的迅速成长，也没有消费互联网的飞速发展。正是因为支付手段与互联网的完美结合，彻底改变了人们的生活，也打开了商业模式的创新之门。

（二）支付创新带来的商业模式创新

支付宝的推出最初只是为了解决网络交易的资金流转问题，但是因为支付宝的推出，资金与数据沉淀的价值不断被发现，与支付相关的场景不断扩展，从而围绕支付功能的生态圈不断扩大，源于支付的创新最终演变成为各种商业模式的创新。

几年前，丁丁网、大众点评网等以信息服务为主的导流平台最主要的商业模式是将各家线下店面服务商的促销信息在网站上展示，从而收取商家广告费用，但无法跟踪后续用户在具体店家的消费记录，并且缺乏与商家针对广告费的议价能力。现在同类网站都以团购等形式实现在线支付，除了实际消费行为在线下完成外，从信息比较、支付到评价及后续针对消费记录的返点等活动都在平台上完成，真正实现了O2O的闭环，平台服务空间和议价能力大幅提高。

与团购类网站的支付功能不同，支付宝除了实现资金转移外，还有一个最大的创新就是担保功能，这个功能很好地解决了交易双方互不信任的问题。担保功能的实现是基于交易的资金在第三方账户的停留。随着交易的扩大，如何合理合规地发挥沉淀资金的价值就进入了第三方支付的议事日程。沉淀资金孳息一度成为第三方支付的核心盈利模式。除了交易过程中的沉淀资金外，与支付相关的还有用户为了交易便利而提前充值到钱包的资金以及支付账户绑定的银行卡上的闲置资金。以余额宝为代表的理财产品的陆续诞生，通过与货币基金合作帮助用户利用零钱理财，从而实现了交易、支付和理财的良性循环。第三方支付理财服务创新如图1-14所示。

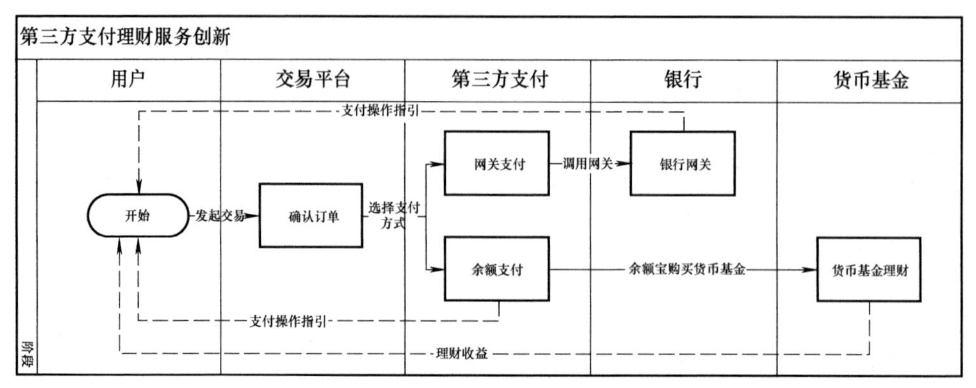

图 1-14　第三方支付理财服务创新示意图

与支付相关的创新并未就此停下脚步。源于购物网站交易闭环的支付功能扩展到了生活中的各种支付场景，比如缴纳水电燃气费、交通罚款、有线电视费、共享单车使用费等，如支付宝推出了包括社保、医疗、公积金、交通出行等支付场景在内的城市服务，微信推出了包括水电燃气及固话宽带等支付场景在内的生活消费服务。第三方支付生活支付场景服务如图 1-15 所示。

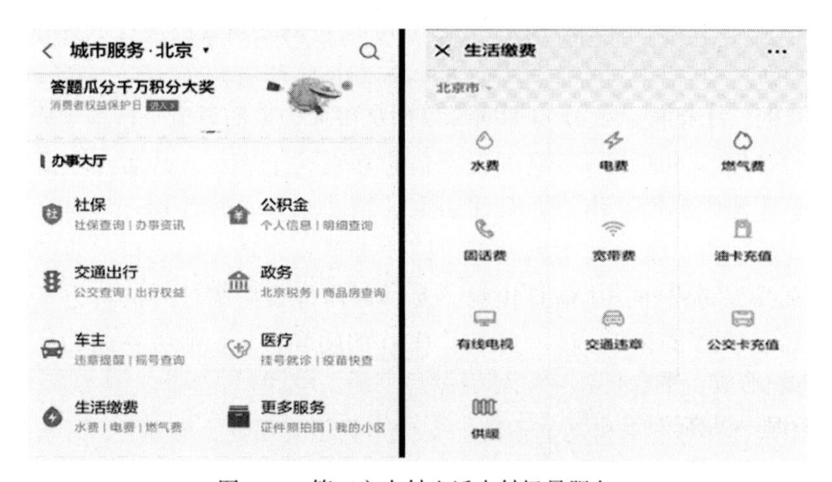

图 1-15　第三方支付生活支付场景服务

支付的便利性、支付相关理财服务的推出及支付场景的扩展使得支付服务平台用户迅速增加，原来需要到银行、管理机构及其他服务场所现场完成的资金转移都被尽可能地整合到支付平台，使得用户对于支付平台的依赖度迅速增加，支付平台成为其他服务网站的用户入口，向其他网站导流成为支付平台的新的盈利模式。支付宝的第三方服务入口便对接了淘票票电影、滴滴出行、饿了么外卖等一系列第三方服务，其页面如图 1-16 所示。

图 1-16　支付宝第三方服务页面

用户在支付平台使用的服务越多，留下的支付痕迹越多，支付平台对于用户的全方位画像便越清晰，甚至有时候支付平台会比用户更了解自己。因为人的记忆是有限的，而软件却会忠实地记录用户的行为，分析用户的偏好，甚至预测用户的未来。正是基于此，真实数据已经成为生产资料，并在用户分级管理、精准营销、金融风险防控等各个领域发挥越来越重要的作用，比如看似不起眼的芝麻信用最终成为一个平台开发增值服务的基础。而数据的价值和基于数据的服务并不限于支付平台，各消费互联网平台都在推出基于支付数据的增值服务，如京东金融、百度金融、苏宁金融等，且金融服务相对于信息和交易环节的服务来说营收的贡献率较低，但对于平台利润的贡献却越来越大，特别是对于 B2B 平台来说，基于数据的增值服务成为越来越多平台的主要盈利点，B2B 正体现出从 2.0 时代向 3.0 时代转变的趋势。

（三）产业互联网：在线支付价值重新定义

相对消费互联网来说，交易的闭环对于 B2B 来说更为重要，难度也更大。因为企业间供需关系自带黏性特征，一旦关系建立便很难打破，这对平台来说是双刃剑。如果平台能支持交易闭环，那么平台用户对于平台的依赖度和忠诚度便会自然形成，平台可以由此延展服务空间，增加服务机会，掌握用户更多的行为数据，提高议价能力，商业模式也可由信息服务转为更精准深入的交易服务以及后续延伸的金融、物流等服务。而一旦供需双方的交易对接转到线下，便很难再将他们拉到平台上来，平台如果想收集真实数据或提供延伸服务就必须通过线下与用户的深度接触来实现，由此平台服务模式会变得很重。所以不能单单从资金流动实现的角度理解支付，而应该站在商业模式创新迭代的角度来看待支付功能的重要性。

在 B2B 1.0 时代，信息是平台最大的价值；到了 B2B 2.0 时代，形成交易闭环是平台最大的价值；到了 B2B 3.0 时代，数据成为平台最大的价值。在信息时代需要重新定义生产力，互联网成为通用的生产工具，数据成为公认的生产

资料，基于数据的服务渗透到产业链的全过程。随着产业互联网的发展，无论是产业间的互联、平台间的融合、企业间的协同和生产要素间的融通，企业都会替代个体消费者成为交易主体，而企业间的利益连接无论采取什么样的形式，最终必然体现为资金的流动，所以支付是交易形成最直接最有效的标识，资金流相对来说是最容易记录、最能体现真实交易的。虽然在线支付可以不是平台的一个必备功能，但在线支付是平台沉淀用户、沉淀真实数据最便捷的方式，是平台交易闭环最关键的一环，是平台最有潜在价值的功能。如同支付宝的出现直接导致了蚂蚁金服帝国的建立，B2B 在线支付的实现也会打开产业互联网商业模式创新的空间。随着税收征管体系的不断完善，小微企业税负不断下降，资金流与订单流、票据流之间一致性要求增加，使得更多的个体工商户选择注册企业，原本个人账户的收付款会变成企业账户的收付款，对于 B2B 在线支付的需求会越来越强烈，会有越来越多的平台关注在线支付系统的设计与实现，以提高产业互联网竞争的主动性。

二、给用户一个在线支付的理由

在梭罗的《瓦尔登湖》中曾经提到如下一个小故事。一个人到梭罗的邻居家兜售自己编织的篮子。邻居是一个著名的律师，篮子对他来说并不需要，所以拒绝购买，这个人非常生气，说："你们想要饿死我们吗"。他的逻辑是：律师仅仅通过编织语言便可以过得富裕——我也要做生意了——我仅仅会编织篮子——我编织了篮子，你们就应该购买。梭罗评价说：他必须使人感到购买他的篮子是值得的，要不然他应该制造别的一些值得让人购买的东西。

在线支付对于平台的价值有目共睹，就像篮子对于卖篮子的人来说是有价值的一样。但平台不能单从自身价值层面决定是否上线一个功能，毕竟用户价值才是平台构建的前提和出发点，只有为用户提供了其需要的东西，实现了用户价值，平台的价值才能实现，否则平台便会陷入那个卖篮子人的逻辑中招致失败。

如前所述，在线支付存在种种障碍，毕竟企业间资金的流动是可以通过线下多种形式来实现的，在线支付不是唯一的选择。让用户改变支付习惯，选择在线支付，必须有可以吸引用户使用在线支付功能的理由。

（一）担保功能与互信关系的建立

任何交易的达成皆需要交易双方的相互信任。但在电子商务平台中，交易双方互不相见，缺乏信任的基础，且交易过程中资金流与物流不可能完全同步，无法实现一手交钱一手交货，出于安全考虑，买方希望货到付款，卖方希望收款交货，如果没有一个中间机构的出现，企业间的交易便难以达成。支付宝的出现很好地解决了这个问题，将信息流、资金流和物流很好地结合起来。平台制定了交易规则，买方付款到平台支付宝账户，资金受到平台监管，不符合退款条件，买方便不再拥有资金的支配权。在这种条件下，卖方可以放心地按照平台的通知发货，买方只要在收货后不提出异议，由平台监管的资金便会解付到卖方账户，卖方不用担心发货后收不到款。在这个完美的链条中，在线支付的资金担保功能起到了至关重要的作用，其流程如图 1-17 所示。

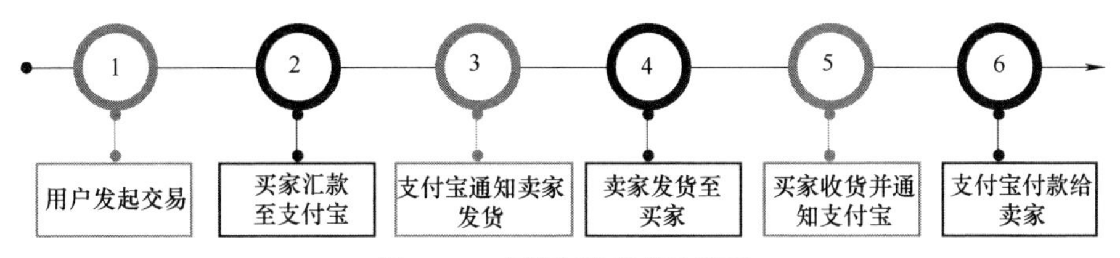

图 1-17 支付宝担保交易流程

在线支付的担保功能不仅适用于消费互联网，对于产业互联网来说更为重要。因为企业间的交易金额比较大，所以对于资金风险更加敏感。即使在信用环境比较好的西方，为企业间交易提供资金担保的服务也很受欢迎，比如国外流行的保管暨代付款服务（Escrow），买家如果打算购买 500 美元以上的物品，先将货款交予第三方保管公司保管，在物品验收后，保管公司才将货款付给卖家，这样对买卖双方都有一个保障。目前针对企业的信用体系尚未健全，企业用户如果只使用电商平台提供的线上信息服务，然后采取线下私自交易，对于平台来说会造成效益损失，对于交易双方来说，则大大增加了协议执行过程中的风险。尽管线下网银转账是企业间资金流动的主要方式，但线下网银转账无法解决企业间的互信问题，相对而言，绝大部分 B2B 在线支付系统提供的资金担保功能反而体现出更多的优势。

（二）清分功能与复杂交易的简化

由于 B2B 交易的复杂性，B2B 平台想要吸引用户并提高转化率，生态建设必不可少。大部分电商平台会引进商户和生态合作伙伴共同完成对用户的服务，这势必会产生用户之间、用户与平台、用户与生态合作伙伴、平台与生态合作伙伴、生态合作伙伴之间相对复杂的关系，如图 1-18 所示。

在线支付的清分功能对于处理这样复杂的关系有着得天独厚的优势。它可以根据事先制定的规则自动实现利益分配。比如，平台在帮助商户扩大销售起到不可替代作用，在信息服务阶段，可以通过向商家收取入驻费、按点击量付费等形式实现收益，但随着在线支付的实现，平台可以掌握真实的交易数据，

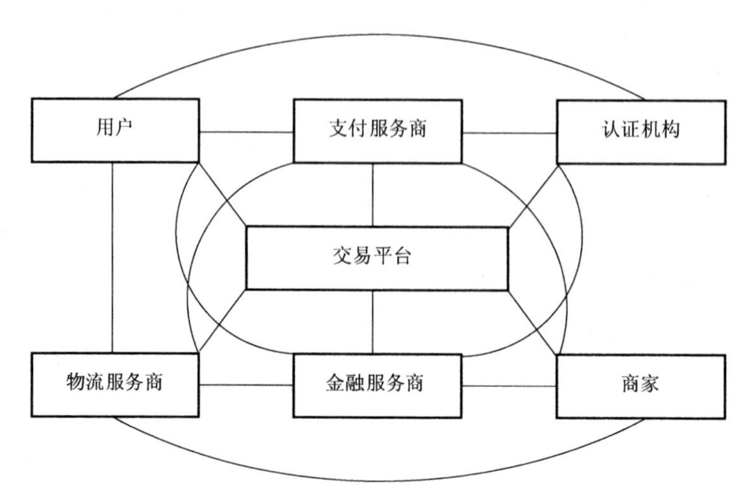

图 1-18 交易平台生态网状结构示意图

所以从交易环节按照达成交易的笔数或金额来收取交易服务费的形式成为许多 B2B 平台的主要收费模式。如果按照传统的方式在线下结算很难做到及时性，并且还需进行比较复杂的对账工作，甚至有可能出现账款拖欠的情况。在线支付的清分功能却可以按照每笔交易自动计算并及时结算到对方账户，给双方都带来很大的便利。清分功能还可以支持更复杂的利益关系，比如供应链金融中商家、客户、资金方、平台甚至数据服务提供方等多种复杂的资金流关系，如图 1-19 所示。

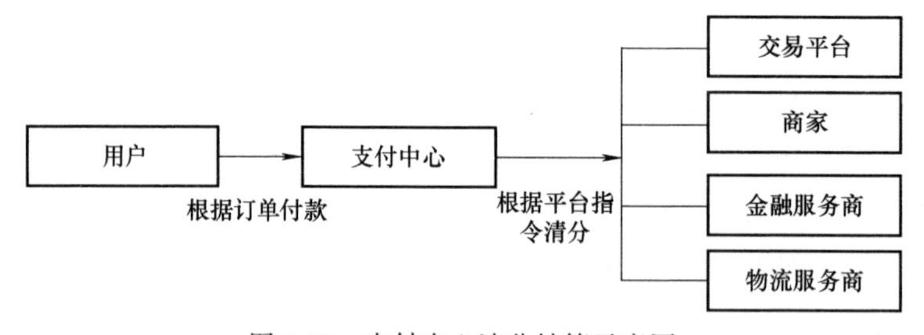

图 1-19 支付中心清分结算示意图

（三）三流合一与内部流程优化

任何一种生产关系的变革因为会影响到现有利益格局、制度流程和交易习惯，因此在最初总会遇到各种阻力。随着新的生产关系所创造的价值逐步呈现，新的生产关系便会逐步确立。这种变革不仅会发生在企业间，也会发生在企业内部。B2B 在线支付目前也处于倒逼内部流程优化以适应电子商务交易要求的阶段。

传统的使用线下交易采购的企业付款流程一般都需要采购合同、采购订单、付款申请单等单据支持，还需经过复杂的审批流程。无论是合同流程、采购流程还是付款流程，都需要多个部门多个层级的人员参与，流程的每一个节点，都需要就同一交易不断地重复说明，提供重复的证据支持，以及进行大量的沟通协调工作。这套复杂而固化的流程虽然可以保证资金的安全，但效率损失严重。

随着电子商务的发展，B2B 平台早已不再局限于提供供求信息，为促成实现在线交易闭环，B2B 平台不断完善平台功能。在商务环节，电子签章的合法化使得电子合同的有效性得到保障，原本需要线下多次往复才能达成的交易合同在线上即可完成合同条款的修改及各自内部的审批流程。合同中直接引用订单信息与订单依据合同会自动生成多种灵活的选择，使得合同与订单紧密结合在一起。而平台物流信息管理系统的应用为用户选择合适的运力资源提供了方便，同时也使得信息流、资金流和物流得到完美的统一。每一笔付款都能与订单自动结合起来，且什么时间该付多少款项、付给什么人都能得到通知。而资金一旦支付，订单信息自动随之改变，关注资金流的各方会自动获得资金变动通知，不需要再进行线下电话、传真或银行查询，也不需要为了后续流程的进行，手动将资金结算信息回填到交易系统。在资金支付后，交易参与的各方都可以跟踪物流信息，并据此完成资金的最终解付。

三流合一的在线交易流程使得企业内部交易流程的参与者只要登录交易平台便可获得一个完整的订单信息，不再需要牵扯大量的人力进行线下沟通工作，而且整个过程都是层层推进的，不但提升交易效率而且事后也可追溯。随着电子商务业务在公司中所占比例的提升，公司中大部分人员都开始参与到电子商务流程中，依赖于交易平台完成自己的工作，因此财务人员也会被迫放弃原有的审批管控流程和操作习惯，融入更有效率的电子商务流程中。这种转变无论是对电商平台、商户还是用户来说都是如此。

在线支付三流合一对于内部流程优化的促进不仅限于交易效率的提升，同时还可以增加采购过程的透明性，减少传统流程中人为因素造成的流程不畅和利益流失。而电子商务平台基于三流合一提供的对账系统也可以极大地方便财务人员进行基于订单的应收应付核对和票据往来，减少财务人员烦琐的对账工作。

（四）免费服务与交易成本降低

企业间资金转移必然涉及银行的转账汇兑服务，而无论是在柜台转账还是网银转账，必然会涉及汇兑手续费用。在 B2B 电子商务领域，企业间单笔订单

金额大，按照金额收取的费用虽然设置了最高限额，但对企业来讲依然是一笔负担。

相对而言，B2B 交易平台为促进用户主动使用在线支付功能而推出的免费或降费政策对于买方企业来说还是具备一定吸引力的。平台可以将让渡给用户的利益从与商户、第三方支付或银行的合作中收回。比如，银行可以通过减免手续费而从沉淀资金中获益，商户虽承担手续费但可从扩大的销售额中获益，第三方支付则可以通过提供基于支付的增值服务获益。这种交易规则对于平台、商户、第三方支付及银行来说显然是共赢的，而用户使用在线支付服务获得的最直接的收益便是交易成本的降低。

（五）数据价值与衍生服务

前文说过，数据的价值对于平台来说毋庸置疑，并且会越来越重要。平台根据数据可以实现用户分级、精准营销、供应链金融等增值服务。但对于用户来说，是否能享受到平台提供的这些服务的前提是用户是否让平台获得数据。

比如大家都知道用户分级管理可以帮助处于平台两端互不见面的交易双方更好地了解对方，平台也可以据此对不同等级的用户提供不同的服务。卖家关注等级变化是因为越高的等级越容易赢得用户的认可，买家关注等级变化是因为越高的等级可以享受到更多更优惠的服务。而在用户等级评价中，在线支付往往是一个权重很大的指标。

中小企业融资难融资贵与银行等金融机构很难找到优质用户是一对矛盾体。越来越多的金融服务机构开始热衷于与平台合作以期获得有价值的用户，其中的关键便是平台可以提供用户真实的交易背景。在线支付是真实交易达成的最重要标识，所以中小企业用户可以通过使用平台的在线支付功能形成信用积累，从而获得平台对接的金融服务。

三、交易场景的满足

交易场景在人们生活中无处不在，而支付又是交易场景中至关重要的一环。对于电子商务来说，在线支付与交易场景的结合有时会产生 1 +1 >2 的效果。

要想使平台在线支付系统能很好地支持平台交易场景，首先要对在线支付方式和在线支付功能有一个全面的了解。

（一）直接支付

付款方基于对平台或卖方的信任，且所采购的产品和服务一旦使用便无法退回，为方便卖方尽快收到款项并提供产品或服务，平台提供的支付渠道需要支持付款方通过支付渠道提供的网关完成直接付款，款项会在约定时间直接进入收款方账户，一般是在付款方支付当日或次日，即通常所说的 T+0 或者 T+1。

收款方收到订单款项后直接向付款方提供约定的产品和服务。这种方式适合先款后货业务场景，与货到付款方式形成对照。

相对于线下网银转账等方式，直接支付可以实现在线交易闭环，买方可以在线付款，订单号及订单金额自动导入付款界面，且支付状态直接影响订单状态的改变，交易双方无须通过银行或线下沟通等方式便可实时了解订单是否已经完成支付。

直接支付的交易场景大部分是通过交易平台对接第三方支付的网关支付服务实现的。

（二）担保交易

基于线上交易衍生的信任问题，除直接支付的即时到账交易（T+0 或 T+1 到账）外，交易双方需要一种资金流和物流相互推进的服务，即：买方付款后，资金由第三方监管，卖方在获知买方已经付款后开始发货，此时买卖双方均无法动用此笔资金。待买方确认收货后，资金结算给商家，支付过程才算完成。如果买方由于各种原因申请取消订单和退货，只要卖方同意，买方的资金便可以原路退回。所以担保支付需要平台支持用户付款、平台向商家或合作伙伴结算及平台向用户退款等基本功能，同时要设计好沉淀资金管理与使用规则。

担保交易是 B2B 交易中最常见的场景，也是在线支付相对线下网银转账的一个主要优势。按照目前的监管要求，充当资金保证的第三方不能是交易平台，而只能是具有支付牌照的第三方支付机构以及平台合作的资金监管银行。

（三）按需付费

随着互联网技术的发展和应用软件的成熟，传统的软件实施服务模式开始通过改变部署和实施方式实现交付方式的变革。软件服务商不再是将成套的软件部署到客户的服务器上，通过分期收款的方式实现销售。如今越来越多的软件厂商通过将软件部署在自己的服务器上或合作平台的服务器上，用户通过软件厂商的授权登录互联网获得软件服务，并按使用量或使用时长付费。这种支付模式类似手机通讯套餐，平台会监控使用时长或传输占用的数据量，超过购买时限或流量限制，用户需续费才可继续使用服务。当软件实现通过互联网服务时，软件厂商与用户线下沟通的服务工作量大大减少，与之相适应的是，用户也需要更加灵活的支付手段支持。比如用户灵活选择使用或终止使用服务模

块，根据平台使用记录付费，传统企业间网银转账的付款方式显然已经不适应这种 SaaS 服务需求，在线直接支付与向合作平台虚拟账户充值，平台实时监控其服务使用情况，并根据约定从其虚拟账户金额中直接扣取服务款项的方式逐步推开。

随着产业互联网的发展，B2B 在线支付功能不断完善，在线支付手段和工具不断增加，金融服务嵌入到支付服务流程中，使得传统企业间交易的付款方式具有的多样性，通过在线支付也可以完成，比如分期付款、预授权付款、信用付款、近场支付等。在线支付必将突破障碍，成为 B2B 平台通向数据时代的高速路。

第二章
产业互联网典型模式与案例解析

从第一章的介绍中我们知道产业互联网的核心是企业间通过产业互联网平台进行链接、共享和协同。B2B 电子商务作为产业互联网成熟而普遍的应用，其商业模式已经经过市场的洗礼，完成了从信息服务向交易服务的转变，并且开始探索向数据服务的升级。无论是已经建立了平台还是准备建立平台，通过产业互联网典型案例的解读，可以吸取领先产业互联网平台的经验教训，了解工业品在线交易的典型模式和适用范围，对照自身的资源和能力选择适合自己的模式，并通过了解典型产业互联网平台在线支付的实现方式去构建自身平台的在线支付功能。

关键词： 盈利模式　交易模式　业务模式　误区　电商自营　开放运营　寄售　交易实现

第一节 产业互联网模式概述

本节将从不同维度解读 B2B 平台的盈利模式、交易模式、业务模式等，带领读者了解 B2B 平台各种分类之间的联系和区别，并指出产业互联网模式选择容易出现的消费互联网路径依赖等误区，引导读者从产业互联网自身特点和业务落地角度去选择和构建产业互联网业务模式。

一、电商平台盈利模式简介

在投资界有一个流传甚广的规则叫“电梯陈述”，或者叫“60 秒陈述”。规则核心是，要在非常短的时间内给投资人讲一个如何赚钱的故事，从而引起那些见多识广且眼光高的投资人的兴趣，为自己赢得与他们深入沟通的机会。

其实无论是创业者还是转型期的成熟企业，在说服精明的投资人之前首先要想清楚：你想进入怎样的市场？你的客户是谁？目标市场最迫切的需求是什么？你已具备什么资源优势？你还可以整合到哪些资源？这些资源能否支撑你满足市场需求？你准备通过什么方式满足市场需求？谁会给你付费？你多长时间可以实现盈利？……一句话，你要想明白你的盈利模式。

美国研究机构给出电商平台四大盈利模式：广告型平台收益来自“流量”、竞价排序或网页广告；会费型平台通过收取注册会员费获益；服务型平台通过间接性或辅助性服务获益；控商型平台通过收取交易佣金或直接买卖商品获益。这种盈利模式的分类同样适用于产业互联网平台，只是这种分类没有很明确地将盈利模式与平台服务内容和服务模式结合起来。电商平台四大盈利模式如图 2-1 所示。

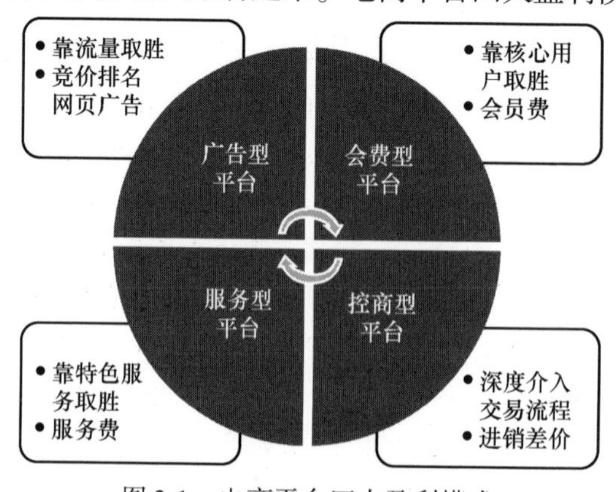

图 2-1　电商平台四大盈利模式

二、多维度定位 B2B 平台交易模式

本书主要从支付的角度解读产业互联网，所以将产业互联网范围限定为 B2B 交易平台。以下我们从 B2B 平台服务领域、服务模式、服务内容、业务组织模式等多种维度对产业互联网平台进行分类，避免学习研究过程中产生混乱。

（一）B2B 平台交易模式分类

通常电商平台交易模式按照交易对象区分为 B2B \ B2C \ C2C \ G2B \ G2C 等模式。B2B 交易模式指的是产品与服务的提供方（供应商）和使用方（购买方）都是企业的交易模式。具体到 B2B 交易模式下，B2B 平台会根据市场需求及自身资源条件决定向用户提供什么样的产品和服务，以及如何提供产品和服务。艾瑞咨询在《中国 B2B 电子商务行业研究报告（2016 年）》中曾经对中小企业 B2B 电子商务进行过不同维度的分类：如按照服务领域，B2B 平台分为综合模式和垂直模式；如按照服务模式，B2B 平台分为开放运营模式和自营模式；如按照服务内容则可分为信息服务模式、在线交易模式、供应链协同模式和应用软件服务（SaaS）模式；除此之外，按照平台为促进交易达成采取的业务组织模式不同又可细分为撮合交易模式、寄售模式、集中采购模式等，如图 2-2 所示。

按服务领域	按服务模式	按服务内容	按业务组织模式
（1）综合模式 （2）垂直模式	（1）开放运营模式 （2）自营模式	（1）信息服务模式 （2）在线交易模式 （3）供应链协同模式 （4）应用软件服务模式	（1）撮合交易模式 （2）寄售模式 （3）集中采购模式 ……

图 2-2　B2B 交易模式分类

我们常常以不同的模式来命名各类平台，如把采用综合模式的平台称为综合平台，把采用自营模式的平台称为自营平台，把采用信息服务模式的平台称为信息服务平台，把采用撮合交易模式的平台称为撮合交易平台。

（二）交易模式与盈利模式的关系

B2B 平台按照不同维度分类后可以方便地找到其对应的盈利模式。比如采用综合模式的平台因为行业覆盖面广，很难深入了解每个行业的交易规则，无法提供深度服务，所以其不可能成为控商型平台。但综合模式的平台因为其信息丰富、覆盖用户众多，其服务内容适合比较轻的信息服务，适合选择收取广告费作为自己的盈利模式。而采用垂直模式的平台因为垂直行业用户量受限，单纯依靠广告费很难生存，所以其主要收益不可能来自流量。但垂直平台对于

行业内的商品、交易规则及行业痛点都很熟悉，更容易参与商品的定价和交易，成为控商型平台，通过收取交易佣金或直接买卖商品获益。供应链协同模式则是更加强调产业互联网平台是信息服务、在线交易、金融、物流、制造服务、大数据服务等 To B 服务通过互联网的融合，需要各生态合作伙伴相互协同在不同的环节提供不同的服务，从而保证供应链的畅通和产品与服务的顺利交付，其中最常被提及的是供应链金融与供应链物流服务模式，平台与生态合作伙伴通过合作提供服务并按照利益分成规则实现各自的盈利。应用软件服务模式改变了原有软件的线下服务模式，通过将软件部署在统一的平台而为企业提供更加灵活、便捷和低成本的服务。应用软件服务可以通过自营平台也可以通过第三方平台提供，只是产品与服务在线交易、平台与软件商合作的方式更加灵活。平台的撮合交易模式、寄售模式和集中采购模式属于在线交易模式的细分，但其盈利模式却相差甚远，撮合交易模式平台大多收取会员费和服务费，寄售模式和集中采购模式则赚取的是交易差价。采用不同维度分类的交易模式和盈利模式的对应关系如图 2-3 所示。

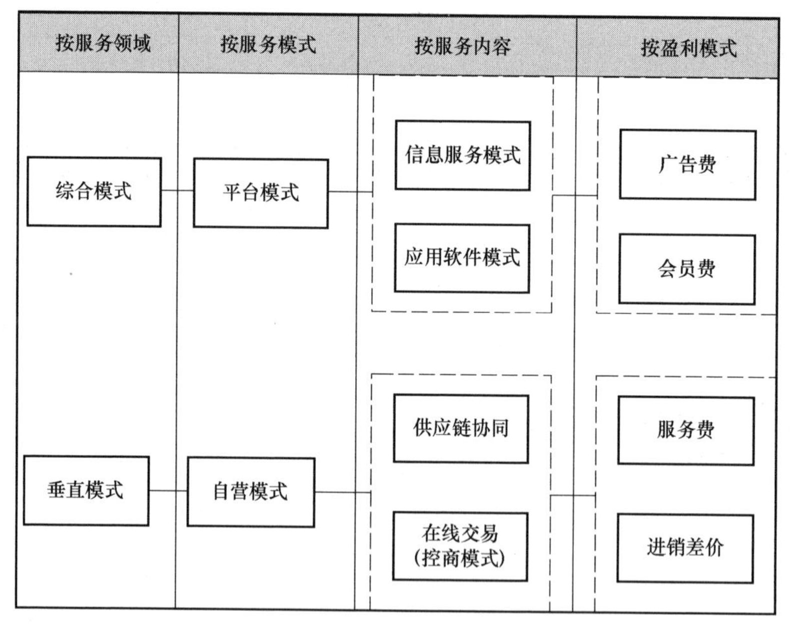

图 2-3　不同维度交易模式分类示意图

不过需要明确的是，这些模式之间并没有严格的界限，且不同模式之间因为内外部条件的变化可以相互转换。许多平台是平台模式与自营模式兼有，比如钢银电商、慧聪网。许多平台是从以平台模式为主逐步转换为以自营业务为主，比如找钢网。

在产业互联网模式探索过程中，前行者们已经探索和积累了不少经验教训。了解 B2B 平台的不同分类维度，洞察不同类型的 B2B 平台适合的目标市场、需要具备的资源条件及对应的盈利模式，学习成功平台的经验，规避可能存在的误区，可以帮助平台更快捷地定位自己的业务方向，选择适合自身资源能力的交易模式，进而规划自身平台的建设和运营。

三、平台业务模式的选择

产业互联网平台从构建伊始就要考虑业务落地的问题，而了解成功平台业务模式的选择依据、结合自身的资源条件选择适当的业务模式才能少走弯路。

（一）产业互联网典型业务模式

产业互联网最典型的特征是产业属性，是一个产业链条上企业与企业间关系的重塑，同时也是信息服务、在线交易、金融、物流、制造服务等 To B 服务通过互联网的融合，很难找到一个平台只在某一环节提供一种服务。产业互联网平台从构建伊始便需要思考如何组织自己的业务，实现信息流、资金流、物流、票据流各流的畅通流转和有机融合，更好地为平台用户提供服务，从而实现平台商业价值，这个过程便是平台业务模式选择的过程。就产业互联网发展的历史和现状看，已经形成的比较成熟的业务模式包括电商自营模式、开放运营模式、撮合交易模式、寄售交易模式、集中采购模式、SaaS 服务和供应链协同服务模式等。

（二）不同业务模式的分类维度

电商自营模式与开放运营模式是根据提供主营产品与服务的主体不同而区分的。自营模式是电商平台自身提供产品和服务，产品与服务的定价、订单的确认、订单款项的收退、发票的提供都是由平台直接与购买方发生关系。开放运营模式则是平台作为中间方只提供交易市场的基础服务，交易市场向第三方开放，符合条件的供应商可以入驻平台直接向用户提供产品和服务。在大家都很熟悉的消费互联网中，京东是由电商自营平台起家的，而天猫则是典型的开放平台。但目前这两种模式的区分并不是那么严格，许多平台都是兼有自营模式与开放模式，只不过两种模式有所偏重，且两种模式提供的商品和服务品类有所区别。产业互联网平台也是如此。

撮合交易模式、寄售模式、集中采购模式则是按照平台为促成交易采用的交易组织方式不同而区分的。撮合交易模式是买方发布需求，卖方发布产品，平台通过撮合交易系统自动匹配或人工匹配供需，按照交易规则优选确认订单。

交易的最终达成是由供需双方自主完成，平台并不真正参与供需双方的商流、资金流、物流和票据流。寄售模式是介于撮合交易和自营之间的一种交易模式，供应商的商品存放于平台指定的仓库，平台全程参与货物交易、货款支付、提货、开票等环节，并在向供应商结算时按照销售额扣收交易服务费，供应商根据销售情况安排调剂各仓库库存，平台不承担库存风险。集中采购则是一般大型集团为加强对集团内成员单位采购的集中管理与电商平台合作，将不同单位同一商品的订单集合起来向供应商统一采购，通常采购商要与电商平台或代理商签订委托采购协议，由电商平台负责供应商的引进和评估，平台或代理商参与商流、资金流、票据流，供应商负责物流。

（三）选择业务模式的意义

不同的平台业务模式需要不同的核心能力和交易流程支撑，如果盲目学习其他成功平台的经验，不考虑自身行业特点和拥有的资源能力优势，不了解该种业务模式的具体交易实现路径，在具体业务运行中便会遭遇各种隐藏的障碍，从而导致平台的失败。所以借鉴竞品分析的思路，通过对成功平台案例进行剖析，从平台经营结果和商业价值逆向分析模式构建，深入解析模式提供了什么解决方案，解决了什么问题，创造了什么价值以及关键业务流程是如何构建的等问题，事先思考自身的资源优势和核心能力是否能支撑这种模式落地，同时学习不同模式下的在线支付实现方式，才能在产业互联网的风口上御风而行，借势发展。

以下几节，我们尝试通过几个成熟产业互联网平台的案例来解析产业互联网的几种典型模式和在线支付的实现方式。

四、产业互联网模式误区规避

在产业互联网平台建设和运营过程中，模式选择之所以重要，是因为如果不了解各种模式的特点、适用范围、需要的资源条件，便很容易因为路径依赖而陷入消费互联网的思维误区，付出不必要的探索成本。

（一）产业互联网模式选择的路径依赖

在产业互联网形成与发展过程中，路径依赖现象几乎伴随始终，直到现在仍然难以根除。按照百度百科的解释，“路径依赖是指人们一旦选择了某个体制，由于规模经济（Economies of Scale）、学习效应（Learning Effect）、协调效应（Coordination Effect）、适应性预期（Adaptive Effect）以及既得利益约束等因素的存在，会导致该体制沿着既定的方向不断得以自我强化。一旦人们做了某种选择，就好比走上了一条不归之路，惯性的力量会使这一选择不断自我强化，并让人轻易走不出去。”

产业互联网的路径依赖源于消费互联网对于人类生活的深刻影响以及消费互联网巨头的巨大成功。产业互联网与消费互联网有许多共同之处，比如，两者均是依赖互联网手段改变传统的销售与服务模式，都需要思考如何吸引用户、留住用户并提高活跃度等。这些互联网的共性特征使得产业互联网的从业者不自觉地沿用已经被证明成功的消费互联网思维。对于产业互联网产业属性和B端用户特征有意无意的忽视使得许多产业互联网平台走了不少弯路，也付出了沉重的代价。进入产业互联网领域的从业者必须事先厘清概念，避免走入误区。

（二）产业互联网不是消费互联网

消费互联网的发展极大地改变了人们的生活方式，其主要用户群体是个人，交易的标的物是消费品。而产业互联网的发展则从对人们生活的改变渗透到对实体经济领域的影响，促进了产业体系的变革，其主要用户群体是企业，交易标的物是生产资料。这些本质区别会直接导致产业互联网如果直接复制消费互联网的业务模式，会陷入平台业务难以落地的困境。平台业务落地最关键的指标是平台转化率。平台转化率 =（浏览产品人数/进站总人数）×（进入购买流程人数/浏览产品人数）×（完成订单数/进入购买流程人数）。从这个公式可以看出，平台交易落地受进站人数、浏览产品人数、进入购买流程人数和最终完成订单人数四个因素的影响。我们结合交易标的物、目标用户和影响业务落地的四个因素来看一下产业互联网和消费互联网的区别，如表2-1所示。

表2-1 产业互联网与消费互联网比较

要　素	消费互联网	产业互联网
交易标的物	消费品	生产资料
目标用户	消费者个体	生产企业
用户推广	时空边界相对模糊	有行业、区域属性，线下有相对稳定的供销圈子
吸引用户	海量信息	容易找到标的物
购买动机	眼球驱动	价值驱动
购买决策	后续交付对于决策影响较小	需充分考虑信息流、物流、资金流、票据等多种后续交付因素

从交易标的物看，消费品具有以下特点：价格相对较低；质量容易判断，不需要太多专业知识；购买风险较小，容易决策。相对于消费品，生产资料价格较高，对产品质量以及是否符合实际需求的判断需要具备专业知识，一旦购

买不合格产品，通常会对后续生产过程造成影响，所以购买风险较大，不容易决策。

从目标用户来说，消费互联网的目标用户是个体消费者（即C端用户），个体消费者的决策具有简单、随机、感性的特点，产业互联网的目标用户是企业用户（即B端用户），企业用户决策大多是团队决策，决策流程长，影响因素复杂，属于有计划性的理性决策。

从用户推广角度看，消费互联网的用户群体时空边界相对模糊，因此在用户推广时，基本不受时空限制，在考虑成本因素和推广效果的前提下，可以选择任何有助于平台信息到达用户群体的推广手段，以增加进站用户人数。而产业互联网有行业和区域属性，企业间在线下都有相对稳定的供销圈子，圈子内的企业联系相对紧密，因此产业互联网在做用户推广时，需要考虑用户的行业、区域、圈子属性，有针对性地进行推广，才能吸引真正有潜在需求的用户进入平台。

从吸引用户的角度看，消费互联网的用户一旦进入平台，因为其个体决策的感性和随机性，所以平台可以汇聚海量的产品和信息，从而增加消费者浏览和选择的概率，因此消费互联网平台可能会从有限产品出发，大部分做成覆盖多种产品和服务的平台。比如当当网最初以销售书籍开始，目前的商品品类已经覆盖图书音像/杂志、电子书/网文/听书、男女装/内衣、鞋、运动户外、箱包皮具、母婴用品、家居家纺/家具/家装等各个品类。产业互联网的用户决策具有计划性，带着明确的目标进入平台，希望尽快找到交易标的物。产业互联网如果覆盖的产品品类越多，用户找到标的物的难度就越大。因此产业互联网相对来说应该推出与潜在目标用户相关的产品，尽量清晰产品分类，将产品属性定义清晰，这样才能提高企业用户停留在平台的时间，增加其浏览产品的概率。

从购买动机的角度看，推动消费者进入购买流程的最关键因素是有产品引起他的兴趣，比如产品位于平台的推广位置、销量较大、用户评价较好、产品有比较新颖的外观、符合当下潮流等，这就是通常所说的眼球经济。但这些促进消费个体进入购买流程的因素很难在产业互联网用户群体中起作用。企业用户更关注的是产品的属性是否符合采购的要求，产品的质量是否有足够的保障以及产品的价格相对于线下采购是否有优势。驱动企业用户进入购买流程的是产品的价值。

从购买决策的角度看，消费互联网的用户一旦产生购买动机，进入购买流程，便会有很大概率完成订单。他们可能会关注产品的交付时间、是否有发票、是否提供售后服务等因素，但因为产品价值相对较低，购买风险相对较小，这些因素并不会成为影响购买决策的关键要素。在这个阶段，消费互联网最需要的是简化订单流程，一旦用户发起订单，最好能直接进入支付选项，并且能提供尽可能便捷的支付方式，帮助用户尽快完成订单支付。而产业互联网的用户在选择好交易标的物后，需要进入与供应商磋商价格、商议其他合同条款以及企业内部决策流程。因为最终的订单价格可能会受采购数量、采购频率、支付方式、物流渠道等多种因素影响，需要供需双方就购销合同的相关要素进行磋商。磋商过程中，采购人员通常需要协调企业内部法务、财务、仓储物流乃至公司领导等多个部门多个层级的人员，由这些人从各自的角度去考虑交易是否符合业务需求、资源条件、管理规范，比如是否支持分期付款或承兑汇票的付款方式，是否能取得符合规定的发票及支付凭证，是否能及时送货以保证生产需求等。任何一个要素、任何一个环节出现问题，都会影响订单是否能够落地。这需要产业互联网平台思考如何解决用户关注的问题，如何为供需双方及企业内部沟通提供便利，如何协调金融、物流等资源促进供需双方尽快达成一致。

可见只有跳出消费互联网思维，从产业互联网自身特点和业务落地角度去构建产业互联网业务模式，才可能吸引用户、留住用户、增加用户活跃度，实现平台运营目标。

同理，因为产业互联网平台特有的产业属性，所以在业务模式构建中除了要考虑以上与消费互联网的差异外，还需要规避简单复制其他成功的产业互联网平台的模式，要针对自身所处的产业生态环境找到产业链痛点和企业自身拥有的数据、渠道、资金、政策等方面独特的资源优势，从而构建出切实能为目标用户提供价值的业务模式。

第二节 电商自营模式

以找钢网为典型代表的垂直行业平台是目前 B2B 平台最典型的应用，因为行业比较聚焦，所以平台运营方相对容易掌握行业资源，可以深度介入交易相关的商流、信息流、资金流、物流、票据流，因此更适用于采用自营模式。

一、模式概述

电商自营模式源于以戴尔公司为代表的网络直销而又异于网络直销的模式，平台销售的产品大多是通过不同的供应商线下采购实现，而面向众多用户的销

售过程借助平台完成。下面我们从其发展历程、业务流程、模式特点和适用范围四个方面对该模式进行解读。

（一）从网络直销模式到电商自营模式

麻省理工学院举行的“2018 平台战略峰会”上有一个论断强调了平台的重要性——企业就应当在平台里做生意，如果没有，就建一个平台。

早在 1996 年，就有一家著名的公司提前实践了这个论断。20 世纪末，互联网对于绝大多数企业来说都是新鲜事物，几乎没有一个第三方平台可以帮助企业在平台上做生意。戴尔公司开风气之先，开始通过自己的网站向跨国企业、中小企业、政府、教育机构及个人用户销售戴尔公司的计算机产品，这应该是最早通过自建平台做生意的公司。目前戴尔公司的自建平台上销售的已经不仅仅限于产品，还有技术和解决方案，网上销售额已经占公司总营收的 40% ~50%。

戴尔公司的这种电子商务模式被称为网络直销模式。所谓网络直销模式就是大型企业利用自建电商平台向供应链下游的企业或个人销售自己的产品和服务，或者利用自建的电商平台向供应链上游的供应商采购自身需要的产品和服务的模式。这种模式因其对供应链效率的提升而受到大型企业的追捧。如今许多拥有自己产品体系的大型企业都建立了自己的直销平台：一方面宣传企业扩大销售；另一方面通过平台后台系统管理自己的供应链，提高供应链的效率。如海尔的网上商城通过“前台一张网后台一条链”的闭环业务系统，实现了以订单信息为核心的供应链系统、ERP 系统、物流配送系统、资金结算系统的打通。

随着互联网的发展，更多人意识到通过平台做生意的价值。更多的企业参与到了平台的建设和运营中来。但通常意义上 B2B 电商自营模式和戴尔公司首推的网络直销模式已经有了很大不同。虽然都是通过自己控制的网络平台将拥有所有权的产品销售给下游用户，但从平台主导者看，网络直销平台的主导者是生产企业，而电商自营平台的主导者往往是流通企业；从平台建设的出发点来说，网络直销平台销售的是生产企业自身的产品，建设平台只是其拓展自身产品销售渠道的一个手段，而电商自营模式销售的产品是通过向供应商采购获得的，整合供应商资源，做多品类产品销售是电商自营模式的主要特点；从盈利模式角度看，网络直销平台是作为单个大制造商的销售渠道，与企业整体运营融为一体，而 B2B 电商自营模式主要赚取平台经营商品的进销差价。

（二）电商自营模式的业务流程

电商自营模式由交易平台采购和销售两个过程组成。电商平台圈定自己的目标用户群体，选择合适的产品范围，组织供应商资源，并通过向多家供应商采购实现商品所有权的转移，通过在平台向目标用户群体直接对接完成销售。电商自营模式的主要参与方是多个供应商、多个下游用户，平台向供应商采购的过程既可以通过平台完成，也可以在线下完成，而下游用户向平台的采购则只能在平台完成。简化的自营模式业务流程如图 2-4 所示。

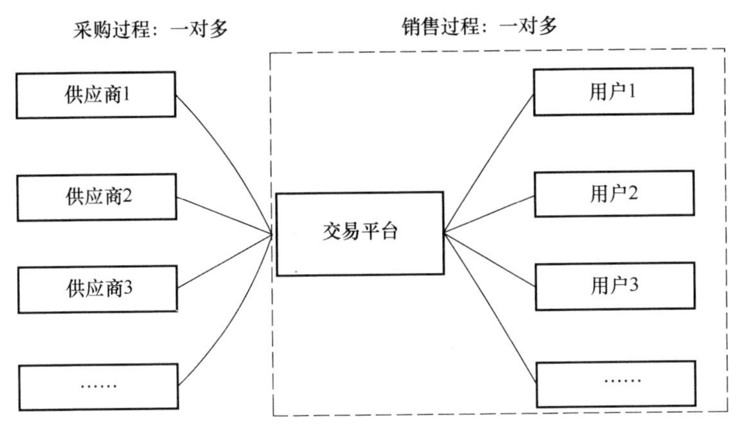

图 2-4　自营模式业务流程示意图

由图 2-4 可知，电商平台在产业链中所处的地位与传统经销商类似，只是利用线上销售方式取代了线下销售方式，但这种转变必须要有科学的规划与网络技术的支持，如更为简洁清晰的产品目录，方便用户进行搜索与比价；更为先进的进销存管理系统支撑，以提高供应链效率，降低库存风险；更为复杂的资金、票据管理流程，以支持平台发生频繁却又相对分散的购销业务。

（三）电商自营模式的特点

电商自营模式的最大优点在于平台深度介入交易，对于供应商来说，平台无异于一个不容忽视的大客户，所以平台更容易建立与供应商的稳定的合作关系，且随着交易的扩大，与供应商的谈判能力会更强。同时因为平台拥有商品的所有权和支配权，因此定价更灵活、交付更可控、更容易取得下游经销商和用户的信赖。

自营模式是一把双刃剑，因为深度介入交易，因此模式更重要。首先，平台需要亲自参与商流、信息流、资金流、物流、票据流的每一个流程，需要投入更多的人力物力来处理每一笔交易；其次，作为中间商，需要保持一定量的库存来支撑供应链的运转，资金的压力、库存商品价格变动带来的风险可想而知；最后，因为参与交易的所有环节，平台不仅是规则的制定者，还是执行者，交易及交付过程中产生的因为商品质量、交付时间、款项收付等纠纷需要平台参与处理，供应链管控风险加大。

（四）电商自营模式的适应范围

基于自营模式的特点，B2B 电商平台在自营模式和平台模式间做选择时需要考虑自身的行业特点。比较适合选择自营模式的平台应具备以下特点。

1. 产品品类多，且非标品占据很大比重

因为产品品类多，非标品占比大，平台在产品分类与产品规格描述方面都存在很大挑战，用户在寻找标的物、进行比质比价方面也存在困难，所以需要平台深度介入交易对接环节才能有效地促成交易。

2. 用户关注产品品类的品牌

因为产品品类复杂，非标品比较多，所以用户一旦对通过较长时间选择的某个产品的质量满意，重复购买的概率便会大大提升，品牌黏性便体现出来。平台通过自营来打造自己的品牌，提高用户重复采购率，以获得品牌带来的价值。

3. 供应链环节多

当平台交易从生成订单到完成交付经历的中间环节越多，流通的成本越高，则交易达成的概率越低。通过平台的技术和服务不断优化平台服务，压缩中间环节或降低中间环节成本，才会给参与各方创造价值，同时供应链环节越多，对供应链的管理能力要求越高，自营要比单纯做平台有优势。

4. 为提高供应链效率，需要储备一定库存

下游用户对货物交货期要求比较急，撮合交易由供应商和用户直接对接，谈判过程长，尤其对于第一次交易，用户担心供应商难以保证交货期，而平台自营业务可通过储备常用库存满足用户对交货期的期望，更容易与用户建立稳定的供需关系。

5. 产品价格波动不太大，且供应链信用相对较好

产品价格波动小，平台自营业务仓储风险便小。供应链信用好，平台自营业务便不会因为用户对信用期的要求而需要垫付更多资金，由此增加催收成本。

二、案例：找钢网的自营模式

找钢网作为垂直行业 B2B 电商平台的代表，在钢铁行业产能过剩、产业链各环节面临困难的大背景下，创造了以自营模式为主的全产业链电商模式，成为各类垂直行业平台争相效仿的对象。

（一）企业基本情况

找钢网成立于 2012 年，是钢铁垂直电商平台中的标杆企业。找钢网提供钢铁贸易领域的全产业链综合服务，包括交易、物流、加工、仓储以及供应链金融和大数据服务，是目前钢铁贸易行业中具有影响力的资讯门户之一。根据弗若斯特沙利文的资料，从2015年到2017年，找钢网平台上重复购买的客户订单占比分别达到65.0%、73.4%及79.9%。找钢网于2018年6月28日首次向香港联交所递交招股说明书，到2019年2月底，找钢网已完成六轮融资，融资总额超25亿元，知名投资机构经纬中国、IDG资本、华兴资本、华晟资本等均有参与。

找钢网发展的初期定位于钢贸行业的信息平台，主要针对中小钢铁产品采购企业询价困难、采购链长、效率低等行业痛点，提供多个钢铁产品供应商的产品与价格信息，吸引下游中小企业加入平台。

随着下游用户群体的积累，找钢网对于上游钢材制造商的吸引力也不断增加，超过100家钢材制造商与平台建立了长期的合作关系，其中不乏鞍钢、首钢、中天钢铁等知名钢企。平台汇聚的钢材商品资源更加丰富，价格更加及时，找钢指数逐步成为交易达成的风向标。

一旦积累了众多的供应商与用户，找钢网便尝试介入交易环节，并借助平台掌握的价格、库存、物流等信息，提供了订单流、物流、资金流和票据流的全方位服务，形成全产业链电商平台模式，增加了对于钢铁质量的监督控制，对于供应商也采取审查评价和淘汰机制，自营模式逐渐成熟并引来众多新生的产业互联网平台的学习效仿。

（二）核心产品和服务

找钢网的核心产品和服务为钢材交易。平台提供找钢商城和现货搜索两种交易方式。找钢商城是找钢网为广大钢贸用户打造的直营现货在线交易平台，找钢商城内展示的所有货物都是找钢网或与找钢网合作的供应商提供的现货资源。买家通过找钢商城采购需要向找钢网支付相应的交易费用。现货搜索是找钢网为全行业用户打造的在线资源信息展示平台，买家可以根据自己的实际采购需求搜索查看资源，并根据现货搜索内预留的卖方联系方式自行联系卖家进行交易，但找钢网不对现货搜索内所述资源的库存量及真实性负责，也不会向买卖双方收取任何费用。因为现货搜索不收取费用，所以找钢网的核心业务收入来自于找钢商城的自营和联营业务。其他业务板块（如胖猫物流、胖猫金融和找钢指数）均为钢铁交易业务衍生的板块。找钢网首页导航栏如图2-5所示。

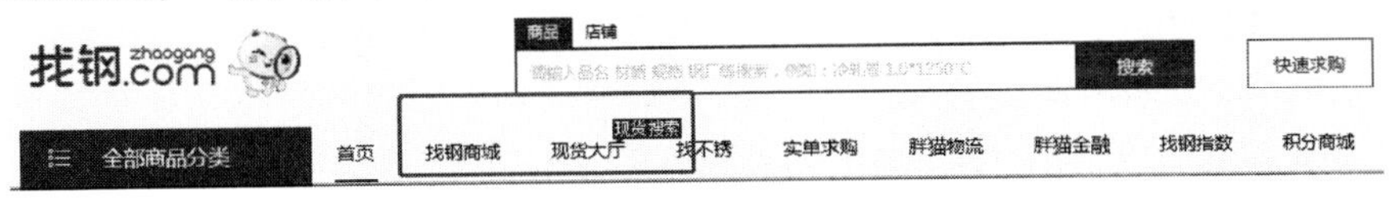

图2-5　找钢网核心产业和服务

从2018年港交所披露的找钢网招股说明书中相关数据可以看出，从2015年上半年到2017年上半年，平台交易额与营业收入逐年上升，到2017年，平台交易规模已经突破600亿，营业收入也已超过173亿。在交易总额中，联营模式的贡献占比为68.43%，自营模式的占比为31.56%。营业收入中，自营模式的贡献接近99.2%，但相对自营模式对于平台营业收入的贡献来说，联营模式对于平台营业收入的贡献占比不到1%。具体数据如表2-2所示。

表2-2　自营模式和联营模式交易额及营业收入对比分析表

（单位：亿元）

模式	2015年		2016年		2017年	
	交易额	营业收入	交易额	营业收入	交易额	营业收入
联营模式	110.6	0.1788	261.1	1.01	437.1	1.4
自营模式	71	60.67	102	87.2	201.6	172.28
合计	181.6	60.85	363.1	88.21	638.7	173.68

从自营模式和联营模式交易额和营业收入增长情况看，联营模式的交易额增长显著高于自营模式的交易额增长，而自营模式的营收增长却显著高于联营模式。2017年，自营模式的营收增长率超过97%，如图2-6所示。

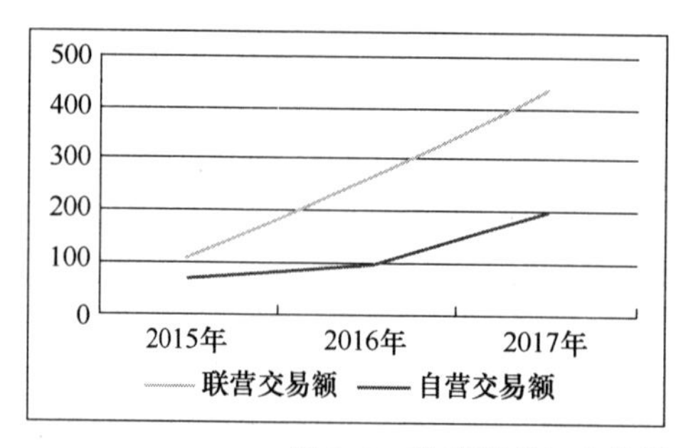

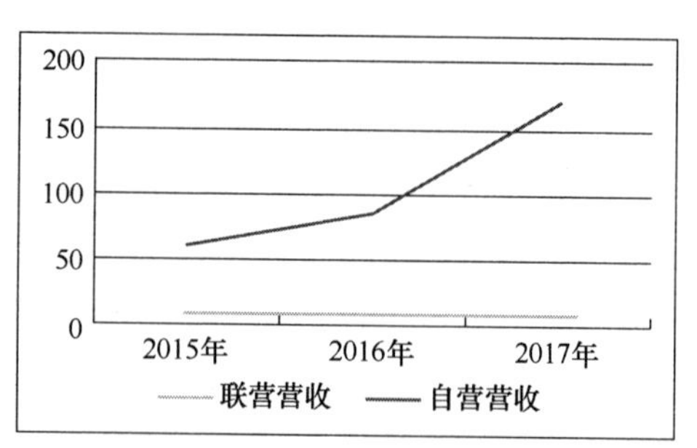

图2-6　联营模式与自营模式交易额和营收对比分析图

从找钢网的毛利额数据看，从2015年的0.39亿增加到2017年的4.83亿，属于逐年增加的态势。但从毛利率数据看，2015年至2018年上半年，找钢网自营模式毛利率分别为0.4%、2.7%、1.9%、1.4%，而同期内，联营模式的毛利率却一直维持在100%左右。

综合交易额、营业收入和毛利率数据可以看出，找钢网已经逐步从最初的以撮合交易为主的“钢铁中介”转变为以自营销售为主的“钢铁经销商”，自营模式成为其营业收入的主要来源。但由于整个钢铁产业链中，钢铁产品从出厂到终端用户中间的差价不到10%，流通领域的利润空间极为有限，这直接导致找钢网的平均毛利率不到3%，特别是自营业务的毛利率更低。

（三）核心资源与能力

随着自营业务的拓展，找钢网平台发挥对供应链的把控优势开始切入利润空间更大的增值服务，一方面优化供应链服务能力，实现围绕交易的全方位支持以及从交易到交付的转变，同时获取增值服务收益，形成全产业链的电商模式。找钢网支撑自营模式落地的核心能力和资源主要体现在以下几个方面。

1. 工具先行——信息技术

钢铁作为大宗商品之一，价格受宏观经济、国际市场期货贸易、国内市场供求情况等多种因素影响，价格波动较大，而在钢铁行业垂直电商平台出现之前，特别是2012年以前的卖方市场情况下，钢厂的报价不透明，分销商的信息处理能力不够，所以买方从寻找货源到达成交易需要比价、议价、寻价、锁货等多个环节，还需要考虑供应商的信用条件、交货期等因素，信息收集和处理对买家和经销商来说都是很大的挑战。

正如美国经济学家阿姆瑞特·蒂瓦纳（Amrit Tiwana）在《平台生态系统》一书中指出的，"平台对终端用户的吸引力并不来自于平台本身，而来自于他们可以利用平台做什么。"平台只有提供了实实在在的价值，解决了行业痛点，才能对用户有吸引力。平台在提供信息服务方面具备天生优势，对于钢铁贸易来说，在平台未兴起时，行业最大的痛点正是信息服务。找钢网最初的团队是做钢铁行业搜索服务的，了解钢铁行业买家痛点，所以通过搭建平台撮合交易系统提供货源快速检索、供需匹配、比价、议价等服务，帮助买家快速找到所需资源是其目的。系统的搭建和优化不可能一步到位，因为看似简单的一个比价功能就需要很多模块，整个交易流程的优化需要有经验的架构师。找钢网在员工规模达到千人的时候，1/3是IT人员。找钢网刚上线时，由于系统不够成熟导致用户体验不是很好，交易量增长一直很缓慢。到2012年8月，找钢网上线了第二代TP系统，当月交易额就突破了千万。2013年，找钢网将携程网的整个火车票组全部纳入麾下，信息处理能力实现飞跃。而随着自营业务的推进，找钢网全产业链服务模式逐步完善，支持整个平台运营的软件系统也逐步成为找钢网的优势，最后形成可以复制到其他行业推广使用的产品。找钢网联合创始人饶慧钢曾在公开场合自豪地说，"把找钢网整体运营体系移植到其他行业，最多只需要对20%的部分进行二次开发。"

2. 鸡蛋相生困境——供应商资源和用户资源

几乎所有的平台在构建生态系统的过程中通常都会遇到鸡蛋相生的困境，即平台对于某一端用户有价值，正是因为其拥有足够多的另一端用户（具备吸

引某一端用户的价值)。钢铁贸易是存量市场的博弈，平台介入钢铁贸易中间环节，是与原代理商、分销商及中间服务商争夺订单。钢铁贸易平台定位于解决下游用户在购买时信息不对称、流程复杂、比价困难等问题，必须有足够的供应商资源才能吸引买家来平台寻找货源、比价优选、完成订单。而对供应商来说，平台最大的价值是有足够的买方订单。

找钢网并未效仿 B2C 平台常用的广告、SEO 等营销推广办法来解决这个问题，而是针对钢铁贸易有销售半径、每个区域的贸易相对集中的特点，成立营销地推团队，把上海分为 5 个片区，登门拜访每一家钢贸企业，用“扫街”的方式引导供应商上平台销售产品，打破了平台落地中常常遇到的鸡生蛋还是蛋生鸡的问题，以供应商资源吸引分散用户上平台寻找货源。随着撮合交易量日益扩大，下游用户逐步习惯通过平台完成与供应商对接，反过来又吸引钢厂入驻平台，通过撮合交易或委托平台分销的方式开展销售，平台开始承担以前分销商的角色，逐步切入自营业务。

找钢网随后的发展之路非常符合网络效应的特征，即平台每增加一个用户都会显著增加其他用户的价值，当用户规模达到一个临界值，网络效应就会被触发，平台可以进入自增强周期。随着自营和联营成交量越来越大，找钢网逐渐成为钢材交易流量的入口，庞大的下游用户成为找钢网最重要的资源，而用户资源又牵引了超过 100 家钢材制造商与平台建立长期合作关系，其中包括鞍钢、首钢、中天钢铁以及永钢等知名钢企。找钢网正式成为钢铁贸易中不可忽视的力量。

3. 不只是交易，而是交付——供应链管理和服务能力

传统意义上的 B2B 自营业务，既区别于 B2C 平台——C 端用户并不大关注票据，金额较低的订单也不需要融资服务，物流要求也并不严格，只需选好商品，后续环节处理相对非常简单；也不同于撮合交易平台——只需要支持供需双方达成交易订单即可，后续环节供应商自会处理，平台无须过多介入。中间商必须解决物资采购、入库、销售、物流、收款、开票等多个环节的问题，无论是自己解决还是依托于他人，信息流、资金流、票据流、物流一个都不能少。这些服务是自营业务的成本，但从某种意义上来说，这也是自营业务的价值所在。供应链的管理和服务能力高低决定了平台是否能从仓储物流、加工、金融等附加价值较高的环节获取更多价值。

找钢网以在线交易为核心，配套发展起胖猫物流、胖猫金融、胖猫工场等板块。胖猫物流负责仓储管理、加工物流，不但支持自营货物的配送，平台撮合交易的订单也可以选择胖猫物流完成；胖猫金融负责支付结算、融资服务等供应链服务，解决下游经销商小批量购货的资金周转需求。通过胖猫物流与胖猫金融，找钢网最终形成信息流、物流、资金流三合一的交易闭环，实现了从交易到交付的转变。以供应链服务能力支撑的找钢网全产业链电商模式如图 2-7 所示。

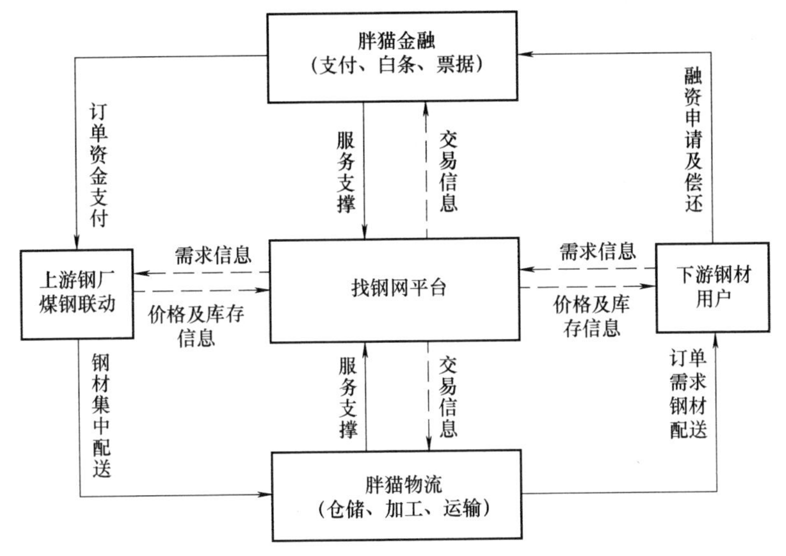

图 2-7 找钢网全产业链服务示意图

图中虚线部分为围绕平台的信息和数据交互，平台通过对上游钢厂价格和库存信息的实时采集，可以让下游钢材用户及时了解价格波动。下游钢材用户通过在平台发布其需求信息，通过平台对货源的锁定，快速确认订单，完成采购支持。所有的交易信息都会沉淀在平台，平台通过对实时订单信息和历史交易信息的处理，支持货物顺畅流转，也保证金融在风险可控的情况下完成资金支付及融资服务。胖猫金融基于平台的业务闭环，可以提供包括直接支付、资金偿还、白条融资、票据融资等多种资金支持，解决用户在购销过程中的短期资金需求，而胖猫物流则会根据平台自身和供应商的仓储信息完成最快的发运，同时针对用户的需求在物流过程中对于钢材进行简单的加工处理，最大可能地为用户提供服务，促进交易达成。在此模式下，基于数据的物流和金融服务也成为平台重要的利润来源。

（四）在线交易实现

找钢网一直在探索 B2B 支付在线化的有效途径，但也遇到了通常 B2B 电商在线支付遇到的用户交易习惯难以改变的问题。但随着产业互联网平台与支付渠道互相促进的模式创新，目前在线支付已经基本实现了全流程、全场景的在线闭环。

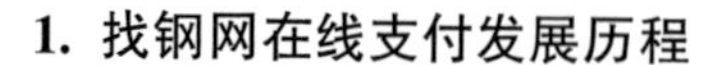

1. 找钢网在线支付发展历程

在找钢网体现出强劲发展势头，成为B2B电商行业佼佼者的2014年，找钢网联合创始人兼副总裁王常辉曾针对被不断提及的电商平台第三方支付发表过自己的看法。王常辉认为，不同于普通消费品的是，大宗商品电子交易所涉及的金额较大，综合考虑用户交易习惯等问题，贸然搭建第三方支付平台未必值得尝试。“我们会选择与银行合作，因为银行也有第三方支付平台，而且很多客户习惯了通过网银转账的方式来进行交易。”

时间推进到2019年6月26日，包括搜狐B2B大咖秀、亿邦动力网等多家专注B2B咨询的媒体发布了找钢网携手银联电子支付共推B2B支付变革的消息，其中提到“找钢网创始人兼CEO王东介绍，找钢网在发展过程中，一直在探索B2B支付在线化的有效路径。此次希望通过与银联电子支付的战略合作，为用户提供更好的交易支付体验，进一步提升平台在线交易效率和服务能力，实现全流程、全场景的在线闭环。”

从这条消息可以看出，在此之前，找钢网尚未实现B2B在线支付的全线上闭环。对于自营业务来说，在线支付更多的是考虑供应链金融的服务闭环，而非交易闭环。因为自营业务不需要考虑支付的担保功能和清分功能，包括找钢网在内的大多数自营平台都是通过公布自己银行账号的方式，按照用户的交易习惯，通过线下网银转账来完成的。因为找钢网同时提供了撮合交易服务，所以需要统筹考虑自营业务和撮合交易业务的支付实现。我们可以通过找钢网的相关帮助文档看一下用户在线交易的实现路径。

2. 找钢网卖家的在线交易操作

卖家在找钢网的交易方式分为直接通过平台与买方进行交易的“平台订单”以及通过与找钢网签订代销协议，由找钢网直接和用户交易的“代销订单”。在找钢网的帮助中心，我们可以比较清晰地看到找钢网在线交易的操作流程（以下截图均来自找钢网帮助中心）。

代销订单卖家通过登录胖猫掌柜系统（卖家中心）查看所有订单状态，并进行相关操作来完成交易。主要操作功能包括接单、查看发货信息（提货方式）、实提填写等。胖猫掌柜（卖家中心）订单列表如图2-8所示。

卖家在线上订单列表中点开某一具体订单，可以查看下单用户的公司、名称、手机号、QQ等信息，如图2-9所示。

3. 找钢网买家付款方式

平台订单可以选择“普通线下交易”“线上交易”两种方式完成关键的支付环节。线上交易要求商家开通平台收款账号。

胖猫掌柜　切换到买家版　待接单 0　待发货 1　待实发 0

交易 > 代销订单

订单编号　订单状态 全部　收款状态 全部　结算状态

下单日期 开始日期 ~ 结束日期

查询　重置　导出

订单编号	采购客户	订单状态	收款状态	结算状态	数量	重量	应收金额	已收金额	实发数量	实发重量
CG19012112161571	上海找钢网信息科技股份有限公司(谢丽莉 13564352219)	已确认	未收款	未结算	1	8.690	35,672.45	0.00	0	0.000
CG19012112161423	上海找钢网信息科技股份有限公司(谢丽莉 13564352219)	已确认	未收款	未结算	1	6.650	34,014.75	0.00	0	0.000
CG19012112161421	上海找钢网信息科技股份有限公司(谢丽莉 13564352219)	已确认	已收款	未结算	1	8.595	41,298.98	41,298.98	0	0.000
CG19012112161399	上海找钢网信息科技股份有限公司(谢丽莉 13564352219)	已确认	未收款	未结算	1	8.455	37,328.83	0.00	0	0.000
CG19011812160850	上海找钢网信息科技股份有限公司(谢丽莉 13564352219)	已完成	已收款	未结算	2	17.405	71,447.53	71,447.53	2	17.405

图 2-8　胖猫掌柜（卖家中心）订单列表

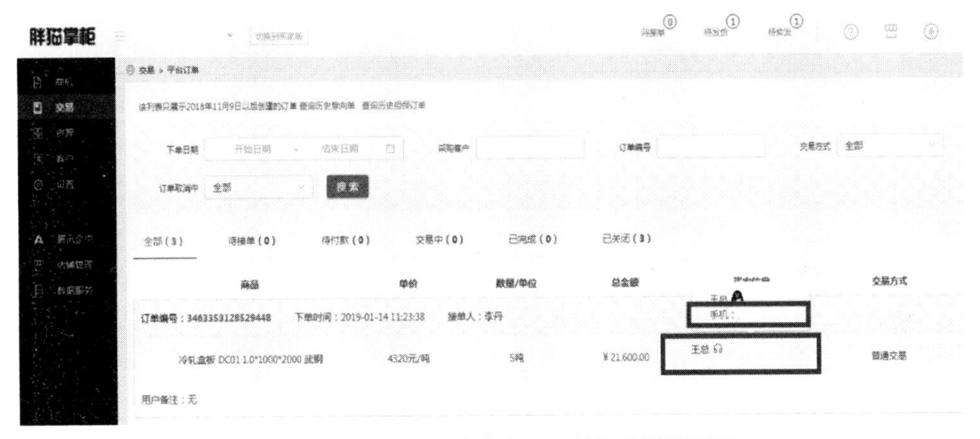

图 2-9　胖猫掌柜（卖家中心）的订单详情页面

（1）支付方式选择

在卖方接单后，买方可直接选择普通交易，即通过线下网银转账支付至卖家银行账户，平台会提醒买方企业在填写收款账户信息时，要判断是否是卖家预留在平台的账户信息，以防虚假交易或资金错付。用户也可以选择在线交易方式，即在线企业网银支付，通过平台对接的支付渠道将款项直接转入卖方账户。支付方式选择页面如图 2-10 所示。

（2）汇款识别码的作用

选择网银转账支付时，买家在确认订单金额后在订单详情中可查看卖家账户信息，如图 2-11 所示。

图 2-10 支付方式选择页面

图 2-11 买方获取卖家收款信息页面

在选择网银转账支付进行线下转账时，买方要在备注中填写线上给出的汇款识别码。汇款识别码将订单与付款单相连接，便于订单付款确认。交易识别码提示页面如图 2-12 所示。

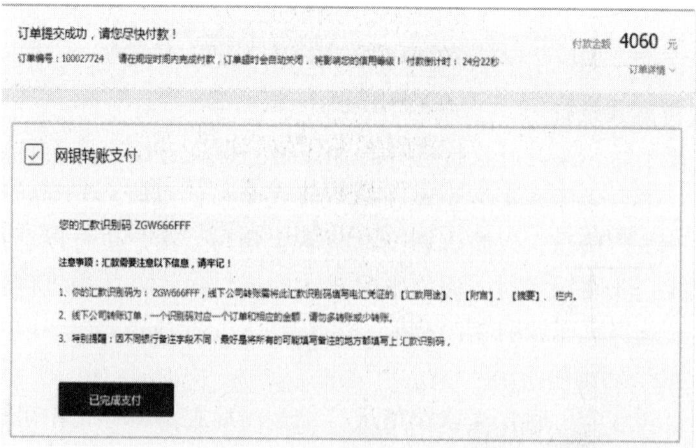

订单提交成功，请您尽快付款！
付款金额 4060 元
订单详情
网银转账支付
您的汇款识别码 ZGW666FFF
注意事项：汇款需要注意以下信息，请牢记！
已完成支付

图 2-12 汇款识别码提示页面

（3）在线交易方式流程

若买方选择在线交易方式，即企业网银支付，则需在跳出的银行列表界面中先选择付款银行，再单击跳转企业网银支付的红色按钮，到银行付款页面进行付款。企业网银支付支持的在线支付银行列表如图 2-13 所示。

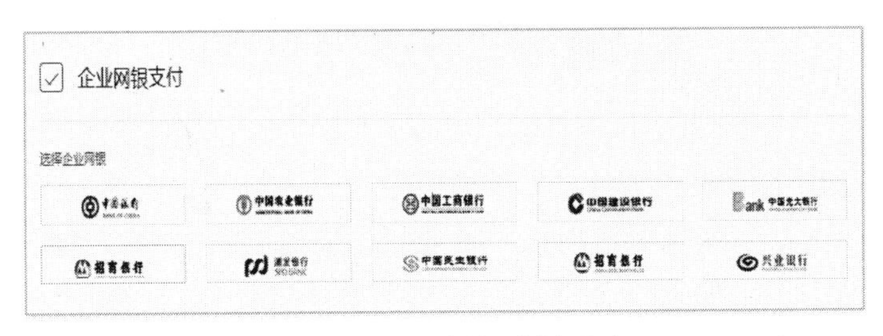

图 2-13 企业网银选择页面

（4）信用支付

平台对于需要金融服务支持的买家推出了白条支付和票据融资的方式。白条信用支付流程：当买卖双方达成交易时，买方向胖猫金融申请白条支付或票据融资，胖猫金融代替买方完成向供应商的付款后，形成对买方的应收款。买方在约定期限内将订单金额和利息费用直接付给胖猫金融，从而完成信用支付闭环。

胖猫金融可以通过将资产证券化的形式获得垫支资金的补偿，如图 2-14 所

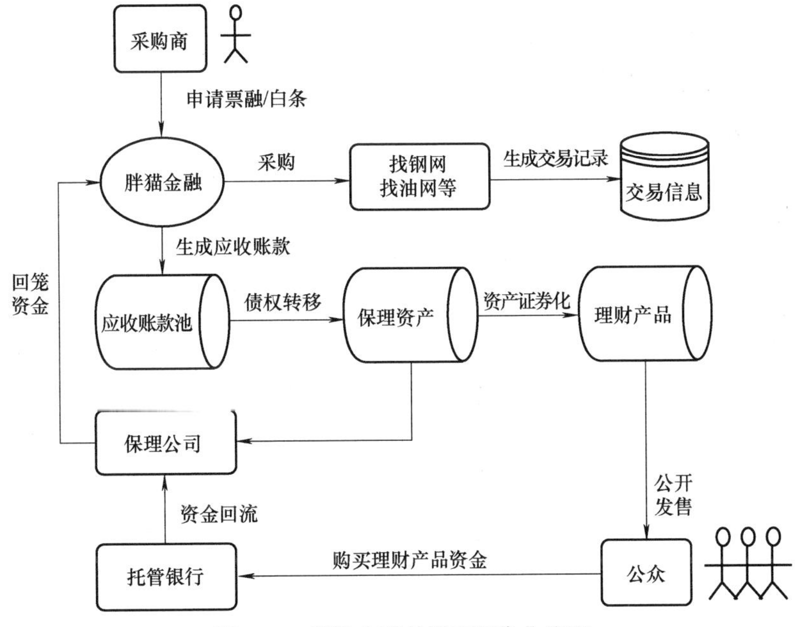

图 2-14 胖猫金融的资产证券化流程

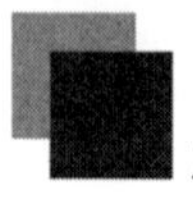

示。胖猫金融对买方的“应收款”按项目分批次卖给保理公司，实现债权转移，并同时实现了资金回笼；保理公司可以通过将应收账款债权进行资产证券化变成公众可以购买的理财产品。

第三节 开放运营模式

开放运营模式是B2B平台最先尝试的模式，通过平台开放，吸引众多供应商和用户在平台自主实现供需对接，平台只提供基础设施和信息服务，不深度介入交易过程，平台赚取会员费或信息服务费。这种模式以阿里巴巴为代表，对中国平台经济的发展起到了不可低估的作用。

一、模式概述

开放运营模式是相对于平台自营模式而言的，所以我们可以与电商自营模式相对照，从发展历程、业务流程、模式特点和适用范围四个方面解读开放运营模式。

（一）发展历程

开放运营模式在B2B领域的应用经过了从信息服务到撮合交易的不同发展阶段，从其发展历程和与商场招租模式的对比可以更好地理解该模式的特点。

1. 开放运营模式基本概念

电商平台的开放运营模式是相对于平台自营模式而言的，在这种方式中，平台是交易的中介方而不是某一方的代理。买卖双方通过第三方公司建立的专业电商平台进行商品和服务的交易活动。平台方需要建立包括先进的网络技术、整合CA认证中心、支付服务机构、物流公司等电子商务配套支持系统，支持买卖双方在平台上完成从信息发布与搜索、交易撮合、电子合同签订、在线支付、物流配送、金融服务等一系列的商务支持，使得众多买卖双方不需要自建网站便可以方便地在互联网平台完成交易。

2. 从商场招租看开放运营平台

从第一章我们讲的产业互联网发展阶段可以看出，开放运营模式是B2B 1.0阶段最主要的运营模式。在这种模式下平台搭建方并未深度介入某一个产业，更不直接参与交易的过程，而是从信息服务入手，旨在建立一个网上的交易市场，汇聚尽可能多的买家和卖家资源，方便供需双方的对接。平台并不从交易环节收取费用，提供交易便利的平台只是为了吸引更多的用户，并让他们对平台产生依赖。一旦用户都愿意来到平台做生意，那么平台的流量价值就可以变现了。

这和大家熟悉的商场招租模式非常类似，甚至目前在开放运营平台依然流行的商家入驻、店铺装修等词汇也是从商场线下招租模式中直接借用过来的。开发商建设商场但并不自己去进货卖货，而是将商场划分成一个一个的区域，让商家入驻，自己经营，自负盈亏。商场提供基础设施，制定管理规则，收取管理费。平台搭建的信息发布和交易系统便类似商场的基础设施，平台公布的规则协议便是商场的管理制度，入驻平台的供应商便是商场的商家。

以阿里巴巴、慧聪网为代表的 B2B 综合平台是这种模式的代表，在相当长的一段时间都是依靠汇聚尽可能多的供应商并为其提供各类服务、帮助其扩大销售而实现平台价值的，平台的盈利模式和为供应商提供的服务密切相关，如会员费、店铺装修费、竞价排名等。

3. 从信息服务到撮合交易

综合 B2B 平台通常会经历两个阶段：信息服务阶段和撮合交易阶段。

信息服务阶段解决的是 B2B 信息匮乏的问题，典型的是阿里巴巴、慧聪网、中国化工网等一批以信息资讯服务为主的平台网站，为用户提供多行业供应商的信息数据，如企业信息、产品信息、库存信息、价格信息等，采取会员制发展用户群体，并不断以生态建设、资讯媒体、行业会议会展的形式增加客户黏性、挖掘用户价值。

撮合交易阶段解决的是 B2B 买卖双方信息不对称的问题，其最大的价值在于能够将所有买家、卖家集中于一个平台上，提供信誉担保、优化双方成本、提升交易效率。随着供应和需求数据的不断积累，通过数据处理工具来进行买卖双方的匹配推荐。找钢网的前期和以找钢网为典型的一批“找 XX”，都是此种类型的电商平台。

（二）开放运营模式的业务流程

开放的第三方 B2B 交易平台主要参与方包括众多卖方企业、众多买方企业、认证中心、第三方支付服务机构、物流公司等。相对自营模式平台直接介入信息流、资金流、物流、票据流等业务流程，开放运营模式平台只是生态的营造者，具体的交易有多个买方和多个卖方自主对接，平台通过自建的业务系统和对接的第三方服务为供需对接业务流程提供支持，如图 2-15 所示。

业务流程分为由买方发起和由卖方发起两种，通常包括询价、报价、订单确认、合同签订、物流交付、支付结算等环节。由买方发起的业务流程关键节点主要包括卖方发布商品、买家选择商品，确认订单、通过第三方支付机构提

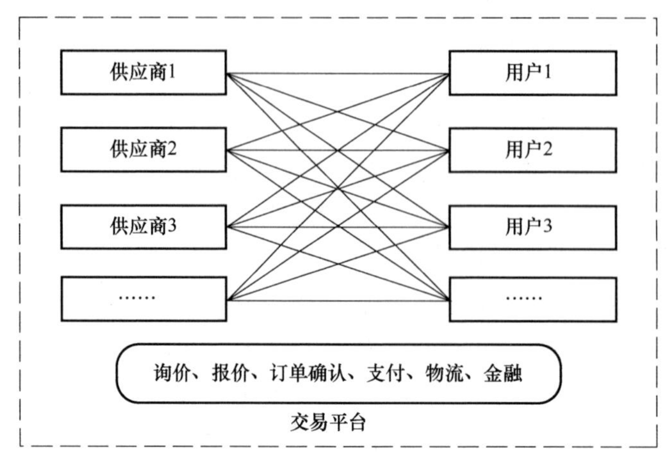

图 2-15　开放运营业务流程示意图

供的支付渠道将订单资金打到备付金账户、卖方发货、买方确认收货、第三方支付按照平台交易规则将资金划付给卖方；由卖方发起的业务流程关键节点包括买方发布询价、卖方进行报价、买卖双方确认订单、签订合同、买方付款、卖方发货等。

（三）开放运营模式的特点

开放运营的优势十分明显。平台方建立一套标准的交易系统，提供交易工具支撑和交易规则保障，只要是有相近交易流程的买卖双方都可以在平台交易，基本不受行业限制，所以平台覆盖行业广泛、产品品类庞杂、参与企业众多，每个行业的用户在平台制定的行业分类中都能找到需要的信息，完成一站式采购。因为汇聚了比垂直平台更多的用户资源，所以信息沉淀越来越多，也更容易产生网络效应，经营得时间越久，网站推广的成本就会越低，而用户汇聚形成的附加价值也会越大。与自营模式更体现传统交易的特点相比，开放运营模式更接近平台特征，模式较轻，不需要资金占用，也不需要针对每个行业的专业服务，对交易双方提供的生态服务也是为了更好地促成交易，而非平台运营的必备要素。

开放运营的劣势同样是因为其运营模式轻，行业覆盖广，无法深入到每个行业去精耕细作，所以有可能虽然行业覆盖全，提供的服务全，但却哪一个行业都做不好。随着各细分行业垂直平台的建立，用户流失会成为开放运营平台最大的威胁。而浅层的信息服务也会导致用户的黏性不够，用户可能会在平台寻找信息，但不会在平台达成交易。

(四) 开放运营模式的适用范围

基于开放运营模式的特点，B2B电商平台在自营模式和平台模式间做选择时需要考虑可以覆盖的用户群体以及可组织的供应商资源。比较适于选择开放运营模式的平台应具备以下特点。

1. 产品品类庞杂，但产品品类中标准品比重较大

开放运营模式覆盖的行业范围越广，产品品类越多，作为信息门户网站的价值空间便会越大。但这并不意味着综合平台要包罗万象，完全没有产品定位。因为在开放运营模式下，平台方并不参与到交易过程，所以用户完全依赖自己和平台提供的工具搜索所需的商品，如果非标品占比大，平台在产品分类与产品规格描述方面便会遇到极大挑战，用户也会在寻找标的物、进行比质比价方面遇到困难。所以综合平台应从熟悉的行业、行业中产品分类相对简单以及产品品类中的标准品入手，建立平台的产品体系。

2. 产业链上下游资源分散，中小企业众多

产业链上下游资源分散，意味着产业链上无论是供应商还是下游用户都没有足够的能力主导交易来形成稳定的供销圈子，这就会给平台发挥聚集资源价值的空间。产业链上中小企业用户规模小，生产受销售订单影响大，通常采购数量小、需求不集中、缺乏计划性，这种采购特点对于大的供应商没有吸引力，中小企业需要一个渠道以便快速找到所需的产品。中小供应商销售渠道和销售能力有限，从而需要借助平台扩大市场。自建平台需要有足够的运营推广能力，并不适合中小企业，所以中小企业需要借助大平台的影响力来获得用户资源。

3. 流程相近的行业及需求相近的用户

开放运营模式的价值之一在于可以提供一套标准化的供需对接工具和统一的交易规则，供需必须遵循统一的交易规则，使用标准化的供需对接工具。而现实中，每个行业的产业链都有自己的独特之处，交易流程和用户需求也千差万别。比如在供应商十分强势的行业里，可能需要买方预付货款才能获得商品，而在产品过剩、终端用户十分强势的行业里，则可能更多地需要供应商提供账期，而非现货交易。所以选择流程相近的行业和需求相近的用户群体才能让工具与规则发挥最大价值，保证用户体验。通常综合平台更适合现款现货的交易，不涉及货期和账期。

4. 平台有能力构建交易系统，完善平台生态

开放运营模式与自营模式最大的差异在于，开放运营模式通过吸引生态合作伙伴加入而促成交易，而自营模式是通过自建生态系统完成交付。综合平台要增加客户黏性，必须提供除了信息服务之外的更多服务，以促进交易服务的

达成。这些服务包括提供基于数据的智能匹配系统、在线支付系统、在线物流系统、供应链金融系统以及用户分级认证服务等，这些系统的建设除了智能匹配系统外，大多是通过开放平台的接口和数据引进的第三方认证机构、物流服务机构、金融机构等来完成的。所以在平台建设初期就需要考虑是否有能力整合资源，构建平台生态系统。

二、案例：1688 平台开放运营模式

1688 平台是中国 B2B 平台的先行者，虽然经过了跌宕起伏的发展历程，但凭着其不断创新求变的坚持，直到现在依然活跃在 B2B 电子商务舞台，注定要在产业互联网领域留下浓墨重彩的一笔。解析 1688 平台案例，不单是要了解开放运营模式落地的条件，更是要学习平台勇于创新的精神。

（一）平台基本情况

阿里巴巴 B2B 业务（包括服务国内市场的 1688. com 和服务国际贸易的 alibaba. com）是阿里巴巴集团的业务板块之一，定位于建立网上交易市场，服务全球中小企业用户。1999 年，阿里巴巴以 B2B 业务作为涉足电商的突破口，为中小企业提供信息发布 + 网上推广服务。在 2003 年淘宝网上线之前，B2B 是阿里巴巴最主要的业务。2007 年阿里巴巴 B2B 业务板块在香港港交所上市，2009 年，B2B 业务收入依然占阿里巴巴整体业务收入的 77. 7% 。随着淘宝业务的发展，阿里巴巴的业务重心开始向 C2C 倾斜，B2B 业务板块也因为内部管理问题一度面临诚信危机，遭遇发展困境，到 2012 年从港交所退市时，B2B 业务占比已经下降为 43. 43% 。

2014 年，阿里巴巴将金融支付以外的大部分业务打包在美国纽交所上市，其中包括 B2B 业务板块。从招股说明书中公布的数据看，2013 年财年的前三季，阿里巴巴中国贸易营收总额为 351. 68 亿，占业务总收入的 86. 89% ，而随着 C2C 业务、B2C 业务、金融业务等快速发展，B2B 业务在阿里巴巴集团整体业务中占比下降，在 2013 年财年的前三季，在阿里巴巴 404. 73 亿元的营业收入总额中，B2B 业务板块只占到 5% 。

同时，在整个中国 B2B 市场，随着垂直行业平台的涌现，阿里巴巴占比也在不断下降，但交易规模仍占有相对优势。2013 年，据中国电子商务研究中心的监测数据显示，在 B2B 电子商务服务商营收份额中，阿里巴巴排名首位，占比 44. 5% 。到了 2018 年，占比已经下降到 28. 4% ，但相比排名第二的慧聪网 17. 6% 的份额相比，阿里巴巴依然遥遥领先。

根据阿里巴巴财报数据显示，阿里巴巴自从在美国纽交所 IPO 以来，整体

业务逐年增长，到2018年全财年营业收入已经超过2500亿元，B2B业务也随之大幅增长，但在整体营收中所占比重没有明显变化。阿里巴巴B2B业务实现营收137.89亿元（包括1688、阿里巴巴国际站），占营收总额的5.52%，远远不及2C业务所占的比重。

（二）核心产品和服务

阿里巴巴的B2B、C2C、B2C业务基本的业务模式都是阿里巴巴搭建开放的电子商务平台，由众多买卖双方在平台上自主交易，平台完成的交易额并不计入平台的营业收入，而是通过提供促成买卖双方交易而收取会员费、广告费等作为平台的主要收入。同时随着交易数据的积累，定位国内B2B市场的1688平台逐步实现从交易平台向营销平台的升级，针对企业间交易的痛点，1688逐渐完善包括精准营销和支付结算在内的服务体系建设。阿里巴巴国际站通过大数据赋能和在物流、支付等领域的投资并购，逐步为企业提供包括支付、物流、金融、出口退税等更多产业链服务，包括支付、物流、金融、退税、精准营销在内的增值服务快速增长。与以商品自营业务为主的亚马逊相比，阿里巴巴的开放平台以会员费和广告竞价为主的营业收入远远低于亚马逊，而净利润却远高于亚马逊。

阿里巴巴B2B平台两大核心业务是中国供应商和诚信通，分别支持中国各类中小企业与国际、国内两大采购市场的供需对接。平台通过商机搜索与浏览、商铺建设和推广、中国供应商/诚信通认证、贸易通等服务帮助中小企业在平台展示公司及产品信息，帮助买方用户发布需求信息，实现买卖双方供需对接，同时向不同等级的中国供应商和诚信通会员收取不同的会员费，提供不同的供需对接服务。

随着平台搜索工具的完善，阿里巴巴逐步推出竞价排名和按询盘收费的模式，这是和平台价值结合更紧密的收费方式，虽然与按交易额一定比例收取服务费的模式有本质区别，但点击率的增加与交易额却有着紧密的关系。

平台因为集聚了越来越多的用户，由此衍生的增值服务如行业资讯、价格行情、线下展会、库存拍卖以及与国际贸易相结合的航运、外币转换、贸易代理等也逐步展开，在丰富信息服务和交易服务模式方面不断探索拓展，为用户解决问题的同时，也获得了相应的衍生服务收入。

（三）核心资源与能力

作为开放运营平台代表的1688之所以历经了20年的风雨依然在B2B领域保持领先能力，不仅仅是因为其有先发优势，更是因为其线上线下相结合的运营推广能力和一站式的解决方案。

1. 专注信息服务，汇聚大量的市场供求信息

阿里巴巴定位于为中小企业服务，对于中小企业来说，由于企业规模小，产品相对单一，在开拓市场方面遇到的最大问题是既无法像大企业一样获得市场上的分销渠道资源，也没有足够的资金实力建立自己的销售渠道，很难把企业和产品的信息有效地送达用户，特别是国外市场用户。在B2B发展的早期阶段，阿里巴巴通过对企业需求进行深入调研，放弃因为现实障碍而难以推行的在线交易模式，转而聚焦为专门提供信息服务，将收集到的企业信息整合分类，形成网站独具特色的栏目，吸引买卖双方登录平台获得有效的信息和服务。正是由于这一定位，使得平台可以在短时间内形成信息规模优势和网络效应。

2. 跑马圈地，大量的注册会员成为平台最重要的资源

在平台建立初期，平台放低会员准入门槛，以免费会员制吸引企业登录平台注册用户，从而汇聚商流，活跃市场。会员在浏览信息的同时也带来了源源不断的信息流和无限商机。企业需求信息对于国内买方市场环境下的供应商来说是寻求订单扩大销售的利器，也是把握市场动态的参考，所以企业愿意支付一定的会员费换取这些信息。阿里巴巴可以为外商的采购提供规模供给信息和诚信通服务，从而成为国外采购商的采购基地，阿里巴巴通过掌握的大量国外采购商名单推出中国供应商收费服务，中国企业同样愿意以一定的会员费以获得大量的国外采购订单。这些会员费成了平台主要的收入保障。

3. 线上及线下相结合的推广策略

平台利用诚信认证服务体系对用户实行分级管理，为不同等级的供应商提供不同的服务，买家通过平台查看供应商等级，获得一定程度的交易保障，这开放运营平台让用户产生信任并促成业务的重要一步。有阿里“铁军”之称的线下业务团队一直是阿里B2B业务发展的中坚力量，他们以扫街的方式推广平台业务来争取供应商与用户资源，解决了平台最初的资源积累。同时他们对销售模式的探索、团队的激励，以及创造的辉煌销售业绩也为业界津津乐道，甚至团队成员也成为各大平台挖角的对象。

4. 一站式解决方案

阿里巴巴B2B平台虽然是开放性平台，并不深度参与到商品交易过程，但对于平台来说，除了信息服务的价值外，在平台实现真正意义的供需对接，即达成交易才是平台长久发展的根本，平台的价值空间打开程度也是与平台开发的增值服务成正比的。而基于B2B交易的特征，要真正达成交易不是单纯的信息服务可以解决的，所以阿里巴巴在信息服务的基础上，提供了全流程的一站式解决方案，从需求的确认、订单的形成一直到物流、资金流的服务，使得交易双方需要的服务都可以在平台得到解决，如图 2-16 所示。

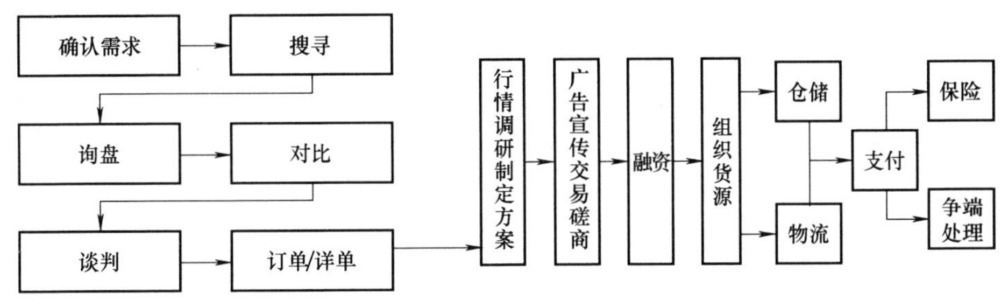

图 2-16 阿里巴巴一站式电子商务解决方案

（四）在线交易实现

1688. com 平台提供多种付款方式支持，方便不同类型的用户在线交易。主要付款方式包括支付宝担保交易、网银转账、采购专款（大额支付）、电子承兑汇票支付、分阶段付款等。我们通过登录 1688. com 平台发起并记录购物流程，包含以下步骤。

1. 付款前流程

买家通过立即选购、加入进货单和一键铺货几种方式选定目标商品，进入在线订单流程，如图 2-17 所示。与 B2C 的购物流程有所区别，加入进货单和一键铺货都具备 B2B 特征。

图 2-17 1688 选购页面

在确认订单信息无误后，可以看到平台提供的集中付款方式，主要有支付宝、采购专款和银行转账，如图 2-18 所示。这些支付方式需要买卖双方按照平

台要求开通相关服务，后面会分别介绍这些支付方式的支付流程。

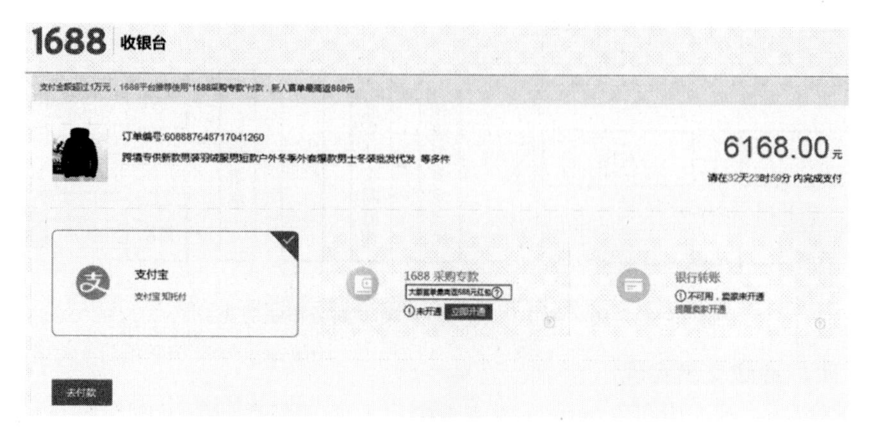

图 2-18　1688 付款方式选择

2. 支付宝付款流程

支付宝是阿里巴巴在国内首先推出的平台担保交易支付方式，其在线担保支付流程依然是目前第三方支付平台通用的支付流程。买家选择支付宝付款方式，单击“去付款”后，平台会自动跳转到其支付宝账户绑定的银行卡、信用卡页面，输入支付宝支付密码，确认付款后，买家所付资金会进入支付宝备付金账户，等买家确认收货或者达到默认支付期限后，资金会由支付宝备付金账户转入卖家账户。支付宝付款页面如图 2-19 所示。

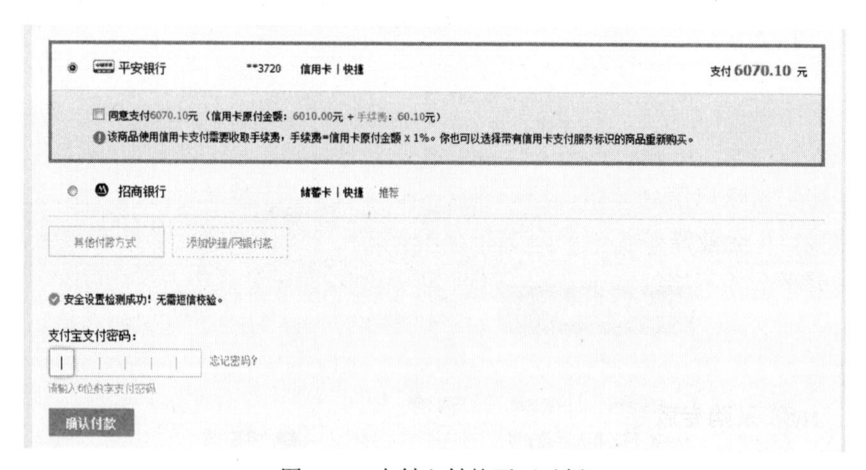

图 2-19　支付宝付款页面示例

3. 银行转账

银行转账是一种在 1688 网站下单、通过银行柜台或网上银行进行付款的支付方式。

对于已开通融易收服务的卖家，买家在下单时，在收银台可以选择银行转账或对公转账的支付方式，买家再通过银行柜台或者网上银行向卖家进行付款。

买家通过银行转账向卖家付款时，要选择卖家在平台的专属账号。平台交易系统会为同一供应商分配一个卖家专属收款账号。买家必须从1688平台获取卖家专属收款账号，卖家可以对其专属收款账号进行管理，查看专属账号存留资金。买家付款流程如图2-20所示。

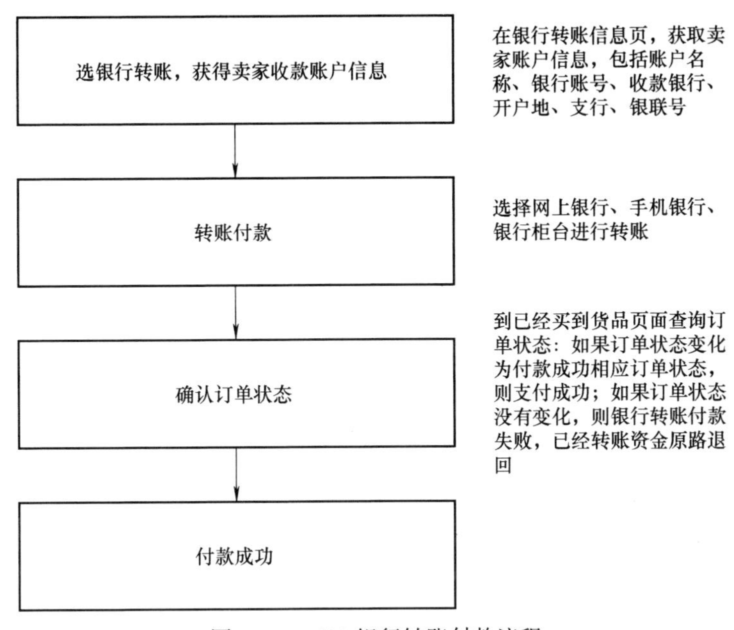

图2-20 1688银行转账付款流程

买家使用银行转账的付款方式与企业间传统付款流程类似，只是需要先从平台获得卖家账户信息，然后按照传统付款流程完成付款即可。平台只提供网银跳转接口，企业需要在相关网上银行页面进行登录和付款操作。因为使用此方式转账平台并不接触资金，所以也无法提供担保支付服务，但与选择支付宝付款方式相比，选择银行转账支付方式，不用受银行转账限额限制，由银行而不是第三方支付出具付款回单会更加方便企业进行财务处理。

4. 1688采购专款

采购专款是1688和支付宝合作提供的大额支付服务。买家需要先把银行卡或公司账户与支付宝账户绑定，然后把资金从银行卡或公司账户转入1688采购专款账户，买家在确认订单后，选择使用采购专款支付方式，平台可冻结订单对应的采购专款金额，在买家确认收货或达到约定担保支付期限后，平台完成订单资金从采购专款向卖家账户的转移。买家使用1688专款采购付款流程如

图 2-21 所示。

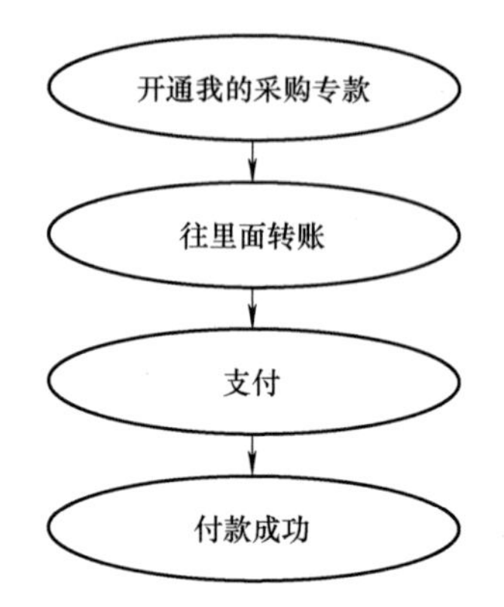

图 2-21　1688 采购专款付款流程

使用 1688 采购专款付款方式，可以实现企业间不限额跨行转账支付，同时可享受平台的担保支付功能。

5. 电子银行承兑汇票支付

电子银行承兑汇票，是 1688 网站与招商银行合作提供给买卖双方的大额收付款产品，支持买家使用招商银行电子承兑汇票付款，卖家在结算银行企业网银内签收买家所支付的电子汇票，在汇票到期日可委托结算银行进行收款。支持出票支付、背书支付。电子银行承兑汇票支付流程如图 2-22 所示。

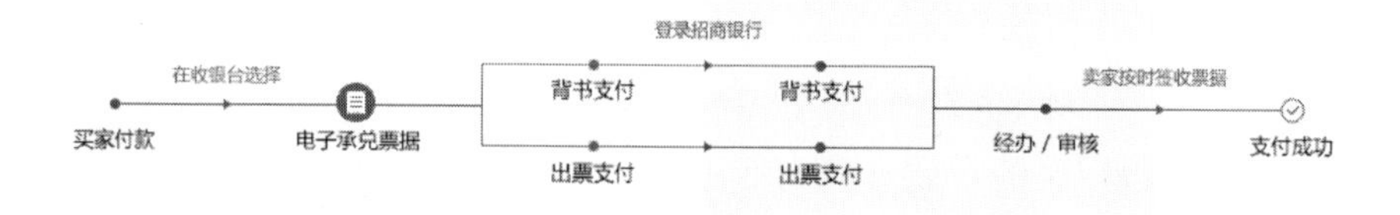

图 2-22　1688 电子银行承兑汇票支付流程

买家使用招商银行电子承兑汇票付款到卖家的银行账户，卖家可在收款银行的企业网银内签收票据。已签收成功的票据，1688 会将对应的订单状态更新为已付款。卖家在电子承兑汇票到期日超时未做签收，中国人民银行会自动撤回已背书或已承兑的票据，1688 订单仍旧处于待付款的状态，需要买家再次进行付款。使用电子银行承兑汇票付款的订单，不支持申请售后。

6. 分阶段付款方式

1688. com 平台针对大单订货、定制加工、预售等个性化交易，根据买卖双方的约定，支持以首付款 + 尾款的形式进行交易，这是一种线上和线下结合的交易方式。分期付款流程如图 2-23 所示。

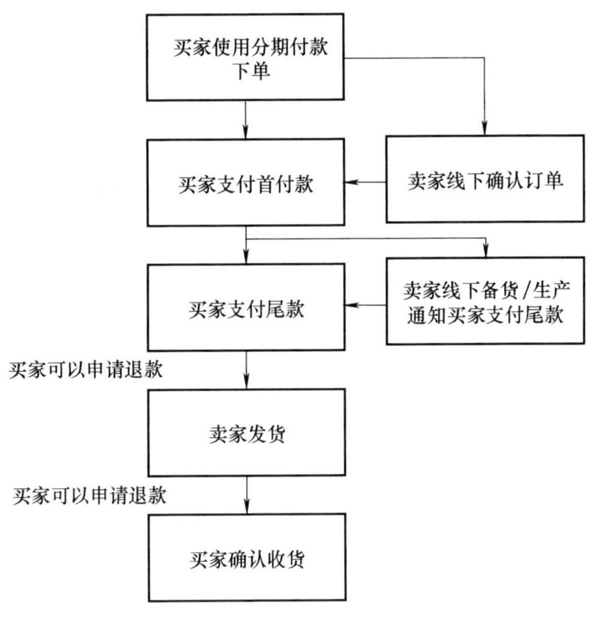

图 2-23 1688 分阶段付款流程

除以上付款方式外，1688. com 平台还与供应商、金融机构合作，根据买方的信用状况，提供账期服务、诚 e 赊、信任付、诚企贷、赊贝等多种非即期付款支持业务，将平台订单和供应商信用、金融服务相结合，解决买方订单资金需求，从而提高交易成功率。

第四节 寄售交易模式

寄售交易模式介于电商自营模式和开放运营模式之间，之所以称为寄售，是因为由供应商承担库存风险而不是由平台承担，平台负责除库存之外的交易全过程，并按照实际销售数量与供应商结算。寄售交易模式在慧聪网由信息平台向交易平台转型的过程中起到了至关重要的作用。

一、模式概述

寄售模式很好地解决了平台在轻重模式之间难以抉择的问题。相对自营模式，平台不需要承担太多库存风险；相对开放运营模式，平台又能较深地介入交易过程，促进业务落地。平台在表面赚取的是进销差价，但本质上依然是信息服务费。以下依然从概念、业务流程、模式特点和适用范围四个方面对这个

模式进行解读。

（一）寄售模式

寄售模式是介于自营模式和撮合模式之间的一种平台交易模式。自营业务下，平台负责进货、库存、销售、物流、支付全过程，可享受价格波动的收益，但也需要承担价格波动的损失，同时也要承担物流占用的资金压力，平台赚取进销差价。寄售模式下，生产商或贸易商在电商平台开设寄售卖场，通过电商平台在线销售，买方选择寄售卖场的货物后，平台全程参与货物交易、货款支付、提货、结算、开票等环节，但不承担仓储费用和物流占用的资金，平台按照实际销售额赚取进销差价（本质上为交易服务费）。撮合模式下，买卖双方自己完成物流、支付和结算，平台并不需要二次结算，只按照交易金额收取一定的交易服务费，但平台并不能将成交金额算作平台业务收入。

（二）寄售模式的业务流程

寄售模式的主要参与方为寄售卖场（供应商）、买方和交易平台。平台介入整个交易过程，同时整合信息流、资金流、物流和票据流。

以钢银电商发展后期的寄售服务为例，典型的寄售模式主要参与方与流程如图 2-24 所示。

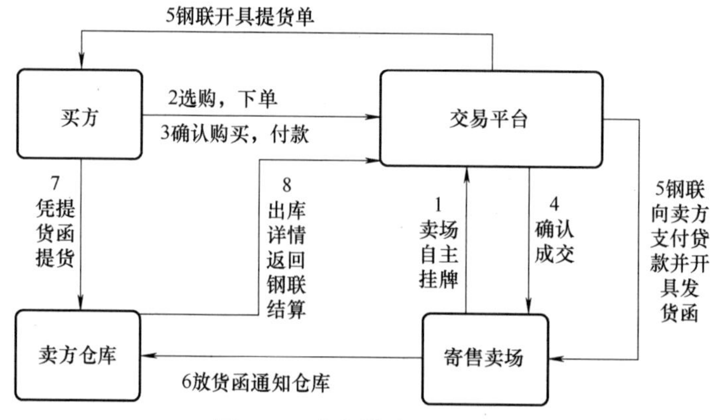

图 2-24　寄售模式业务流程

在寄售模式实践中，根据平台介入仓储物流环节的程度不同分为由供应商（即卖方）控制物流和由平台控制物流两种情况。图 2-24 所示的实际上是由卖方控制物流的寄售流程。两种业务流程详细步骤分述如下。

1. 由供应商控制物流的寄售业务流程

由供应商控制物流的寄售业务流程中，平台方提供买卖双方订单确认支持，收取买方货款并支付给卖方，同时指示卖方根据买方提货单放货，具体步骤如下。

（1）供应商入驻交易平台，并自主选择产品进行标价销售。

（2）买方登录平台，在供应商寄售卖场中选购，下订单。

（3）买方支付订单款到交易平台，这个过程与平台自营业务类似。

（4）平台通知供应商已与买方达成交易，由卖方确认订单成交。

（5）交易平台向卖方支付该笔订单的货款并开具放货函。在这一步，平台向供应商支付的订单货款与平台收到的买方支付的货款不一致，平台按照订单金额的一定比例扣取了服务费。因为平台参与开票环节，即平台需要就买方支付的订单价款向买方开具等额发票，而供应商收到平台支付的货款向平台开具等额发票，所以最终服务费是以进销差价的方式体现的。平台通知供应商发货时，同时向买方开具提货单。

（6）供应商发送放货函到卖方仓库。

（7）买方凭平台发放的提货函到卖方仓库提货。

（8）提货完成后，平台根据仓库返回的信息确认交易完成。此时平台根据该笔订单的资金情况分别向买方开具销货发票和向供应商索取进货发票。

2. 由平台控制物流的寄售业务流程

上述模式是货物存放在供应商仓库而由供应商控制物流的寄售模式。如果平台希望掌握更多的商品自主权以保障供货时间并降低买方提货成本，可以由平台自建仓库或合作第三方仓库用以货物仓储和周转。这种情况下寄售业务流程会进行如下的相应调整。

（1）供应商发货到平台指定仓库。

（2）买方与平台确认订单。

（3）买方付款给平台，平台发放提货单给买方。

（4）平台通知仓库按照订单发货给买方，或由买方到平台指定仓库提货。

（5）平台定期统计订单和仓库发货量，卖方按指定仓库实际发货量确认本期销售。

（6）平台按实际发货量和进价金额付款给卖方。进价金额的确定一般是下游买家采购价格减去平台服务费。

（7）平台按订单给买方开票，供应商按发货量和约定进价开票给平台。

此种模式下，对于供应商来说是“先货后款”，即供应商把商品运送到第三方仓库（或平台仓库），此时并不确认收入，也不给平台开票。实际订单成交时，由平台直接与买家完成货物交付、款项收取和票据结算。再由平台根据多个买方一定期间的实际采购量与供应商确认平台的实际采购量。库存占用资金

及剩余库存的调配由供应商决定。

（三）寄售模式特点

几乎所有平台都会遇到在不深度介入交易的轻模式和深度介入交易的重模式之间做选择的问题。轻模式一般不需要建立庞大的交易团队，也不需要非常熟悉业务，更不需要在物流环节占用太多资金。这种模式在C2C或B2C业务拓展上很少遇到用户黏性不足的障碍，但在B2B业务拓展上，因为企业间交易存在复杂性，太轻的模式很难实现交易闭环，从而造成用户对平台缺乏依赖度的问题。而太重的模式虽然解决了从交易到交付的问题，却需要足够的人、财、物的配合。

寄售模式很好地解决了这个问题。平台既能比较全面地介入商流、信息流、资金流、物流、票据流的过程，但却不需要承担仓储和价格变动的压力。对买家来说，因为整个交易过程与平台对接，交易过程简单明了，责任清晰，所以这个环节类似平台自营业务。对供应商来说，因为不需要与买家直接接触，所有的物流、资金流、票据流都是与平台直接对接，省去大量分散销售工作，这个环节平台又类似于供应商的分销商角色。

寄售模式比较显著的特点如下。

（1）在承担较小库存风险的基础上通过类自营业务帮助平台快速落地交易。

（2）可以增强平台对于上游、下游的控制力。

（3）平台因为参与开票，可以实现销售收入的快速放大，同时毛利率会显著降低。

（4）因为平台参与交易各个环节，可以由此沉淀交易数据，并进行供应链金融创新，提升信息服务能力。

（四）电商寄售模式的适用范围

寄售模式在推动B2B业务落地方面尽管有许多优势，但应用好这种模式需要平台具备以下条件。

（1）寄售模式下，平台与商品属性具有强关联性，需要平台懂得所经营品种的行业特点，熟悉并参与商品定价和物流交付。

（2）为保证平台销售的连续性，平台需要储备一定量的基础库存。

在寄售模式推广初期，由于上游供应商的挂牌量不足，要迅速提升交易量并保证用户采购的连续性，平台需要储备一定量的基础库存，在供应商无法满足用户需求时，平台的介入会提高买方的用户体验，从而对平台产生信任和依赖。

（3）需要平台了解买方需求规律，这样方便控制基础库存风险，同时也能更好地为供应商提供服务。

（4）产品价格波动大而频繁，如果采用其他模式，很难做到价格随行就市，供应商与平台之间往往会出现涨价无货、跌价无市的现象，严重影响平台交易的连续性和用户体验。寄售模式供应商在确认订单前掌握定价权，买方可以根据卖方挂牌价格买到现货，这样便能避免价格波动影响到交易的达成。

（5）平台需要有足够的商务支持团队，提供订单流、资金流、物流和票据流各环节的服务。

二、案例：慧聪网（慧聪集团）的寄售模式

作为国内最早的B2B电子商务平台之一，慧聪网的地位不可小觑，业界素有“南阿里，北慧聪”之称，与1688平台类似，在从信息平台向交易平台转型的过程中，慧聪网最终选择了与1688平台不同的发展之路，寄售业务成为主平台及其垂直行业平台的核心业务模式。到2019年初，慧聪网形成了包括科技新零售、智慧产业、平台与企业服务在内的三大事业群。

（一）平台基本情况

慧聪网（HK02280）成立于1992年，是在商情业务和媒体广告代理业务基础上发展起来的，原名慧聪商务网，于2004年3月正式更名为慧聪网，开通40余个行业频道和70余个行业搜索引擎。与阿里诚信通产品相对照，慧聪网于2004年9月与腾讯科技联手推出即时通信工具“买卖通TM”，2005年3月，买卖通付费会员突破1万。2014年10月10日，慧聪网从香港创业板转到香港联交所主板上市，并开始了业务扩张之路。2017年底，慧聪集团开始转型产业互联网，提出“致力于成为中国领先的产业互联网集团”的愿景，并提出“用互联网和数据赋能传统产业”的新使命。2018年3月，公司正式更名为慧聪集团有限公司，原慧聪网作为集团全资子公司之一，归属于信息服务板块。2019年慧聪集团调整组织架构，形成科技新零售、智慧产业、平台与企业服务三大事业群。

2018年底，慧聪集团营业总收入突破100亿大关。近年来慧聪集团收入和净利润数据如图2-25所示。图中左侧坐标轴数据为营业收入金额，右侧坐标轴数据为EBITDA金额，单位均为万元。从图中可以看出，2015年为慧聪网转型的关键年，此前主要是以信息服务为主，主营业务收入相对较低，而利润额相对较高。随着B2B在线交易业务的开展，从2016年开始，其主营业务收入呈现快速增长趋势，而EBIDA虽然也呈现增长趋势，但速度却弱于营业收入增长。

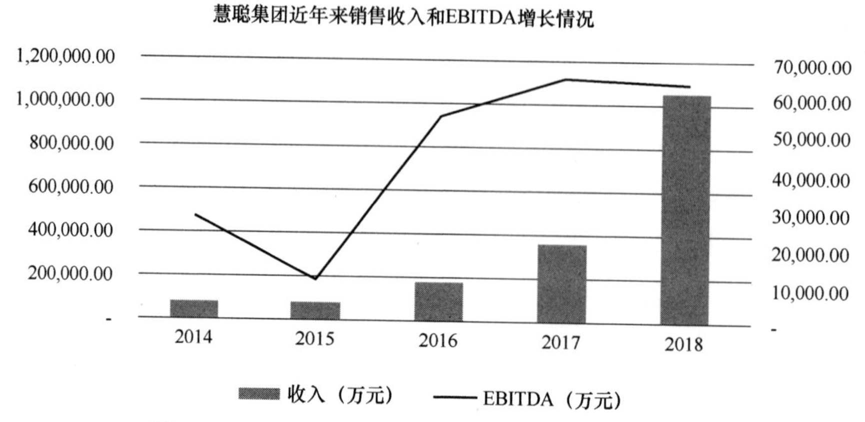

图 2-25　慧聪集团近年来销售收入和 EBITDA 增长情况

2018 年营业收入按照 2019 年初调整后的三大集群业务归类后，相比 2017 年均实现增长。2018 年，科技新零售事业群贡献 5.6 亿元销售收入，比 2017 年增长 35.4%，占集团收入的 5.3%。平台与企业服务事业群贡献 7.3 亿元销售收入，比 2017 年增长 3.5%，占集团收入 6.9%。无论是收入规模、增长速度还是对集团业务贡献上，以垂直行业深度服务为主的智慧产业群都表现出色。2018 年该事业群贡献销售收入 92.1 亿元，比 2017 年同比增长 327.5%，占集团总收入的 87%，商业展览中心业务则不断萎缩。慧聪集团营收业务板块构成如图 2-26 所示。

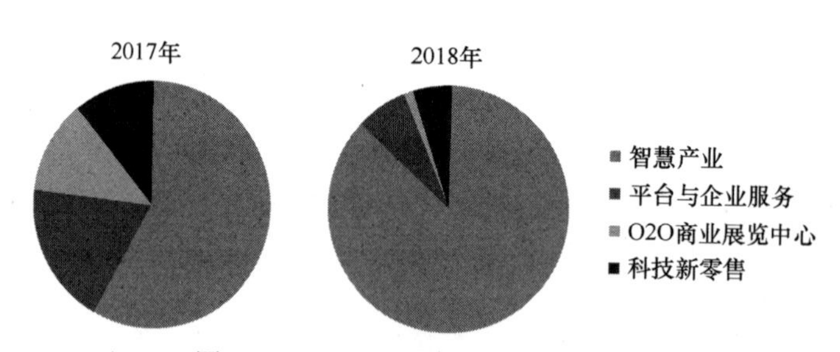

图 2-26　慧聪集团营收业务构成情况

（二）核心产品和服务

解析慧聪网的产品和服务，可以了解其在产业互联网领域的多样性探索，为其他平台进入产业互联网领域提供借鉴。

1. 慧聪网业务版图变化历程

2014 年前，慧聪网的商业模式基本是跟随“阿里巴巴 1688”，定位于 B2B

综合信息服务提供商。主要产品为“买卖通”，通过买卖通会员服务收取会员费，2015 年前员工人均销售收入始终维持在 30 万元左右。随着阿里巴巴通过成立蚂蚁金服向金融服务拓展，慧聪网也凭借其信息服务优势、品牌优势、资金优势开始业务拓展之路。到 2017 年慧聪网已经形成 B2B 电商服务、O2O 商展服务、金融服务、商用软件、防伪产品和大数据服务六个业务板块。在该业务版图中，B2B 业务是核心，融合了信息服务、交易服务和垂直产业电商平台服务。B2B 业务通过一系列收并购及 MBO 实现了快速发展，业务覆盖工程机械、电子信息、水工业、汽车、广电教育、食品制药、消防、安防、暖通等十几个垂直行业领域，产品范围覆盖 50 多个行业，并通过精准撮合、线上支付、寄售等服务模式完成向 B2B 2.0 的转型。

2018 年和 2019 年初，慧聪集团对业务板块进行两次大的调整，先是把 6 大业务板块聚焦成交易服务、信息服务、数据服务三大板块，又根据产业变动方向和集团的优势资源重新归类业务，形成科技新零售、智慧产业、平台与企业服务三大事业群。慧聪集团业务版图变化如图 2-27 所示。

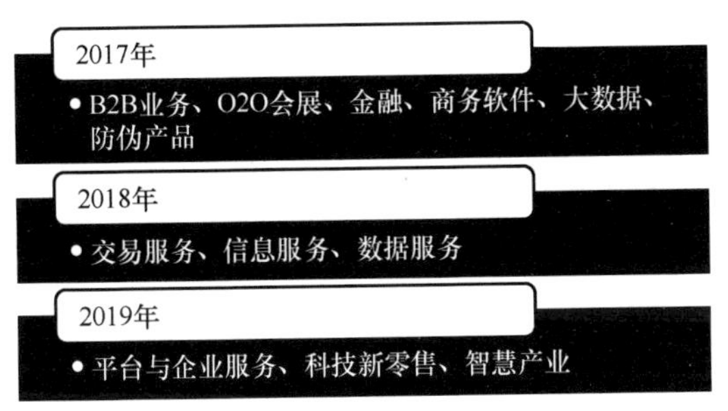

图 2-27　2017 – 2019 年慧聪集团业务版图变化

2. 三大事业群业务概述

（1）科技新零售业务事业群

科技新零售事业群以中关村在线为依托，融合北京融商通联科技有限公司（融商通联）、慧聪云商（佛山）网络科技有限公司等为家电产业赋能，通过 Saas 服务实现线上用户导入线下店铺，线下销售数据导入线上，从而为企业客户提供线上线下结合的营销解决方案。

目前该业务板块日均影响 3000 万采购用户，连接付费零售商超过 4000 家，有效 GMV 数据 15 亿元，同时该业务板块还提供广告、供应链及金融多维度服务，有望成为慧聪新的业务增长极。

（2）智慧产业事业群

智慧产业事业群主要包括已经形成规模优势的四个产业互联网垂直服务平

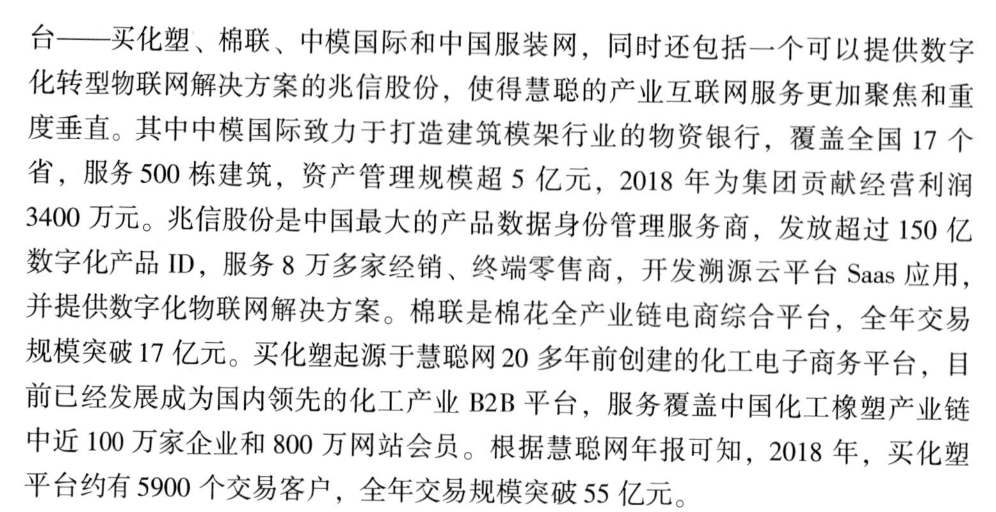

台——买化塑、棉联、中模国际和中国服装网，同时还包括一个可以提供数字化转型物联网解决方案的兆信股份，使得慧聪的产业互联网服务更加聚焦和重度垂直。其中中模国际致力于打造建筑模架行业的物资银行，覆盖全国 17 个省，服务 500 栋建筑，资产管理规模超 5 亿元，2018 年为集团贡献经营利润 3400 万元。兆信股份是中国最大的产品数据身份管理服务商，发放超过 150 亿数字化产品 ID，服务 8 万多家经销、终端零售商，开发溯源云平台 Saas 应用，并提供数字化物联网解决方案。棉联是棉花全产业链电商综合平台，全年交易规模突破 17 亿元。买化塑起源于慧聪网 20 多年前创建的化工电子商务平台，目前已经发展成为国内领先的化工产业 B2B 平台，服务覆盖中国化工橡塑产业链中近 100 万家企业和 800 万网站会员。根据慧聪网年报可知，2018 年，买化塑平台约有 5900 个交易客户，全年交易规模突破 55 亿元。

（3）平台与企业服务事业群

平台与企业服务事业群依托“慧聪网”“慧嘉”和慧聪集团的金融服务，与腾讯、百度联合，致力于开发出能够帮助中小企业提升产业效率的产业互联网工具，推出 B2B 泛行业版产业互联网产品，实现互联网信息服务的持续升级，构建产业数据链及业务场景，为中小企业提供金融、数据营销、SaaS 等更多增值服务。

3. 从业务模式的角度看慧聪网的产品和服务

在对慧聪网三大事业群业务有了初步了解的基础上，下面分析一下慧聪网的业务模式，简单地说就是弄清楚慧聪网到底是如何赚钱的。

（1）信息 + 广告服务

信息 + 广告服务曾是慧聪网的核心服务，但随着在线交易业务的开展，信息 + 广告服务所占比重逐步下降。该业务模式通过为买卖通会员提供会员系列营销推广服务为主，收取会员服务费。同时不断创新线上服务产品，比如标王询盘、询盘宝、智慧友客、互通宝等产品，实现场景化的信息服务和按效果付费。

（2）在线交易服务

从以上关于慧聪网收入结构分析可以看出，慧聪网主要的业务收入来源于各垂直行业互联网平台的在线交易业务。其中寄售模式是慧聪网在线交易的主要模式。该模式下，慧聪网与合作供应商签订服务协议，以支付供应商一定比例的资金获得供应商的商品并在慧聪网相关平台销售，慧聪网全程参与货物交易、货款支付、提货、二次结算、开票等环节，并从中赚取交易差价。这种模式下，慧聪网不承担库存风险，即支付一定比例资金即可获得商品，而且如果在一定期限并未销售给下游用户，供应商负责收回这些商品。慧聪网的寄售模式交易流程如图 2-28 所示。

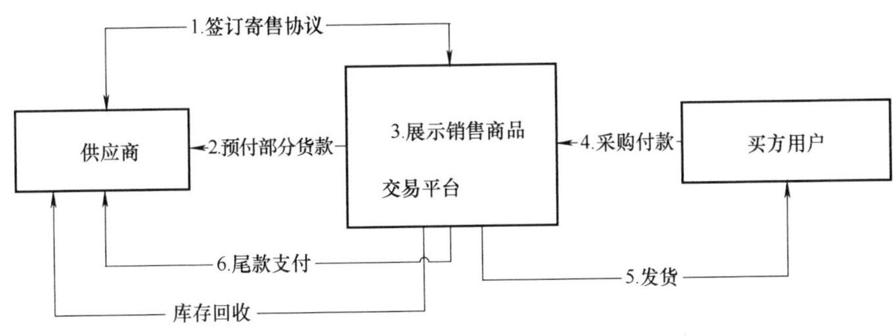

图 2-28　慧聪网寄售模式交易流程示意图

（三）核心资源与能力

慧聪网的核心资源与能力体现在其多年在信息服务领域深耕细作积累的信息服务优势，和对 B2B 行业的深刻理解以及围绕核心业务逐步培育起来的生态服务能力。

1. 信息服务优势

慧聪网做商情起家，通过纸媒的方式发布商情，帮助供应链上下游企业对接，因为起步早，积累了相当体量的用户资源。无论是 B2B 1.0 时代还是 B2B 2.0 时代，慧聪网在产业互联网领域都占据着重要地位，多年居于国内贸易客户量第二名的位置，仅次于阿里巴巴。海量的客户资源为平台孕育新的产品和服务提供了基础。

以 2018 年升级版的买卖通服务为例，可以看出慧聪网在深化信息服务方面的能力，如图 2-29 所示。

功能名称	功能说明	网站同类	买卖通会员
基础权益	炫铺模板、搜索加权、商机重发等六大服务	操作复杂	美观快捷
PC 端店铺	自选顶级域名、多套模板随心切换	单独收费	免费赠送
移动端店铺	移动端企业官网，出门在外生意照谈	单独收费	免费赠送
小程序店铺	微信十亿用户，坐享流量红利	单独收费或没有	免费赠送
诚信认证	店铺专享第三方权威机构认证，让交易更顺畅	没有	专业保障
营销特权	优先报价权以及微商铺、微名片等营销助手	单独收费或没有	免费赠送
价格	买卖通，一年只要 3680 元	6000+	3680 元/年

图 2-29　慧聪网买卖通核心功能展示图

信息服务对于供应商的重要价值就是商机的拓展。慧聪集团于2017年收购慧嘉互动，致力于为客户打造跨界整合营销平台。买卖通会员只需缴纳少量会员费便可拥有跨平台同步建站，包括PC端店铺、移动端店铺和小程序店铺，增加用户获得供应商产品信息的渠道和机会。同时慧聪网通过与知名搜索引擎合作，方便潜在用户按照品牌、产品类别、服务地区获得会员产品信息，助力入驻企业营销推广。同时新技术的应用也对慧聪集团信息服务能力的提升提供了支撑，比如2017年慧聪网推出的慧聪友客SaaS应用，能够智慧化地抓取买家线索并将线索并入客户关系管理，互通宝则可以支撑按效果付费，满足B2B用户的信息服务效果导向需求。

2. 对B2B行业的深刻理解

区别于阿里巴巴关注跨境贸易市场信息服务及京东天猫等聚焦的B2C服务，慧聪网一直服务于国内B2B市场，通过多年的运营，使得慧聪对于企业用户需求有着深刻理解，且对B2B行业的发展方向保持敏感。随着找钢网在垂直行业平台在线交易方面逐步探索出落地模式，同时阿里巴巴也凭借其在支付行业的产品和服务向金融领域拓展时，慧聪网也开始推动整个平台以信息服务为中心，向在线交易、物流及金融领域的渗透，其撮合交易+线上支付+寄售的模式，使得平台在B2B 2.0时代依然能保持领先地位。

3. 产业互联网生态服务能力

2018年公司更名为慧聪集团后，将原来的六大业务板块整合为交易服务、数据服务、信息服务三大业务板块，交易服务聚焦B2B交易场景，关注在垂直行业领域的落地。信息服务则依然关注用户覆盖面，同时通过原有信息服务能力在交易服务具体场景中的复制应用，为交易场景提供支撑。数据服务利用平台沉淀数据及分析处理工具为信息服务和在线交易服务提供基础。通过三大业务板块的整合，慧聪集团形成了点线面相结合的产业互联网布局和全产业链服务生态，交易服务为数据服务、信息服务提供数据资源，而数据服务、信息服务反过来又推动交易服务的效率和质量，形成三者优势互补的局面。

（四）在线交易实现

慧聪网在线交易是通过建立线上支付工具——慧付宝来实现的。慧付宝是没有取得支付牌照的产业互联网平台建立相对独立支付系统的典型样本，通过对接银行和第三方支付渠道，满足平台各类线上业务的支付需求。

1. 线上支付工具——慧付宝

因为慧聪网没有第三方支付牌照，为实现在线交易，于2016年11月3日成立上海慧旌电子商务有限公司，建立了慧聪网的支付平台——慧付宝，以支持寄售业务的全流程线上交易。慧付宝对接了包括中金支付、联动优势、财付通在内的6家第三方支付机构，覆盖了200多家银行，建立了完整的支付功能以满足平台用户的在线支付需求。

根据慧聪网平台公开的慧付宝服务协议，可以大概了解慧付宝提供的与支付相关的服务内容，包括了用户充值、付款、收款、提现、查询等功能。除了查询功能外，慧付宝服务协议反复强调用户使用的与资金收付存管相关的服务都是由慧聪集团合作的资金托管银行提供的，而且合作银行在慧付宝提供的所有服务都是基于用户的指令。

2. 慧付宝使用流程

结合慧付宝相关使用说明及笔者实际测试体验，慧付宝使用流程大致包括如下步骤。

（1）卖家登录买卖通/采购通，在“会员资料”中的“资金账户”页面，单击“立即激活”按钮，或直接在买卖通页面右上方，找到“我的慧付宝”选项，单击进入。

（2）弹出浮窗设置支付密码，验证手机号码；验证成功，阅读服务条款后，单击“同意服务条款并激活”按钮。

（3）激活成功，提示“您已成功绑定了慧付宝账号”。

（4）卖家在“产品交易 > 我销售的产品 > 发布产品信息”页面发布商品，在“是否支持网上交易”项勾选“支持”复选框。单击确认“发布产品信息”后等待系统审核。通过审核后，即可在卖家店铺前台上架展示商品，供买家选购。

（5）买家通过查找产品或商家进入产品终级页，选好购买数量后单击“立即订购”按钮，或者先将其“加入采购单”，等选购完所有产品后一并下单。

（6）进入买家下单页，选择并确认收货地址，确认订单信息，还可以给卖家留言。确认信息无误后，单击“确认电子协议，立即订购”按钮，系统自动跳转到下单成功页面。卖家查看订单信息，确认电子协议，订单变成待买家付款状态。

（7）买家在“已买入的产品”中找到待付款订单，单击上面的“付款”链接，进入到“确认订单价格”页面。确认无误后，单击“确认无误，马上付款”按钮，进入到慧付宝付款页面，买家可以选择余额付款、网银付款等方式。慧聪平台在线付款采用的是慧付宝担保交易，买家付款后货款将付到慧聪网买家的慧付宝账户。

（8）卖家发货后，买家进入“买家确认收货”页面，选择要收货的货品，输入慧付宝密码，单击“确定”按钮确认收货，慧付宝根据确认收货信息将货款结算到卖方的慧付宝账户。卖方可以随时从慧付宝账户提现。

（9）买家确认收货或30天内没有确认收货但没有提出退款的，系统会将货款打到卖家的慧付宝账户。

第三章
B2B 支付模式

消费互联网先于产业互联网发展成熟，领先的消费互联网平台大多已通过各种途径解决了交易闭环的问题，新诞生的创新消费互联网平台在业务逐步形成规模时，却面临无法取得支付牌照下交易合规性的困扰。与消费互联网相比，产业互联网在线支付的实现除了面临与消费互联网同样的支付合规性问题，还需要解决 B2B 交易过程中存在的一系列障碍，包括企业间支付场景的满足、企业支付习惯的改变、支付完成后财务的处理以及对平台商业模式的支持等。随着产业互联网的发展，在线交易闭环的需求会越来越强烈。以银行和第三方支付机构为主体的支付服务商正携手产业互联网平台，不断地完善其支付服务，创新 B2B 支付模式，以求能满足产业互联网的支付需求，实现自身的业务突破。

关键词：支付模式　直接支付　网关支付　账户支付　担保支付　资金监管　信用支付

第一节 在线支付模式概述

在线支付属于金融科技市场的范畴，随着电子商务应用场景越来越丰富，在线支付的种类也日新月异，如网上银行、电子对账、第三方支付、电子票据等。根据国家金融与发展实验室支付清算研究中心发布的《中国支付清算发展报告（2019）》及艾瑞咨询发布的《2019年中国金融科技行业研究报告》有关统计数据显示，2018年我国金融机构技术资金投入达2297.3亿元，支付业务因其受众广、交易高频的特性投入占比最高。金融科技市场的发展红利由银行、证券、保险等传统大行业开始向网络借贷、非银行支付等新兴服务行业转移，与支付相关的细分领域模式创新不断涌现。

一、在线支付服务方趋于丰富

随着支付服务场景化应用的不断丰富，POS机收单、二维码扫码支付等支付模式为商场、物流、小微企业、个体店铺、个人支付等交易提供了极大的方便。在移动支付持续占领支付市场热点的同时，B2B在线支付服务也在稳步推进。以人民银行为核心、银行业金融机构为基础、特许清算机构和非银行支付机构为补充的多元化支付服务组织不断丰富。截至2019年7月10日，我国共有237家非银行支付机构，其中互联网支付机构109家。获得支付许可证的第三方支付机构在优化清算市场布局方面发挥着重要作用，同时也推动了银行适应市场变化，创新支付清算服务模式的步伐。监管机构也从支付安全有序角度，介入支付市场，引导银行与第三方支付等支付服务组织的合作分工，如网联平台的推出便是由非银行支付机构发起但涉及银行账户的网络支付服务，兼顾了支付业务安全、高效的信息转接和资金清算。

二、在线支付交易规模不断扩大

从不同在线支付模式实现的交易规模看，第三方支付模式实现的交易笔数与增长速度都大大高于商业银行处理的网上支付业务，但大笔交易基本还是通过网上银行通道来处理，第三方支付的增长则主要依赖于个人移动电子支付的爆发式增长。根据互联网金融协会发布的《中国互联网金融年报（2019）》有关数据显示，2018年互联网支付和移动支付业务较上年规模均有所上升。在互联网支付领域，商业银行共处理支付570.13亿笔，低于非银行支付机构的700.51

亿笔，但商业银行处理的交易金额为2126.30万亿元，远远高于非银行支付机构处理的50.15万亿元，笔均金额分别为37295元与859元。

与此同时，传统票据业务量不断下降，而电子票据相对增长较快，移动支付成为行业发展的热点。这些研究成果将帮助人们更好地选择适合平台发展的支付模式，以满足企业的在线支付需求。

第二节 企业直接支付模式

无论是产业互联网还是消费互联网平台，如果提供在线交易服务，就需要考虑如何解决支付的问题，否则便难以实现真正的交易闭环。然而现在许多B2B平台只是提供信息服务，用户达成交易意向后便转为企业线下直接支付。如果平台希望掌控资金流，在没有支付牌照又没有对接合法支付渠道的情况下提供资金代收代付，便会触及支付监管的红线。

一、B2B平台企业线下直接支付

在传统线下现货交易时，买卖双方达成交易意向，买方直接将交易款项通过支票、汇票、网银转账等方式支付给卖方企业，这是在B2B交易平台出现之前企业间最常用的支付方式。当然赊销可以看作是延期支付，在信用期满后，买方依然会通过传统支付方式完成款项转移。在B2B交易平台出现后，部分企业将线下交易转移到线上完成，买卖双方并不见面，买方在平台选购自己需要的产品，确定订单后，如何将货款支付给卖方呢？最简单的办法是，卖方将银行账户、账号及开户行等信息通过平台告知买方，买方通过银行向卖方汇款，卖方收到款后发货，简易流程如图3-1所示。

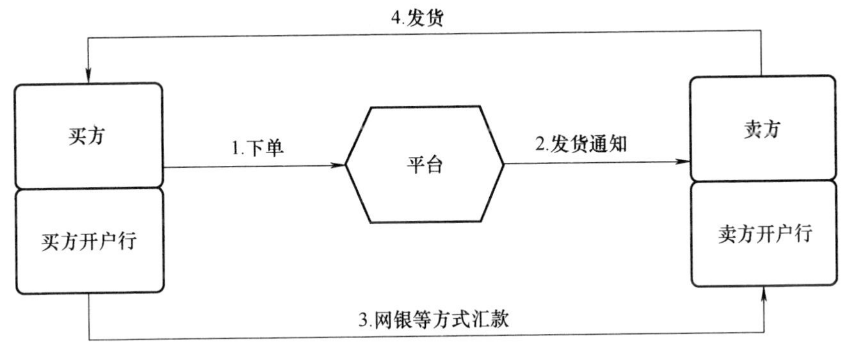

图3-1 B2B平台企业线下直接支付模式示意图

从图中可以看出，这种支付模式买方可以直接将款项跨行支付给卖方，无中间环节，手续费较低，与线下交易并无本质区别，在此过程中，平台充当的是信息服务的角色，除了产品展示外，平台还提供交易过程的支持，包括将卖方账户传递给买方，但资金流和物流都游离于平台之外，平台的价值有限，用户黏性也较差。如果使用这种支付模式，买方先付款或卖方先发货都有一定的交易风险，所以这种支付模式很难支撑平台的长远发展。

二、B2B 平台代收代付模式

B2B 交易平台为了增加用户黏性，实现数据沉淀，突破单纯信息服务的模式，都希望在平台上形成交易闭环，因此许多平台采取了变通的方式介入支付环节，买方将资金通过网银或者平台对接的第三方收单服务直接支付到平台账户，然后由平台结算到卖方，交易流程如图 3-2 所示。

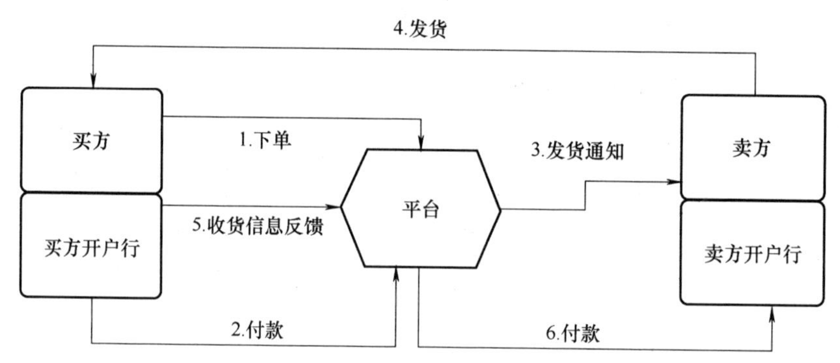

图 3-2　平台代收代付模式

从图 3-2 中可以看出，在这种模式下，平台通过代收代付参与了交易过程的资金流动，买卖双方发生“跳单”的情况减少，且平台形成了一定的资金沉淀，可以产生额外的孳息收益。这种模式的另一个优点是平台为买卖双方提供了交易担保，买方不付款，卖方不发货。买方未收到货，或货物不符合要求时，平台不向卖方支付货款。这就形成了双方公平交易的基础，极大地促进了平台交易的发展。

在上述支付模式下，货物由卖方发给买方，发票也由卖方开给买方，而资金却是由平台账户进出，这种方式的资金流、物流和票据流不一致，有一定的财务和税务风险，同时在没有支付牌照的情况下提供代收代付业务便属于大商户二次清分范畴，因为可能存在平台卷款跑路等风险，属于央行近年来严格监管的范畴。

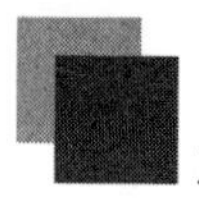

有的交易平台会采取打“擦边球”的方式，为交易双方提供交易中介服务的同时，在其拟定的平台服务协议中约定由买卖双方分别授权电商平台代其付款和收款，将平台自身作为开展代收代付业务的功能主体，完全取代了第三方支付机构的角色。根据 2016 年《中国人民银行有关负责人就非银行支付机构风险专项整治工作答记者问》及《中国人民银行办公厅关于进一步加强无证经营支付业务整治工作的通知》等文件，央行明确了无证经营支付业务行为主要包括三类，其中“第二类是无证经营网络支付业务。其中就包括采取‘大商户结算’模式，即用户支付资金先划转至网络平台账户，再由网络平台结算给其平台下挂商户”。此处电商平台在没有取得《支付业务许可证》的情况下为买卖双方提供代收代付服务则属于“大商户结算”模式。根据《非金融机构支付服务管理办法》第三条规定：“非金融机构提供支付服务，应当依据本办法规定取得《支付业务许可证》，成为支付机构。未经中国人民银行批准，任何非金融机构和个人不得从事或变相从事支付业务。按照相关法律法规，非支付机构违规代收代付业务将承担相应的法律后果，中国人民银行及其分支机构责令其终止支付业务；涉嫌犯罪的，依法移送公安机关立案侦查；构成犯罪的，依法追究刑事责任。”

正是在这种严格监管的情况下，已经拥有成熟业务模式和资金实力的平台会通过购买第三方支付牌照解决在线交易闭环的问题，而更多的平台会选择通过对接合法支付渠道提供在线支付服务，这也是第三方支付牌照会成为香饽饽的原因。

第三节 第三方支付模式

上一节谈到，第三方支付随着电子商务的发展应运而生，央行为规范第三方支付行业发展秩序而设立了行业准入制度，即非金融机构提供支付服务需要按规定取得《支付业务许可证》方可成为支付机构，支付业务许可证也称第三方支付牌照。

一、第三方支付模式简介

第三方支付模式是指由取得支付业务许可证的非银行第三方机构为产业互联网平台在线交易提供支付结算相关服务的模式。

第三方支付是随着电子商务发展而发展起来的。第三方支付最初是为了解

决电子商务交易双方因银行卡不一致而造成的转账不便问题。1998 年 11 月，首都电子商务工程正式启动，确定首都电子商城为网上交易与支付中介的示范平台，在此基础上发展起来的首信易支付在国内首创第三方支付服务，也是第一家开展 B2B 支付服务的企业。2004 年阿里巴巴集团推出的支付宝因为很好地解决了交易双方交易过程中的不信任问题，从而极大地推动了中国电子商务的发展。随后包括财付通、汇付天下、银联在线、快钱、易宝、环迅等一大批第三方支付产品进入电子商务市场，瓜分互联网支付市场份额。但在第三方支付发展的过程中也出现了隐私泄露和资金安全等一系列问题，影响了正常的金融秩序。

二、第三方网关支付模式

第三方网关支付模式是第三方支付机构提供的最基础的直接支付模式，在这种模式下，第三方支付提供支付通道，方便平台用户调用不同的银行接口实现资金从买方银行账户到卖方银行账户的直接转移。

1. 模式简介

根据百度百科的定义，支付网关（Payment Gateway）是银行金融网络系统和 Internet 网络之间的接口，是由银行操作的将 Internet 上传输的数据转换为金融机构内部数据的一组服务器设备，或由指派的第三方处理商家支付信息和顾客的支付指令。第三方支付网关便是指后者，即银行通过指派的第三方支付机构处理网上支付信息和平台用户的支付指令从而完成在线支付的模式。该模式下，电商平台通过第三方支付可同时对接多家银行专网系统，第三方支付解密电商平台用户从 Internet 传过来的通信协议，并且按照银行专网的通信协议标准，将数据重新打包处理，然后传给银行专网，银行完成转账后，再将信息传递给支付平台，支付平台将结果通知交易平台。第三方支付扮演通道角色，实现多家银行专网与互联网的安全连接，方便平台用户调用不同的银行接口。第三方支付并不参与资金的支付和清算环节。

代表平台：首信易支付。

2. 流程示意

买方提交订单，卖方确认订单后，平台通过对接的第三方支付推出其接口银行页面，买方在页面选择自己的开户银行，跳转到开户银行网上支付界面，按照各银行网银支付要求和操作流程完成支付。网关支付详细流程如图 3-3 所示。

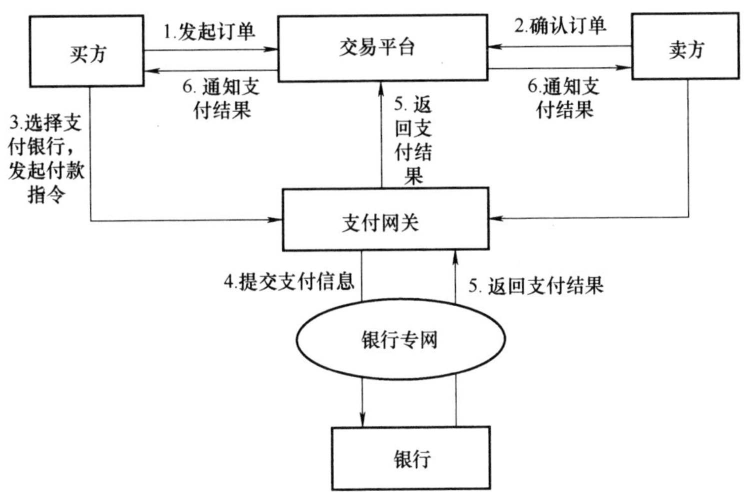

图 3-3 第三方网关支付模式示意图

3. 模式优缺点

优点：交易平台无须单独对接各家银行开发的不同银行专网接口，便可支持在主流银行开户的用户直接在平台完成订单交易。同时买方资金可直接进入卖方账户，无须在第三方支付沉淀。

缺点：因为只支持直接支付，交易平台和支付平台都无法提供担保。

适用范围：平台自营业务收单、撮合交易业务中的直接支付。

三、第三方账户支付模式

第三方账户支付模式是在网关支付基础上，通过虚拟账户的建立实现担保支付功能，以支持产业互联网平台撮合交易。

1. 模式简介

典型的第三方支付模式，买卖双方需要事先在第三方支付开设自己的账户（无论是经过交易平台跳转到第三方支付平台还是在交易平台开户，由后台将数据传输到第三方支付平台），并绑定实体银行账户。该模式下，完成一笔订单时，资金从买方实体账户到卖方实体账户的划转会涉及三个环节：充值、转账、提现。充值是买方通过多种方式完成由实体账户向第三方平台虚拟账户的转账操作，第三方支付平台只在用户的虚拟账户中记账，实际资金存放在第三方支付账户，用户可以随时查看其第三方支付虚拟账户余额；转账是用户实际按照订单提出付款申请时，第三方支付减少其虚拟账户余额，并对应增加卖方虚拟账户余额。提现是买卖双方提出提现申请，第三方支付通过调用银行接口完成

从其备付金账户向买卖双方实体银行账户的转账，并对应减少申请提现方虚拟账户资金余额。

代表平台：支付宝 PayPal、中金智融在线。

2. 流程示意

与网关支付模式的流程有所不同，第三方账户支付模式需要买卖双方都要在支付渠道开具虚拟账户，这样便于分割实际资金流动和记录资金流动的信息流，既可以支持第三方账户通过账户监管实现担保支付，又可以提高实际资金流动的效率，流程示意如图 3-4 所示。

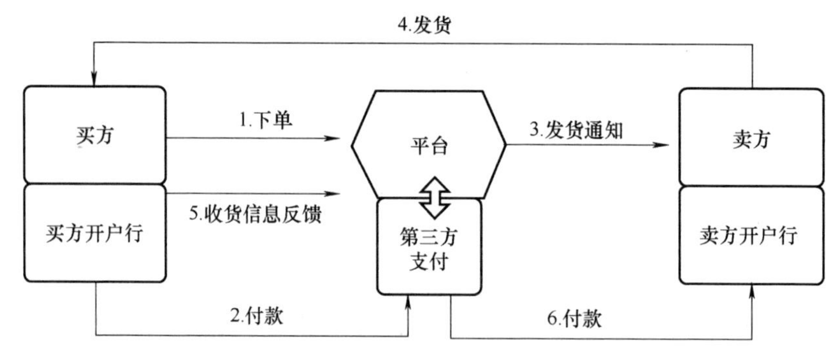

图 3-4　第三方账户支付模式流程示意

这种模式下，平台与第三方支付进行了对接，第三方支付公司与平台进行资金信息的交换，平台根据第三方的资金流信息向卖方发出发货指令，买方收货信息到达平台后平台再向第三方支付发出付款指令。这样货款从买方通过合法的第三方支付公司支付给卖方，解决了平台代收代付资金不合规的问题。

买卖双方在交易平台确认订单后，买卖双方感受到的资金流动是从买家实体资金账户完成了充值或付款，卖家感受到的资金流动是买家已经付款的资金结算到自己的实体账户，而实际上资金是通过第三方备付金账户系统完成了资金流转，即第三方支付通过自己在多家银行开设的备付金账户完成了资金的收支，同时在虚拟账户系统记录了买卖双方的资金进出。

3. 模式优缺点

该模式优点如下。

（1）平台一次对接第三方支付，便可通过第三方支付接口调用不同银行网关，满足用户跨行支付需求。

（2）可提供资金担保支付功能：因为实际资金流转需通过第三方备付金账户完成，第三方支付可以根据平台指令完成实际资金流转，而平台指令可以根据交易流程的进展发出，所以实际上交易平台与第三方支付平台联合为买卖双方的交易过程提供了资金担保服务，确保买方能够收到货，卖方能够收到款，这就大大促进了电子商务的快速发展。另外，这种模式下，大量的资金沉淀到第三方支付公司，这也是第三方支付牌照价格飙升的基础。在 2016 年第三方支付牌照的转让价格一度超过 10 亿元。

该模式缺点如下。

（1）需要买卖双方在第三方支付机构开户并绑定实体银行账户。

（2）买方完成订单支付需要分两步进行，一是充值，二是转账。卖方收到的货款也需要通过提现才能转入自己绑定的银行账户，并且要支付一定的提现手续费。

（3）买方付款后资金进入第三方支付账户，并由第三方支付账户完成向卖方实体账户的资金转移，所以买方银行付款回单显示的收款方为第三方支付，而不是卖方，卖方银行收款回单显示的付款方为第三方支付，而不是买方，与实际交易信息流不一致，多少会给财务处理带来困扰。当然，在消费互联网领域，消费端以个人为主，个体消费者对于“三流”是否合一不太敏感，但到了产业互联网时代，B 端消费者逐渐增多并成为主力，这种模式就会产生问题。另外，B 端消费者在支付时还需要进行复核程序。这就要求在产业互联网时代交易中对支付的设计要充分考虑到企业用户的决策和操作方式，既要合规，还要简便，否则 B2B 支付很难推广，这也会极大地影响产业互联网的发展。正是基于这个原因，部分第三方支付以及银行都在积极创新支付模式，力争实现三流合一。

适用范围：平台撮合交易。

四、支付许可证的申请

中国人民银行制定的《非金融机构支付服务管理办法》（中国人民银行令〔2010〕第 2 号发布）自 2010 年 9 月 1 日起施行，办法称非金融机构支付服务，是指非金融机构在收付款人之间作为中介机构提供下列部分或全部货币资金转移服务：非金融机构提供支付服务，应当依据本办法规定取得《支付业务许可证》，成为支付机构。明确支付机构要依法接受中国人民银行的监督管理。未经中国人民银行批准，任何非金融机构和个人不得从事或变相从事支付业务。

为配合《非金融机构支付服务管理办法》实施工作，中国人民银行制定了《非金融机构支付服务管理办法实施细则》（中国人民银行公告〔2010〕第 17 号），并于 2010 年 12 月 1 日实施。

2016 年 8 月，监管机构表示“原则上，在一段时间内将不再发放新的牌

照”，加之市场需求强烈，牌照价格一下子水涨船高，尤其是网络支付和银行卡收单业务的牌照价值最高。2016 年 8 月，海联金汇以 30.39 亿元的价格收购了第三方支付机构联动优势。联动优势所持有的牌照业务范围包含了目前最具价值的两项第三方支付业务，即互联网支付和银行卡收单。2016 年 11 月，仁东控股以 14 亿元收购了广东合利 90% 的股权，其业务内容为互联网支付、移动电话支付和全国性银行卡收单。2018 年 1 月，中国创新支付以 20.96 亿港元收购了有赞 51% 的股权，其业务为全国性互联网支付，还有部分区域性的预付卡发行与受理。到 2018 年下半年，牌照价格逐渐缩水，2018 年 10 月《证券日报》的一篇报道指出，第三方支付牌照的成交价已经从之前的 8 – 10 亿元下降到 3 – 4 亿元，出现“有价无市”的情况。

为便于《支付业务许可证》的申请和办理，中国人民银行 2019 年 1 月 10 日又发布了《支付业务许可证》核发服务指南。

在《非金融机构支付服务管理办法》第八条中，规定申请人应该具备的条件有九项，具体包括：一是在中华人民共和国境内依法设立的有限责任公司或股份有限公司，且为非金融机构法人；二是有符合本办法规定的注册资本最低限额；三是有符合本办法规定的出资人；四是有 5 名以上熟悉支付业务的高级管理人员；五是有符合要求的反洗钱措施；六是有符合要求的支付业务设施；七是有健全的组织机构、内部控制制度和风险管理措施；八是有符合要求的营业场所和安全保障措施；九是申请人及其高级管理人员最近 3 年内未因利用支付业务实施违法犯罪活动或为违法犯罪活动办理支付业务等受过处罚。

办法第九条规定申请人拟在全国范围内从事支付业务的，其注册资本最低限额为 1 亿元人民币；拟在省（自治区、直辖市）范围内从事支付业务的，其注册资本最低限额为 3000 万元人民币。注册资本最低限额为实缴货币资本。

办法第十条就申请人的出资人也做了四条规定，一是为依法设立的有限责任公司或股份有限公司；二是截至申请日，连续为金融机构提供信息处理支持服务 2 年以上，或连续为电子商务活动提供信息处理支持服务 2 年以上；三是截至申请日，连续盈利 2 年以上；四是最近 3 年内未因利用支付业务实施违法犯罪活动或为违法犯罪活动办理支付业务等受过处罚。

《支付业务许可证》核发服务指南中明确受理机构为中国人民银行副省级城市中心支行以上分支机构，决定机构为中国人民银行。申请人申请条件还是《非金融机构支付服务管理办法》第八条中规定的九项内容。

在是否准予批准方面，符合下面三条准予批准：第一是申请人满足《非金融机构支付服务管理办法》（中国人民银行令［2010］第 2 号）、《非金融机构支付服务管理办法实施细则》（中国人民银行公告［2010］第17号）相关规定，提交的申请材料齐全、符合法定形式。第二是符合支付行业发展状况和趋势。第三是符合国家政策导向。且审批数量无限制。指南还规定了办结时限，要求所在地人民银行副省级以上分支机构在受理之日起20日内审查完毕。人民银行自接到分支行初审报告20日内审查完毕。其中，办理过程中的材料增补、检测等，不计入时限。且明确申请人不需向中国人民银行及分支行交纳费用。

从以上可以看出，指南释放出很多利好消息：一是免费办理；二是受理期限有了要求，不会无限期等下去；三是鼓励符合支付发展现状和趋势以及国家政策导向的申请。这就为产业互联网的支付创新提供了政策支持，为一些关系国家发展战略、产业发展战略等方面的平台申请支付牌照提供了可能。

第四节 银行创新支付模式

随着电子支付市场的快速发展，第三方支付平台与商业银行的关系也在发生着变化，两者由最初的完全合作逐步转向了竞争和合作并存，第三方支付平台在助推银行结算业务、电子银行业务向广度和深度拓展的同时，在很大程度上又对银行的基础支付功能和传统中间业务领域构成了威胁和替代。针对第三方支付的快速扩张，银行也依托自身优势，积极创新产品，以适应市场发展的需要。

一、银行网关支付模式

银行网关支付模式是银行在网上银行的基础上，通过与电商平台打通而提供的支付服务模式。

这种模式下交易平台自建支付网关，与各家银行签订合作协议，让银行允许电商平台的客户在线进行电子支付时，跳转至相应银行的网银进行转账操作。

这种模式优点是不用支付第三方支付的服务费用，降低交易成本，缺点是交易平台与银行都需要负担网关对接成本，除非平台交易量足够大，能够给银行带来交易收益，否则银行不会同意合作，如果一个交易平台对接的银行数量有限，而平台用户的开户银行涉及范围极广，则很难支持众多用户完成在线支付。

该模式一般适用于大宗商品交易中心或大的电商平台自营业务。但随着国家对于大宗商品交易中心清理整顿及央行对于银行提供支付业务的限制，这种模式已经逐步退出历史舞台。

二、单银行资金担保支付模式

单银行资金担保支付模式是银行在其原有的资金冻结服务基础上，结合B2B交易平台用户的担保支付需求而创新的支付模式。该模式通过银行与交易平台接口打通，买方在交易平台直接完成付款动作，而此时资金冻结在卖方账户，需要买方确认收货后将资金解冻，卖方才能使用资金。

（一）模式介绍

单银行资金担保支付模式是以资金流、贸易流、信息流相互推进为特征，为平台交易活动提供包括资金结算、资金监管、信息服务等功能。该模式下，买方在交易平台提交订单，通过交易平台对接的银行的支付网关完成转账操作，支付成功后，资金冻结在该银行监管的卖方担保支付合约中，待买方在交易平台确认收货后，由平台通知银行将原冻结资金解付到卖家的实际银行账户。该模式以农业银行资金担保支付产品为代表，其产品示意图如图3-5所示。

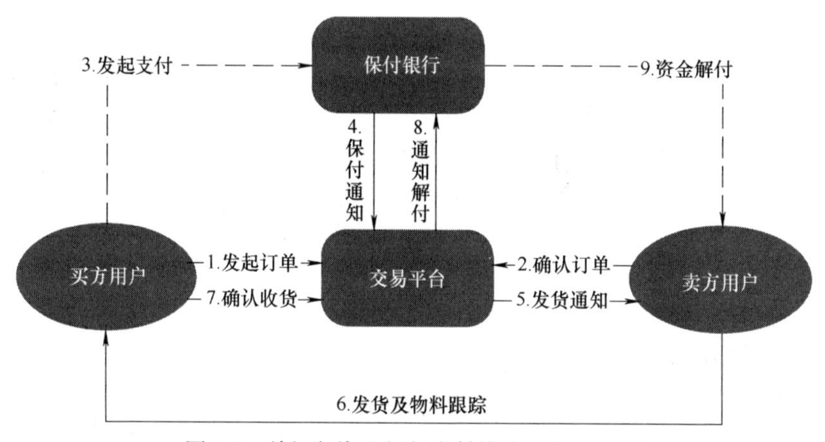

图3-5　单银行资金担保支付模式流程示意图

单银行资金担保支付模式需要平台交易双方都在该银行有实体资金账户，并在交易平台绑定其实体资金账户。支付流程如下。

（1）交易双方在平台达成买卖协议，形成订单。

（2）买方在平台界面支付货款，资金不经过平台账户，直接进入卖方在我行开立的资金保付合约。

（3）平台（或银行）将买方付款信息通知卖方，卖方可以看到资金到账信息，但不能支取货款。

（4）卖方发货，启动物流流程。

（5）货物流转。

（6）买方收到货物并在平台确认。

（7）平台向银行发出解付指令。

（8）银行将货款解付至卖方账户。

（二）产品特点

贸易流、物流、资金流、信息流互印式推进，解决买卖双方交易不信任的难题，对于账户真实性的校验确保资金安全。交易过程中有银行短信提醒，增加可信度。支付流程简单，资金在买卖双方账户之间直接划转，不需要银行、第三方支付或者交易平台进行二次清算。交易凭证完全符合后续财务处理要求。该模式的局限也十分明显，那就是需要平台交易双方都需要在同一银行开立实体资金账户。

三、银行内部（附属）账户资金监管模式

单银行资金担保支付模式很好地解决了交易平台用户担保支付的需求，但因为其需要交易双方都在同一银行开设实体资金账户，从而无法实现跨行交易，极大地限制了该模式的应用场景，所以既可以提供担保支付又能实现跨行支付的银行内部（附属）账户资金监管模式应运而生。

（一）模式简介

银行内部（附属）账户资金监管模式是银行针对 B2B 交易平台的痛点，专门打造的集“跨行支付、资金存管、分户核算、资金清算、凭证报税、安全接入”等一系列重点功能为一体的产品，专门对接 B2B 各类行业电商平台。该模式类似于第三方支付的账户模式，只是提供支付服务的银行充当了第三方支付的角色。该模式下，提供支付服务的银行与交易平台直接对接，建立基于交易平台实体账户（受监管的备付金账户）下的买卖双方虚拟子账户，买方可通过在线支付、电汇、网银及手机银行等方式进行跨行充值操作，资金由实体账户转入交易平台在银行的监管账户，银行相应增加买方虚拟账户金额，资金由交易平台和银行共同监管，后续根据买卖双方的交易进程由银行根据平台指令完成交易资金在买卖双方虚拟账户间的划转。银行内部（附属）账户资金监管模式如图 3-6 所示。

（二）产品特点

该模式代表平台为中信银行和华夏银行，具备以下特点。

（1）伞形账户体系：该模式需要交易平台在银行开一个资金存管账户，是平台主账户，用来记录平台所有用户的资金流动，并存放用户交易过程中形成的沉淀资金。用户在银行开立的内部账户都属于这个主账户下的子账户，用于

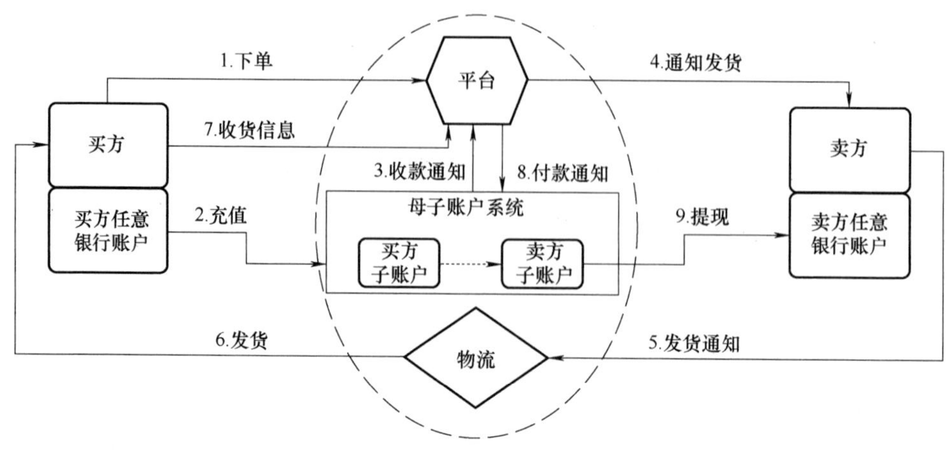

图 3-6　银行内部（附属）账户资金监管模式

分户核算不同用户的交易资金明细信息，形成伞形账户体系。所有子账户资金的汇总余额必须等于母账户实际资金余额。

（2）锁定资金流向：子账户与用户自身的实体银行账户、电商平台上的会员号一一对应绑定，资金只能从买方用户的实体银行账户转入母账户且在该买方用户的子账户记录相应信息，交易时相应的支付价款信息由买方子账户支付到卖方子账户，实际资金最终只能转出到卖方实体银行账户，锁定资金流向。

（3）便利跨行支付：电商平台的用户可以使用任意银行账户或个人银行卡进行交易，不影响平台现有和未来拓展用户的开户便利。不改变企业财务人员的使用习惯，支持财务人员使用网上银行、手机银行、柜面等方式入金参与交易平台交易。用户支付可分两步：在企业开户银行的网银客户端完成转账入金，在电商平台完成与订单绑定的支付，可以支持延迟支付、分次支付等业务场景。上述方案很好地解决了困扰 B2B 行业电商平台长期以来的痛点。

（4）凭证报税支持。该产品可提供买方卖方转账支付所有的凭证（买方他行实体账户到买方子账户、买方子账户到卖方子账户、卖方子账户到卖方他行实体账户），既可以提供电子凭证（有红章），也可以由银行柜面打印加盖红章后邮寄。可以解决第三方支付付款回单上的收款方与发票开具方不一致的问题。

该模式有自身局限：为实现跨行交易，原来线下交易中从买方账户直接转账到卖方账户只需一步就可以实现，现在需要通过三步实现。第一步是通过传统线下渠道完成实体账户向虚拟账户的转账；第二步是通过平台指令完成从买方虚拟账户向卖方虚拟账户的转账；第三步是卖方通过提现操作完成虚拟账户资金向实体账户的转移。

第五节 信用支付模式

信用支付模式实际上属于供应链金融的范畴，如京东白条和蚂蚁花呗支付模式。白条是京东推出的先消费，后付款的全新支付方式。在京东网站使用白条进行付款，可以享受利用账期延后付款或者最长 24 期的分期付款方式。蚂蚁花呗是蚂蚁金服集团推出的信用支付方式，申请开通后，用户将获得一定的消费额度。用户在消费时，可以预支蚂蚁花呗的信用额度，享受“先消费，后付款”的购物体验。

京东白条和蚂蚁花呗为消费互联网个人消费提供了方便，在产业互联网交易中，尤其是 B2B 交易时还较少使用。未来随着产业互联网的发展，电子商业汇票可能会逐步成为信用支付尤其是大宗商品交易支付的主角。

电子商业汇票是远期票据，既具有融资功能，也具有支付功能。它是由出票人以数据电文形式制作的，委托付款人在指定日期无条件支付确定的金额给收款人或者持票人的票据，电子银行承兑汇票通过采用电子签名和可靠的安全认证机制，能够保证其唯一性、完整性和安全性，降低了票据被克隆、变造、伪造以及丢失、损毁等各种风险。电子银行承兑汇票的出票、承兑、交付、背书、质押、贴现、转贴现、再贴现等一切票据行为均在电子商业汇票系统上进行，可大大提升票据的流转效率，降低人力及财务成本，有效提升金融和商务效率。

第四章 在线支付系统构建基础

产业互联网平台在线支付系统是平台的一项重要基础设施，通过支付系统的建设，为平台用户提供充值、支付、结算、清分、退金、交易查询等基本功能，可支持平台交易闭环，提高用户间交易效率，从而有效绑定用户，完成交易数据沉淀，同时为将来平台的产融结合业务发展打好基础。

在线支付系统的构建是一项复杂的工程，涉及支付模式的选择、支付渠道的对接、支付功能的设计、配套系统的建设以及制度规范体系的完善等。系统构建是否科学，会对平台业务实现、用户体验、商业模式落地、成本控制等产生很大影响，需要在系统构建之前进行整体规划设计，而支付系统的规划和设计依赖于对支付系统的构成要素、支付工具、支付功能的充分了解，对业务特点和参与各方需求的详细分析，同时要充分考虑 B2B 平台对于支付的特殊需求。

关键词：支付系统　支付场景　支付方式　支付工具　用户群体　需求分析　B2B 支付

第一节 在线支付系统概要

通常所说的电子支付系统是站在银行的视角来定义的，是银行引入计算机与通信技术，改变传统银行支付结算方式，使支付活动的各方借助网络联系在一起形成的支付系统。本书所指的在线支付系统是站在交易平台的视角来定义的，是专门服务于电子商务在线交易闭环的支付系统。要设计出可以支撑平台业务落地的在线支付系统，需要充分了解支付系统的发展历史、影响在线支付系统设计的因素及支付系统的相关要素。

一、支付的发展与支付系统的产生

支付是伴随着交易而生的。从古至今，个人之间、个人与商户之间、商户与商户之间的交易都会伴随着货币或者类似等价物的收付，只不过每一个发展阶段，支付的工具、支付的参与方和支付特点都不相同。支付的发展阶段如表4-1所示。

表4-1 支付发展阶段

发展阶段	支付工具	支付参与方	支付特点
原始社会	以物易物	交易双方	交换过程和支付过程同时发生
自然经济社会	货币，如贝壳、贵金属	交易双方	交换过程和支付过程同时发生
工业社会	银行信用支付工具，如支票、汇票	交易双方、银行	交换过程和支付过程分离
信息经济社会	电子支付，如网上银行、ATM、POS机	交易双方、银行、第三方支付、电商平台、认证机构	交换过程和支付过程在虚拟世界的结合

最原始的交易是以物易物，当人们在市场用自己的剩余产品交换别人的剩余产品时，实际上自己付出的剩余产品起到了类似货币的作用，比如在以羊换取粮食的交易中，实际上可以视作一方支付一只羊换取一袋粮食，另一方支付一袋粮食换取一只羊。

随着贝壳、贵金属、铸币和纸币等货币的出现及不断发展，交易双方不再以物易物，而是以货币易物，因为物品价值有了统一的衡量标准，所以交易过

程变得顺畅而高效。这两种方式的交易，交换过程和支付过程是同时发生的。

随着票号和银行的出现，交易双方不再一手交钱一手交货，而是通过票号或银行开具信用凭证异地完成支付，收到信用凭证的一方需要到票号或银行去兑付，支付过程才算完成，这时交换过程和支付过程是分离的。这个时期，支付的处理是通过银行柜台面对面的手工处理，经过邮政电信部门的委托传递，所以处理速度慢，费用高，流程长。

信息技术的发展对社会生活产生了颠覆性的改变，电子商务使人们足不出户便可获得所需的商品，电子支付则使人们不用到银行柜台便能办理几乎所有与支付相关的业务，在这个阶段，因为电子支付的实时到账特征，交换过程和支付过程又在某种程度上实现了统一，只不过支付过程的参与方越来越多，大量与交易、认证、支付、清算、记账相关的工作都在交易双方看不到的地方通过数字信息交互完成。

正是由于信息时代提供了电子支付和电子商务结合的基础，与电子商务结合的在线支付系统应运而生。在线支付系统通过复杂的功能模块和接口系统满足对平台交易支付过程的管理，交易双方的支付场景从银行柜台转移到电商平台。支付场景演变如图 4-1 所示。

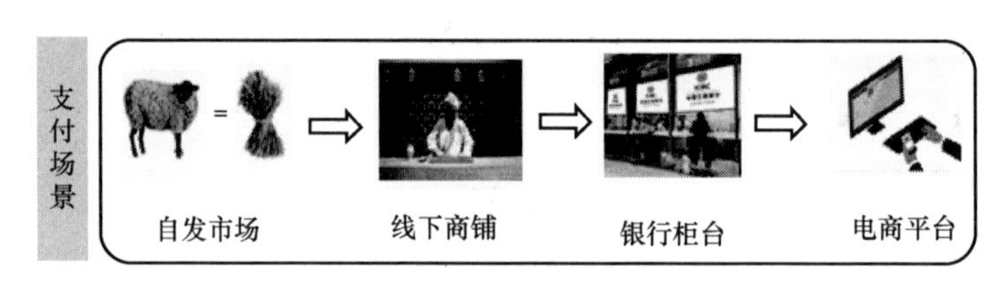

图 4-1　支付场景演变

二、在线支付系统的概念和构成

本书所指的在线支付系统是交易平台为支持平台用户在线支付，通过计算机和通信技术，构建的融合交易流程、支付工具、安全技术、认证体系及银行或第三方支付系统的一个综合系统。在线支付系统是建立在银行的电子支付系统基础之上的，其核心支付功能的最终实现都是要通过指令在银行电子支付系统的流转来完成。

完整的在线支付系统有两种典型的方式，一种是通过直联银行支付系统实现，另一种是通过对接第三方支付渠道实现，如图 4-2 所示。由于网联的推出，第三方支付系统无法实现和银行系统的直联，是通过网联支付系统来完成与银行支付系统的对接。在支付过程中，交易平台通过对接信用认证机构完成支付过程中交易双方的账户、密码等信息的认证。交易平台支付系统通过支付网关与第三方支付系统、银行支付系统对接，买卖双方使用 PC 或手机客户端通过 Internet 登录交易平台业务系统或用户后台，并通过业务系统或用户后台与交易平台支付系统的对接进行交易相关信息的传输。交易平台支付系统通过支付网关将支付结算指令传送到银行支付系统，银行支付系统则通过买卖双方选择合适的支付工具完成资金在双方银行账户中的转移。

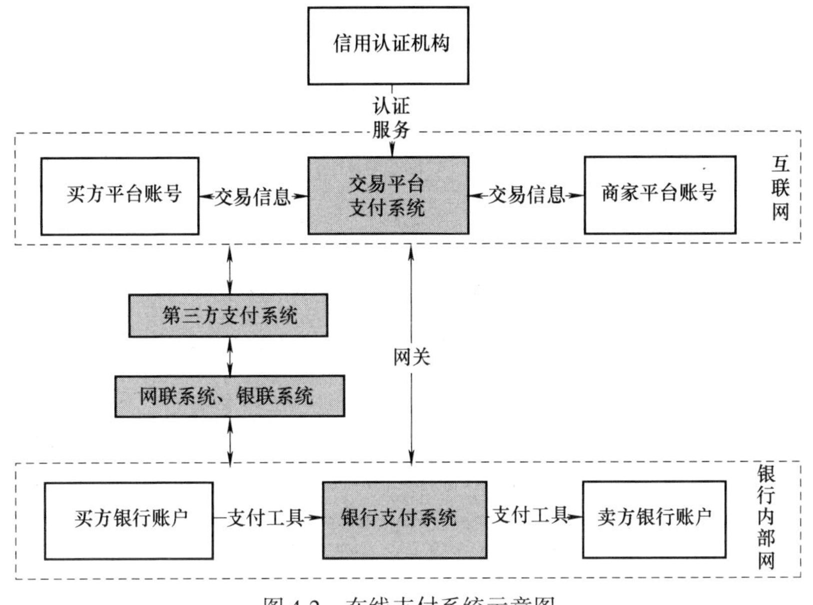

图 4-2 在线支付系统示意图

可见，交易平台支付系统的主要参与方为交易平台、在平台上交易的双方、第三方及银行支付渠道、信用认证机构等。网联和银联的支付系统并不与交易平台直接发生关系，在交易平台在线支付系统设计时可以不必考虑。在上图中，虽然资金的实际转移是在银行内部网中完成，但用户对支付方式、支付工具的选择过程却是在电商平台支付系统中完成的，同时电商平台支付系统还需要充分考虑到用户对交易过程中对于结算时间、清分退款、对账等支付相关功能的需求，所以在线支付系统的设计需要对在线支付场景、支付方式和支付功能有清晰的了解。

三、在线支付系统场景和方式介绍

为了满足交易双方对于交易便捷性、安全性、经济性等多方面的需求，以及支持交易平台多种商业模式的实现，产业互联网平台需要针对不同的支付场景，对接不同的支付渠道，为不同的用户提供多样的支付方式和支付工具选择。

因为支付的概念比较宽泛，各种文献对于支付的分类都有不同的视角。站在银行支付系统的角度，可能更关注支付的工具，比如票据支付、网银支付等。站在第三方支付的角度，可能更侧重于支付的业务，比如预付卡、网上支付、收单业务等。站在交易平台的角度，可能更侧重于在线支付方式的选择。许多分类维度的交叉，容易给读者造成混乱，本书尝试从交易平台支付系统设计的角度梳理通常意义上支付场景、支付方式和支付工具的概念及对应关系，如图 4-3 所示。

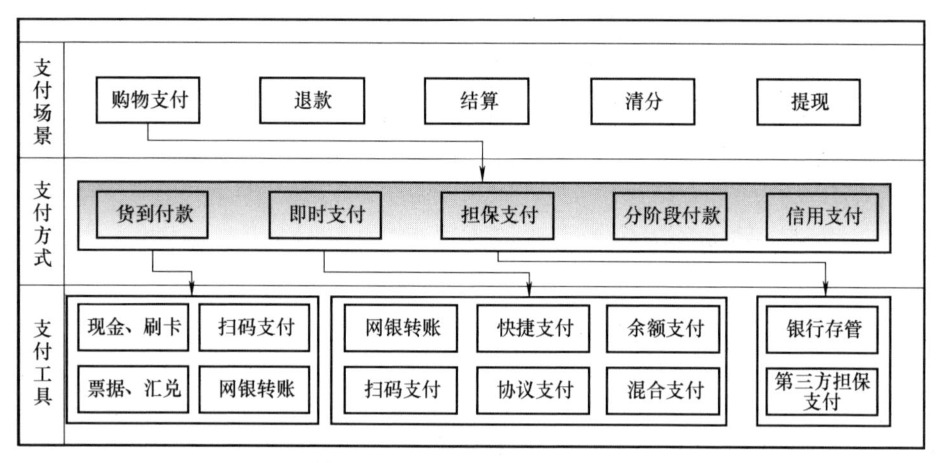

图 4-3　支付场景、支付方式及支付工具的对应关系

可见在构建交易平台在线支付系统时所说的支付方式只针对购物支付的场景，而不同的支付方式会对应不同的支付工具。下面对在线支付系统涉及的支付场景、支付方式和支付工具分别进行介绍。

（一）在线支付的场景

产业互联网平台在线支付系统的设计首先要考虑的是买卖双方交易过程中涉及的支付场景。在线支付系统要尽可能提供丰富的功能满足不同场景的支付需求。我们尝试从交易的不同环节来推演在线支付的场景及相应的支付功能，基本有以下几类。

（1）购物（消费）支付：交易平台的买方用户在平台选购产品和服务后，需要通过平台在线支付渠道支持的支付方式完成款项从实体账户向支付渠道备付金账户、电子账户或卖方账户的流动。这个过程是由买方用户发起的支付过程，与购物或消费场景密切相关，如图 4-4 中虚线部分所示。

（2）退款功能：在买方用户完成支付后，有可能因各种原因提出取消订单

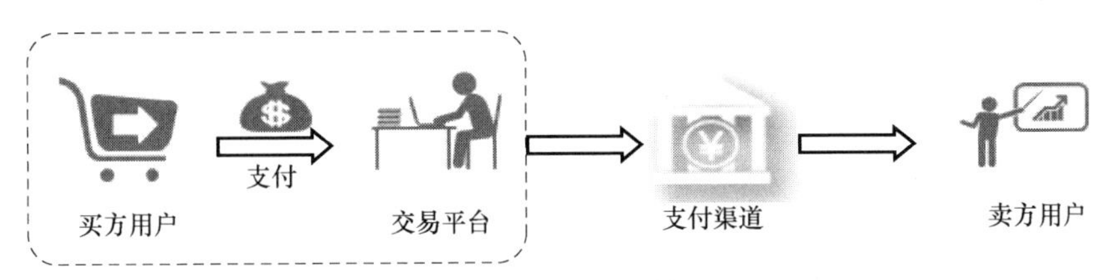

图 4-4 网上购物支付场景

或退货申请，卖方同意退款，平台支付渠道将买方支付的款项原路退回至买方支付账户。交易平台提供的退款功能与担保功能是绑定的，即提供担保支付便意味着支持退款功能，支持退款功能便意味着支持担保功能，即买方支付款项后资金并未进入卖方账户，而是进入支付渠道账户。退款业务场景如图 4-5 所示。

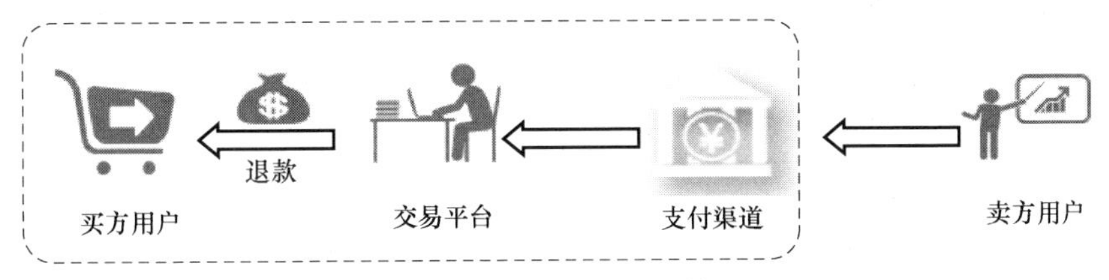

图 4-5 网上购物退款支付场景

（3）结算功能：买方完成货款支付后，资金进入平台支付渠道账户，并未进入卖方账户。此时买方如确认支付，支付渠道通过平台指令或者约定的自动结算规则在规定时间内完成订单金额向卖方账户的支付。通过银行支付渠道完成的支付可支持 T+0 或 T+n 的结算，而通过第三方支付渠道完成的支付，通常可支持 T+1 或 T+N 的结算。结算场景如图 4-6 所示。

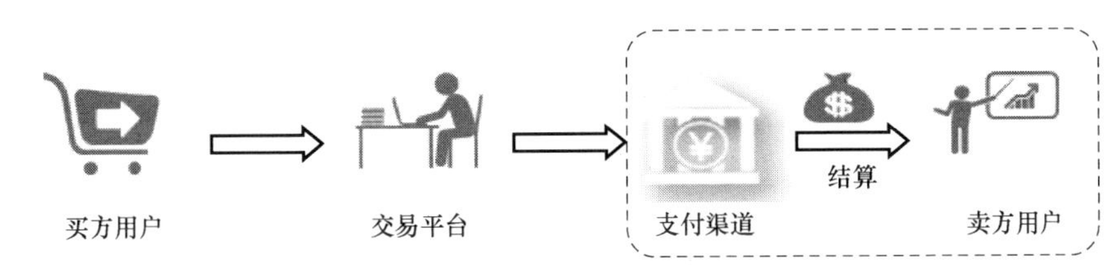

图 4-6 结算场景

（4）清分功能：很多情况下，买方针对一笔订单的支付可能会涉及多个商户，这时便需要支付系统在结算时提供清分功能。另外交易平台也会根据实际业务设计不同的交易结构，有的交易结构中需要在结算时完成与合作商家的利润分配、手续费扣除等操作，也需要清分功能的支持。总之，针对一笔订单多个收款方的业务场景，平台对接的支付渠道通过清分功能会按照平台指令将不

同的款项结算到不同的卖方账户。清分结算功能如图 4-7 所示。

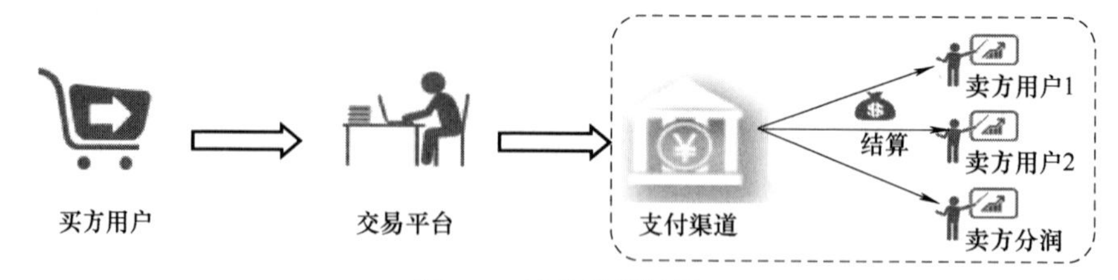

图 4-7　清分结算场景

（5）提现功能：指交易双方通过向平台发送提现指令完成资金从其虚拟账户向实体银行账户的流动。提现功能与虚拟账户支付方式直接关联，即买方用户为了支付方便或理财需要，将大于订单金额的资金提前充值到自己在支付服务方开立的虚拟账户中，后续的订单支付可以直接使用虚拟账户中的余额进行支付；卖方用户为了业务便利或节省手续费考虑会采取集中提现的方式将虚拟账户资金转到实体账户。类似情况下交易过程会有资金沉淀在买卖双方的虚拟账户中。当用户希望将虚拟账户的资金转入实体账户中使用时，平台对接的支付渠道会通过由用户发起的提现功能实现资金的流转。提现业务场景如图 4-8 所示。与图 4-6 结算场景相同的是，资金都是从支付渠道流向卖方用户账户，但不同的是结算是由支付渠道发起的，而提现则是由卖方主动发起的。

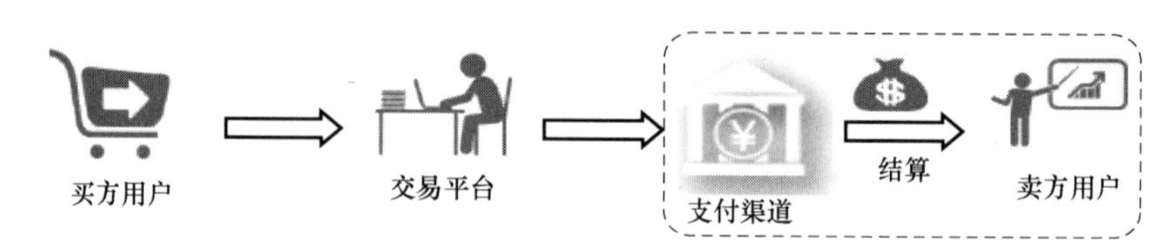

图 4-8　在线支付提现业务场景

（二）在线支付方式选择

在线支付方式是交易平台为买方用户提供的向卖方用户完成资金转移的选择。在线支付方式的选择是在买方完成交易订单确认后，开始转入支付流程的第一步。每种支付方式会对应不同的支付流程。我们在图 4-3 中列出了 5 种常用的支付方式，但需要注意的是，并不是每个交易平台都必须提供所有的支付方式，而是要兼顾业务需要和支付选择的方便性。

1. 货到付款

货到付款是买家用户在收到货物后完成付款的支付方式。这种方式下卖家会承担较大风险，所以通常需要适用于自营物流或合作物流公司可提供代收款服务的情形下使用。当物流公司将货物送达买方并经卖方验货后，物流公司会通过POS机刷卡、扫码支付等手段收取买方付款，并按与卖方的约定将货款返还卖方，并收取一定的服务费用。在B2B交易中，通常买卖双方更愿意选择担保支付的方式，但如果买卖双方已经建立了一定的信任关系，卖方也可以圈定可选择这类支付方式的买方用户，在送货后，由买方通过线下网银转账、票据、汇兑等工具完成支付。

2. 即时支付

即时支付又可称为直接支付。付款方基于对平台或卖方的信任，且所采购的产品和服务一旦使用便无法退回，为方便卖方尽快收到款项并提供产品或服务，平台提供的支付渠道需要支持付款方通过支付渠道提供的网关完成直接付款，款项会在约定时间内直接进入收款方账户，一般是在付款方支付当日或次日，即通常所说的T+0或者T+1。收款方收到订单款项后直接向付款方提供约定的产品或服务。这种方式适合先款后货的业务场景，与货到付款方式形成对照。交易平台通常会通过对接第三方支付，通过网关支付的方式支持在不同银行开户的买方完成在线支付，相对于线下网银转账等方式，直接支付可以实现在线交易闭环，买卖双方可以在订单产生后在线付款，订单号及订单金额自动导入付款界面，且支付状态直接影响订单状态的改变，交易双方无须通过银行或线下沟通等方式便可实时了解订单是否已经完成支付。除了通过在线网银转账支付外，余额支付、快捷支付、扫码支付、混合支付等工具也可支持买家完成在线即时支付。

3. 担保支付

基于线上交易衍生的信任问题，除直接支付的即时到账交易（T+0或T+1到账）外，交易双方需要一种资金流和物流相互推进的服务，即：买方付款后，资金由第三方监管，卖方在获知买方已经付款后开始发货，此时买卖双方均无法动用此笔资金。待买方确认收货后，资金结算给商家，支付过程才算完成。如果买方由于各种原因申请取消订单或退货，只要卖方同意，买方的资金可以原路退回。这种方式在第三章第一节的在线支付模式概述中已经做了详细的解读，主要是通过第三方虚拟账户模式和银行资金存管或资金冻结等支付工具来实现。

4. 分阶段付款

在企业间线下交易中，因为涉及交易金额较大且交易过程复杂，最常见的情景是双方签订合同，分阶段完成交易，而买方对卖方的付款，也是根据合同执行的进度分阶段付款。比如在签订合同时，买方通常会支付一定比例的预付款，在订单货物交割清楚后，还需要留一部分质保费用在期满后支付。当线下

交易越来越多地转移到线上时，需要线上支付方式也要尽可能地满足各种交易需求，如加工定制、分阶段交货等。线上分阶段付款支付方式需要和在线合同签订、担保支付等方式结合，业务系统根据合同拆分支付订单，根据交易进程定时发送提醒供买方选择确认支付。

5. 信用支付

线下企业间交易，通常会出现卖方给买方一定的信用额度和账期，同时满足两个条件下，买方购货是不需要即时支付的。如果在线交易平台无法提供这种支付方式，买方很可能选择线下交易。在线信用支付的方式要求卖方在线选择信用好的用户，并填写授信额度和账期，买方提交订单后，选择信用支付，系统会自动判别买方用户是否在名单内，订单金额是否超过剩余授信额度，如果没有问题，卖方会根据买方确认的订单信息完成发货。买方需要在账期到期后完成订单金额的支付。

随着电子商务的发展，越来越多的平台引入各种形式的金融服务来促进在线交易的开展。在金融机构加入后，信用支付不仅局限于卖方信用，而可以是金融机构提供信用。比如银行会选择信用良好的客户，授予一定的信用额度和信用期，买方在提交订单并选择信用支付后，由银行代替买方将款项支付给卖方，卖方发货，买方到期将款项还给银行。

（三）支付工具

付款方在选择适合自己的支付方式后，要完成资金的实际转移，还要通过交易平台、支付渠道提供的支付工具完成支付。付款方不同，对于支付方式的选择也会不同。如果付款方是企业，主要可以选择的支付方式包括：线下网银转账、在线网银支付、虚拟账户支付（充值付款）、协议支付、混合支付等。如果付款方是个人，主要可以选择的支付方式包括：在线银行卡网银支付、在线信用卡支付、虚拟账户支付（充值付款）、在线快捷支付、扫码支付、混合支付等。

1. 企业网银线下转账

主要是指付款企业从多种渠道获得收款方账户信息，通过网银客户端，将应付款项转至收款企业账户的方式。这种方式只需要企业开通网银支付功能，企业授权人员通过 U 盾登录开户银行的网银客户端完成支付。无论是货到付款、预付账款还是分期付款都可以采用这种方式，特别适合供需关系稳定、需要合同支持、支付频率低、交易金额比较大的交易。

企业网银线下转账通常会采用数字证书（U 盾）来保障网上交易安全。企业用户在开通网上银行服务时会获得银行配套发放的数字证书，并按照银行的要求在 PC 机安装网银客户端。数字证书通常会有两个，分别由企业网银制单人员、复核人员分别使用，满足企业资金内部控制管理需求。有的银行也会发放三个数字证书，除了制单人员和复核人员外，还有一个管理人员专用的数字证书，用于在网银系统中开通不同的银行服务功能并对企业不同人员进行权限分配。用户登录网银客户端进行付款时需要插入数字证书，证书会形成电子签名附在用户发给支付行的交易指令中，开户银行从数字证书传递的信息认定用户身份，并配合用户设定的操作人员用户名和密码进行双重安全认证，保证即使数字证书丢失，也需要知道操作人员用户名和密码才能进入到用户的网上银行支付系统。

2. 企业网银在线支付

主要是指付款方（企业）通过交易平台对接的银行或第三方支付渠道，登录企业网银客户端完成订单支付的方式。这种方式需要企业开通网银支付和电子商务支付功能。企业相关授权人员在线根据订单及支付渠道推送的开户银行支付网关，通过使用 U 盾登录直接完成企业网银支付制单，付款复核工作依旧在企业网银客户端完成。所有通过线下企业网银转账完成的支付都可以通过引导和优化流程转到线上支付。这里的线上与线下的区别是指登录网银客户端进行转账支付的动作是否在交易平台完成。

企业网银在线支付与企业网银线下支付一样是通过数字证书配合密码来保障网上交易安全的。两者的区别在于付款流程的差异。企业网银在线支付需要开通电子支付功能，并且制单员需要登录电商平台，查找需要支付的订单并发起支付操作，这样订单中包含的金额、收款方账户等信息会自动带入，订单信息与付款信息绑定，方便今后的对账。

3. 个人网银在线（含信用卡）支付

指付款方（个人）通过交易平台对接的银行和第三方支付渠道，登录个人网银完成订单支付的方式。这种方式需要个人开通网银支付功能。个人在选购产品和服务提交付款申请后，选择银联卡的开户银行，用 U 盾（口令卡）或者个人网银的用户名和密码完成个人银联账户付款。

动态密码支付是除数字证书支付外常用的一种网银支付安全保障措施。用户在发起网上银行支付时，开户银行会将有效密码发送到用户手机上，或者提示用户查看银行配发的包含上百个密码的口令卡，在对应位置找到对应本次支付的密码。由于每次发放的有效密码都不同，而且毫无规律，这样可以防止用户密码泄露或被黑客盗取。

4. 个人快捷支付

指付款方（个人）通过在交易平台对接的第三方支付通道绑定个人第三方支付账户和个人银行卡（信用卡），实际支付时只需输入第三方支付账户的支付密码或动态验证码即可完成付款，无须开通网银支付功能，也无须使用 U 盾或口令卡即可快捷完成支付。

因为每个银行的快捷支付有支付金额上限，所以一般快捷支付适合个人小额支付事项。

5. 虚拟账户支付（银行存管）

指企业或个人通过平台对接的银行或第三方支付渠道开通虚拟账户（电子账户），并将虚拟账户与实体账户一对一绑定，实际支付时需要先完成从实体账户到虚拟账户的充值，后通过虚拟账户余额完成实际订单向卖方的付款。这种支付方式需要用户开通实体账户的网银支付功能，开通平台对接支付渠道的虚拟账户，充值过程与线下网银支付相同，实际支付需要虚拟账户余额大于订单金额，可以支持协议扣款或者动态验证码支付。

6. 扫码支付

随着移动支付的普及，越来越多的个人习惯利用手机微信或支付宝扫码工具，通过扫描收款方二维码的方式完成支付。这种支付方式下，交易平台在 PC 网站支付环节生成与订单绑定的二维码，用户用移动终端扫码即可完成支付，省略用户选择付款账户，输入密码等操作，更符合个人用户的支付习惯。

7. 混合支付

为方便用户在线完成交易，一般交易平台会提供多种支付方式选择，同时用户积累的平台积分、获得的优惠券、购买的预付卡等都可以用作订单金额的抵扣。所谓混合支付就是支持付款方（企业或个人）用两种以上的支付方式完成订单支付，如用户选择优先使用优惠券，优惠券金额不足部分以其他方式补足。

8. 协议支付（代收代付）

协议支付也称代收或者代付，指平台、支付渠道与用户签约，在触发支付条件时平台可以通过签约渠道从用户的银行账户中扣款，一般用于定期扣款，如平台特定产品和服务的定期结算收费模式。从支付渠道的角度看，这种方式对交易平台来说实现的是代收业务，对用户来说实现的是代付业务。协议支付需要通过封装银行、网联、第三方支付提供的代扣或者快捷接口来实现。

第二节 影响支付系统设计的关键要素

产业互联网在线支付系统的设计旨在满足平台用户群体在线交易过程中支付结算的需求，支撑平台业务的开展。由于平台开展的业务不同，提供服务的商户和接受服务的用户群体不同，会导致在线支付的支付模式、支付功能和支付场景的不同。所以平台在线支付系统设计的第一步便是了解影响支付的关键因素，并在此基础上对支付需求进行分析。

一、平台的产品和服务

平台提供的产品和服务是一个平台的价值所在，也是平台能否吸引用户来到平台的关键。随着产业互联网的发展，平台的产品和服务也越来越丰富，从大宗物资、低值易耗品为代表的制造企业的产品，到制造企业生产出的各类适用于消费领域的产品，再到服务于企业经营管理过程的软件产品，以及各类 B2B 平台提供的需要付费的服务。

平台的产品和服务不同，其标准化程度、定价范围、采购频次等就会不同，对于在线支付的需求也不同。平台产品和服务与支付相关的因素如图 4-9 所示。

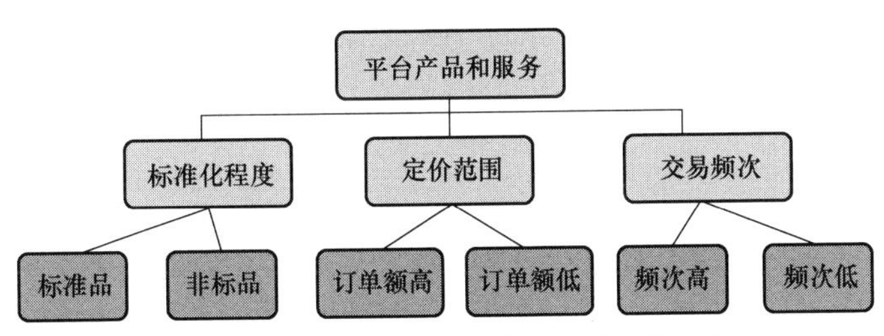

图 4-9 平台产品和服务对支付影响的因素

以下简略分析一下产品与服务相关特点对支付的影响。

（一）标准品与非标准品

对电子商务来说，标准品和非标准品并没有严格的定义。通常标准品是指有比较明确的生产标准和市场分类标准，有明确的规格型号，容易描述与界定，只用几个关键词就能区分。标准品的产品寿命周期相对较长，供应商可以批量生产，并保持一定数量的库存。这些商品容易明确定价，用户既容易检索，又容易比价优选，容易进行采购决策。比如计算机，通过搜索品牌、型号、尺寸、颜色、内存、硬盘容量等关键词，用户会比较容易选择到自己需要的产品。而

非标准品则没有明确的标准，更多的是为了满足用户千差万别的个性化需求而生，供应商不可能批量生产或储备大量库存，成本较高，但非标准品比标准品有更高的议价空间和能力。

标准品和非标准品的以上区别，决定了供需双方对接的模式。标准品有明确的定价，用户通过比价优选确定自己需要的产品和数量，可以直接下单，主动发起支付。平台经营这类产品，更容易实现在线交易闭环。

非标准品通常很难有标准定价，不容易比价优选，用户采购通常选择询报价的模式。价格面议与复杂的询报价流程使得供需双方更容易选择线下沟通对接，而线上对接流程一旦中断，便很难再重新回到线上完成交易闭环。

（二）产品服务价格范围

产品与服务的价格直接影响支付方式的选择。银行及第三方支付对于个人付款都有最高额度的限制，而且在企业资金管理制度中为确保交易合规且可追溯，通常会将银行转账与现金支付分别处理，超过一定额度的付款都需要通过企业账户进行。如果平台以大宗物资交易为主，交易金额动辄数十万甚至上百万，那么只能通过企业账户支付。而且通常大额资金交易除了合同保障外，交易双方需要平台可以提供担保支付功能，确保卖方合格产品交付后可以收到货款，同时买方支付资金后可以收到货物。如果平台希望实现在线交易闭环，平台需要搭建支持企业间的资金担保交易系统。大额资金交易通常也会涉及合同分期付款、票据支付、信用期支付、定金或预付款等方式，平台在搭建支付系统时必须考虑到这些功能的设计。如果平台提供的产品与服务是办公用品、低值易耗品之类的低价产品，则不需要严格的合同与付款审批流程，通常采购员有权选择产品后直接通过个人账户付款采购，类似 B2C 或 C2C 的采购模式，但与个人消费品采购不同的是，企业采购员完成采购后会索取发票，以方便随后企业现金报销流程。这种情况下，在线支付的设计首选要对接可以支持个人用户方便快捷完成支付的渠道，比如用户覆盖面广的支付宝支付或微信支付。

（三）产品服务采购频次

产品与服务的采购频次高低也是影响在线支付设计的一个要素。采购频次高，则对支付便捷性要求高，而且对于物流、发票、对账等需求都相对较高。反之如果采购频次低，企业间交易是在线上还是线下完成对交易影响并不大。目前产业互联网平台在进行产品交易的同时，还会提供产业互联网的相关服务。比如产业互联网提供的设备接入服务，通过设备接入平台完成数据采集和存储。数据采集和存储服务类似消费领域的通信服务。目前个人手机通信费用通常按照流量和通话时间付费，采用购买套餐的方式，在流量和市场计费超过套餐限额后，另行购买超额通信时间和流量。而产业互联网平台的数据采集和存储服务通常收费金额低而支付频次高，因此充值扣费模式会比较适合这种服务需求。

二、平台业务模式

为方便产业互联网支付体系的构建，从交易资金是否进入平台自身的账户和服务提供方是平台自身还是入驻商户两个视角来区分，可以将产业互联网的业务类型大致归为以下两类，一类是平台自营业务，一类是开放平台业务。不同的业务模式对于支付系统的设计有至关重要的影响。平台业务模式分类如图4-10所示。

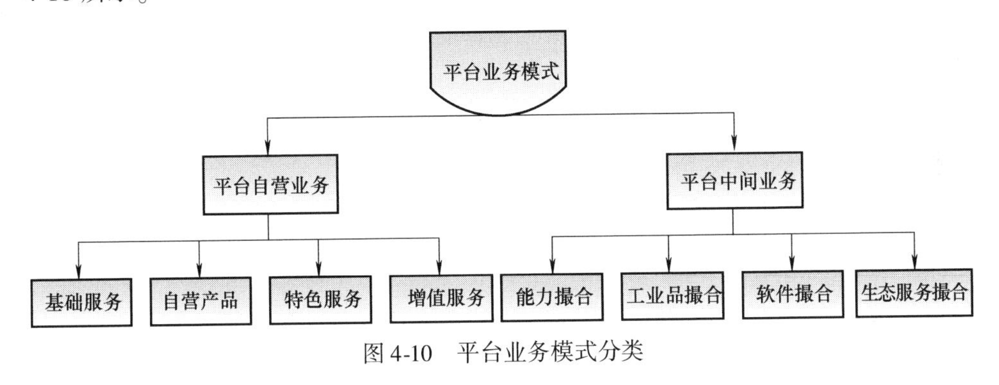

图4-10　平台业务模式分类

（一）平台自营业务

自营业务是平台作为产品与服务提供商，用户在平台选购和使用平台的产品与服务，支付的款项进入平台运营方的银行账户。产业互联网（含工业互联网）自营业务通常包括以下几类。

1. 平台基础服务

平台基础服务包括两类，第一类是通常意义上的B2B产品交易平台，主要目标用户是产品供需双方，这类平台的基础服务包括平台用户管理、产品管理、订单管理、合同管理、统计报表等服务。第二类是专门服务于制造企业的生产管控或智能服务的产业互联网平台，主要为工业互联网平台，目标用户是软件开发者和使用者，这类平台的基础服务包括平台PaaS层组件、工具和API接口等平台基础性服务，为软件开发者或设备接入用户提供基于平台开发、设计、接入、部署、运行、调用软件等服务。

第一类产品交易平台的基础服务通常是免费提供的，不涉及平台收费。而第二类平台的基础服务是平台收入的一个重要来源，必然涉及服务的使用方给平台支付一定的费用。现在工业互联网平台的盈利模式尚未成熟。在此举几项

比较通用的收费模式作为参考。

（1）运行工具：主要是为软件开发者提供软件接入、部署所需的资源和全生命周期管理服务。参考收费模式：基础资源免费，通过在线存储、大数据等增值服务盈利。增值服务价格以弥补可变成本为主。收费标准以流量包月或按小时流量付费。

支付需求：这种收费模式类似于通讯费包月套餐收费模式，一定的流量与存储空间匹配一定的包月收费，动态监控，超过套餐标准后，需要补缴费用或更改套餐，适合个人账户支付并由企业报销，充值扣费的支付工具能方便这类服务的支付。

（2）物联网应用工具：为设备生产者、使用者或维修厂提供设备互联接入、设备生产数据的采集、分发、存储、计算、管理、分析等服务。参考收费模式同运营管理工具。增值服务价格以弥补可变成本为主，收费标准以按内存占用收费，对支付的需求类似运行工具。

（3）通信网关：为设备接入所需的基础实体产品，提供设备接入平台和数据采集功能。收费模式通常为硬件产品＋定制服务捆绑收费。

支付需求：以线下支付为主。

2. 平台自营产品

（1）自营工业设备及其他工业产品。产业互联网平台旨在实现产业互联，产品的供需对接是平台最容易切入的部分，这是目前市场上大部分产业互联网平台的主要业务。通过平台提供的工业产品营销与采购全流程服务支持，将传统的企业线下购销业务在线上实现，扩大采购和销售范围，提高购销效率。由第二章的分析可以看出，开放综合平台一般会根据通用行业分类提供全品类的产品目录，对部分有行业资源并能掌控交易流程的产品选择自营。垂直行业平台目前大多采用以自营业务为主，撮合交易为辅的方式。

支付需求：自营工业设备及其他工业产品覆盖面广，有的平台专门是大宗产品交易，有的平台专门经营 MRO 产品。大宗交易需要公布平台企业账号，由买方线下支付，或者提供在线即时支付通道，由企业账户直接支付；而多品类、低单价的 MRO 产品通常会采用个人在线支付、企业在线支付等直接支付方式。

（2）信息化产品。产业互联网平台的用户群体中占绝大多数的是制造业用户，信息化产品是转型升级过程中的企业用户需要的，所以许多产业互联网平台特别是工业互联网平台通常会提供自主信息化产品，如制造企业通常会使用的企业资源计划管理系统（ERP）、协同研发管理系统（PDM）、生产运营管理

（CMOM）、制造执行系统（MES）等。这类产业互联网基础软件产品与传统的软件产品不同的是采用 SaaS 服务模式，通过云化部署，分别面向各类大中小型生产制造企业的研发、生产、和运营管理过程，通过软件使用优化资源配置，提高工作效率。通用收费模式为云端软件资源租用服务 + 功能定制服务。

支付需求：按模块定制的即时支付需求，企业账户在线支付。

3. 平台设备接入和智能制造相关服务

产业互联网平台除了提供实体产品和信息化产品外，还会提供特色制造服务，比如智能制造诊断服务、智能工厂解决方案、设备接入解决方案、设备资产管理服务等。这类服务目前通过线上和线下相结合的模式实施，以咨询服务、技术服务的方式收费，而且金额通常较大，一般采用线下收费完成，对在线支付需求不大。

4. 平台公共服务与增值服务

平台公共服务面向平台所有用户，主要是联合银行、非银金融机构、第三方支付、第三方物流、第三方认证等生态合作伙伴共同打造产业互联网生态，促进平台用户互信，提高平台交易效率，实现平台交易闭环，帮助平台其他产品与服务 APP 落地。在线支付就属于公共服务的一种，用户向平台申请使用这些服务通常需要支付一定的费用，这些费用大部分会通过平台支付给相关的生态合作伙伴，平台收取部分服务费用。

随着综合平台向精细化运营转型，一些综合平台为促进交易活跃度，在基础服务的基础上会针对不同的企业群体提供有针对性的服务，帮助用户开展比价优选、供应商管理、运营支撑、信息定制、线上推广和品牌推广等，并按照用户定制服务内容向接受服务的用户收取一定的会员费用，而这些会员费采用包年或包月模式，通常会通过线下支付。

比会员费模式更容易被用户接受的是目前开放平台采用的按询盘收费的模式。这种收费模式具有零首付、及时付的特点。供应商成功获得询盘后，自行判断询盘的真实性和有效性，只需在线支付单条询盘价格，就可以获得与买家直接谈判成单的机会。这类服务需要支持个人即时在线支付模式。

综上所述，虽然不同平台自营业务覆盖种类较多，不同种类的产品和服务都有不同的价格范围和收费模式，在支付设计时需要区分每种产品和服务的特点，但无论有多少种类，自营业务交易的一方是平台自身，不涉及多个收款方，交易场景多为用户购买平台的服务而非产品，较少涉及物流环节，且平台用户购买平台的产品和服务是基于对平台的信任，不用第三方平台提供担保，所以不会涉及清分与担保功能，只需直接支付完成平台收单即可。

（二）平台中间业务

平台中间业务就是第二章所指的开放运营模式，这种模式下，买方的资金直接付到卖方账户，并向买方提供相关发票。产业互联网平台的开放平台业务主要包括以下几类。

1. 能力撮合交易

通过帮助卖方企业按照专业类别在平台发布和展示其能力，买方企业按照专业类别发布外部协作需求，买卖双方进行供需对接和询价报价，平台通过数据处理进行能力和需求的匹配推荐、比质比价，从而帮助需求方快速寻找到优质供应商，提高外协、外购的产品质量，降低采购成本，帮助能力方提高资源利用率，消耗富裕产能。

参考收费模式：平台在交易环节收取撮合交易费用，或者按照会员等级收取会员费用。

支付需求：能力撮合交易通常是企业与企业间的交易，并且需要平台提供担保支付功能和清分结算功能，买方企业使用企业账户支付。

2. 产品撮合交易

产品撮合交易主要为工业产品生产者和经营者提供平台，帮助其快速发布展示产品，平台买家在该业务系统中筛选自己需要的产品，并在线提交确认订单，完成在线交易。平台需要对卖方企业和产品进行初步审核，建立交易规则，提供在线支付服务。同时平台也可以针对某些标准产品优选供应商入驻平台，并通过数据分析将相关产品的采购需求化零为整，从而扩大供应商的产品销售量，同时降低需求方采购成本。

参考收费模式：平台在交易环节收取撮合交易费用，或者按照会员等级收取会员费用。

支付需求：撮合交易服务覆盖品类繁多，金额范围广，对于其中一些金额较大的交易，交易双方在自主完成交易磋商后，买方可以选择企业账户完成付款。对于一些定价较低的产品，选购者大多可以在购买决策中起决定作用，为方便交易，需要提供个人付款通道，并提供个人付款后可以回企业报销的支持。而且产品撮合交易模式中，需要平台对接具备资金担保支付功能的支付渠道，以解决交易过程中的信任问题。

3. 软件产品撮合交易

软件产品撮合交易是平台通过优选各类软件服务商和开发者入驻平台，为企业提供各类软件产品和服务的交易。买方用户根据自身业务需求，分类筛选采购软件，付款后可以下载或在线使用，基于软件服务/采购订单，产生付款需求。

参考收费模式：买方按模块一次性或分期支付软件使用购买费用，平台从入驻服务商处获得收入分成。

支付需求：这类交易通常是企业对企业的交易，平台需要从中获得分成收入，所以需要支持即时支付、在线清分。

4. 能力和知识类服务

能力和知识产权类服务包括平台引进的标准资源、专利资源、设计资源、检测设计等能力和资源类服务。平台运营人员引进各类服务资源，资源提供方在平台发布其相关资源，需求方可以在平台寻找所需资源，并在线提交使用申请，由资源提供方向用户提供服务。平台与资源提供方确定收入分成。

支付需求：这类服务通常是 C2C 的服务，个人用户使用平台对接的支付通道付款到个人商家，买家付款方式可以选择：线下个人网银转账、在线个人网银转账、PC 端个人扫码付款。同时需要平台提供资金担保支付功能。

三、平台的用户群体

在进行支付方案设计时，除了要考虑平台提供的产品和服务以及平台的业务模式外，还需要考虑平台生态系统中都有哪些参与方，这些参与方在系统中提供什么服务，服务流程是怎样的，是否会产生在线支付的需求。

（一）产业互联网平台生态系统

产业互联网平台业务覆盖制造业产业链的各个环节，涉及不同产品和服务的供求与资源的共享。借鉴互联网领域“入口 + 平台”的战略思想，产业互联网一方面积极主动占领生产性服务领域的“入口”，最大范围地连接客户和市场，另一方面，作为制造业领域多边群体的连接者，产业互联网通过共享其“入口”获取的客户需求及“平台”累积的海量数据，吸纳产业链上下游各方作为合作伙伴，共同组建制造业领域生态系统，协同提升产业链价值。产业互联网平台的生态系统构建如图 4-11 所示。

如图所示，产业互联网生态系统由制造资源/能力提供商、平台建设服务商、平台运营服务商、第三方服务商、用户（企业/个人）五类组成。

1. 制造资源/能力提供商

制造资源包括机床、机器人、加工中心、计算设备、仿真试验设备等硬资源和服务制造过程的模型、数据、软件、信息、知识产权等软资源。在产业互联网中，部分制造企业的产品有可能是另一部分企业的生产资料。因此除了完全供个人终端消费的消费产品外，其他制造企业的产品都是产业互联网平台的

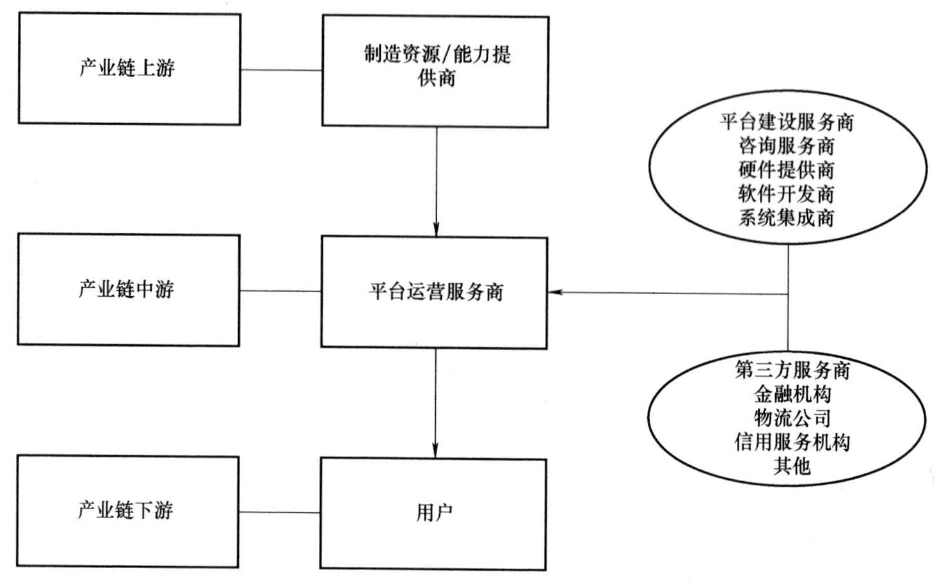

图 4-11　产业互联网平台生态系统

产品。制造能力包括制造过程提供论证、设计、生产、仿真、试验、管理、（产品）运营、（产品）维修、集成等专业能力和服务。除了以上常用的资源和能力外，还要提供以设备接入为基础的数据分析处理和制造与服务过程的应用服务。这些资源、能力的提供商居于产业链上游，是产业互联网产品与服务的源头。

2. 平台运营服务商

为供需双方提供信息发布、业务对接，以及平台功能定制、认证推广、物流信息等增值服务的厂商。可以分为面向整个行业的综合平台运营服务商和面向某特定行业或 ERP 等特定系统的垂直平台运营服务商。

3. 平台建设服务商

为产业互联网平台提供咨询规划、系统集成、软硬件产品等全生命周期建设服务的厂商，包括综合系统集成商、电商公司、生产制造软件提供商等。

4. 第三方服务商

为供需双方提供金融、物流及信用评级等服务的厂商。金融服务企业包括第三方支付公司、商业银行、担保公司、金融租赁公司等；物流服务企业包括中国邮政、快递公司、电子商务企业自建的物流配送公司等；信用服务包括信用报告、信用调查（征信）、信用评级和信用咨询等。

5. 用户

指对制造资源/能力具有购买需求的企业及个人，产业互联网平台用户同时也是制造资源/能力提供商。

（二）基于交易的平台用户群体分类

从平台交易的角度，除了合作支付渠道外，以上五类产业互联网生态组成单位均可归为两类用户群体，一类是交易收款方，即平台产品和服务的提供方；另一类是交易付款方，即产品与服务的接受方。

1. 交易收款方

第一类用户是平台建设服务商与平台运营服务商，这是平台自营业务的收款方，收款账户是平台方企业账户。

第二类用户是平台第三方服务商，通常也是企业用户，收款账户为企业账户。

第三类用户是第三方资源与能力提供商，可分为企业商户和个人商户。如供需撮合交易中的供应商企业，收款账户为商户企业账户。个人商户主要包括提供设计、咨询等服务的专业人员，收款账户为个人银行卡。

2. 交易付款方

第一类用户为企业用户：包括在平台采购资源和能力的企业用户、有智能化改造需求的企业。这类用户在线交易过程会由分属于不同部门的人员配合完成，最终付款账户也是企业账户。

第二类用户为企业个人用户：指企业的某些特定员工（多为采购人员或软件专业人员）为了提高交易效率在平台自主选用所属企业需要的产品与服务，并完成在线支付，获得相关合同与发票支撑后再由所在企业报销。这类用户交易的标的物一般金额较小，交易频率较高，比如定价较低的平台增值服务、工业品与软件产品供需对接业务中定价较低的产品和服务等。

第三类用户为个人用户：包括使用平台基础服务的软件开发者、在平台申请金融产品和服务的个体消费者（一般为企业法人）、在平台寻求资源与服务支持的创业人员等。

从在线支付的角度看，企业个人用户与个人用户的交易达成和在线支付流程基本一致，区别在于除了支付工具不同外，更重要的是支付后的服务支持。企业个人用户在支付行为完成后需要取得相应的业务凭证以支持其后续在企业的报销，对于发票的要求比较严格。

第三节 平台支付需求分析

通过上一节的分析，可以看出产业互联网平台需要针对不同的产品和服务、

不同的业务模式、不同的用户群体选择不同的支付方式和功能。对应产业互联网平台不同的交易模式，根据交易过程中交易对象的不同，产业互联网平台的支付模式也可以分成以下几类：平台自营业务 B2B 支付、平台自营业务 B2C 支付、平台中间业务 B2B 支付、平台中间业务 B2C 支付和平台中间业务 C2C 支付。

对应不同的支付模式，由于交易金额、支付方式、资金流向各不相同，相应的支付场景和支付流程都不同，对于支付方式和支付功能的需求也不相同，从而需要平台接入的支付渠道也不相同。

一、平台支付系统参与方及需求分析

平台支付系统（支付中心）是产业互联网平台为解决多业务系统支付需求和多渠道对接需求而设计建设的，是产业互联网平台相对独立的支付基础设施。支付中心连接交易平台和合作支付渠道，提供用户管理、商户信息维护、上下行接口、收银台、对账、风控等功能，并且负责支付过程中从支付平台到支付渠道的安全。支付系统的功能设计需要同时考虑系统各参与方的需求，以方便各方使用。

（一）在线支付系统参与方

在线支付系统的设计必须尽可能兼顾支付系统各参与方的需求，因为各参与方的角色定位不同，对于支付系统需要提供的支持也不同。比如买卖双方关注的是支付核心功能的实现，支付渠道关心的是支付是否能够安全合规等，支付运营方作为基础设施提供方更关注管理和运营。支付系统参与方如图 4-12 所示。

支付系统参与方及定位简述如下。

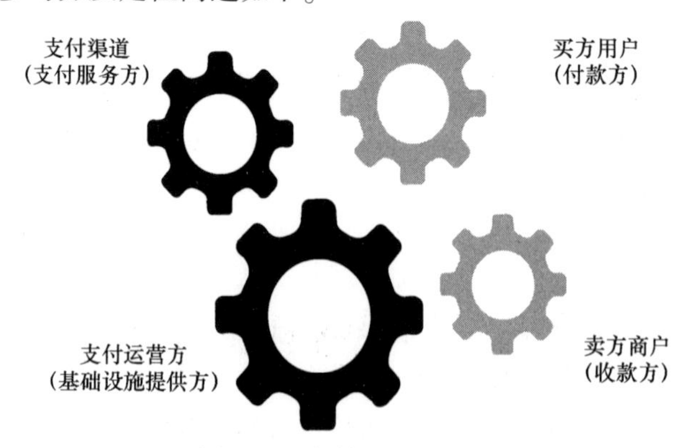

图 4-12　支付系统参与方

1. 平台用户（简称用户、买方）

使用产业互联网平台产品与服务的企业和个人，是在线支付服务的付款方。

2. 平台商家（简称商家、卖方）

入驻产业互联网平台并提供产品与服务的企业和个人，是在线支付服务的收款方。

3. 产业互联网平台（简称平台、运营方）

为平台用户及商家提供供需对接交易相关基础服务的平台。平台自己向用户提供或通过商家向用户提供产品和服务，吸引用户进入平台采购商品和服务。在整个交易过程中，平台是交易的组织方，提供场地、供需对接工具、信息服务、支付服务、合同服务、物流服务、票据服务等相关服务支持，制定规则，解决纠纷，帮助用户完成整个交易流程。

4. 支付渠道（简称渠道）

为产业互联网平台合作的支付服务方，包括中国人民银行指导下运营的银行及第三方支付机构。支付渠道通过与产业互联网平台的接口打通，接受平台指令，为平台及平台用户、商家提供开销户、支付、结算、退款、清分、对账等支付相关服务。

（二）买方用户需求

相对支付系统的其他参与方，支付系统与买方的关系最为紧密，因为买方是支付动作的发起者，支付系统如果使用不方便、不安全或不划算，买方用户很可能放弃使用在线支付工具。因此支付系统在进行功能设计时必须充分了解买方用户的需求。

1. 在线开户及账户信息维护需求

使用银行担保支付和跨行虚拟账户支付产品的买方用户，需要在线开通银行内部虚拟电子账户，用来接受用户同行或跨行的充值资金，并根据用户的支付指令实现由买方内部账户向卖方内部账户的转账。内部账户开户时需要绑定企业实体账户的信息，如果用户更换或修改实体账户信息，还需提供账户信息维护功能。

2. 账户余额查询需求

买方用户在使用银行跨行担保支付产品完成支付时，买方通常需要进行两步操作，一是从实体账户充值到买方银行内部账户，二是从买方银行内部账户转账到卖方银行内部账户。如果买方在平台交易频繁，可以一次性充值较大金额到内部账户，在线交易发生时，只需从内部账户中直接转款即可。这样内部账户会留存一定金额的资金，买方需要平台支持查询内部账户的资金余额。

3. 权限配置需求

买方采购员在电商平台用企业账户资金支付时，通常需要财务制单人员登录平台完成支付动作，同时账户余额查询、支付订单查询、支付回单下载、发票下载等功能也需要企业根据实际情况授权给不同的人员使用。支付中心前台登录时，需要用户选择不同的角色，包括企业管理员、采购员、销售员、财务人员等，这样可以保证不同的角色使用不同的功能，以方便企业管理。

4. 在线支付及退款需求

买方可以根据订单情况方便地使用支付场景选择、支付方式匹配、支付渠道调用、支付订单确认、结算指令传递、支付结果查询等功能。同时在资金支付后，用户可以根据后续物流情况在线申请退款并接收退款资金。

（三）卖方（商户）需求

相对买方的支付需求，卖方的需求相对来说要简单一些，主要包括账户信息维护、结算、查询及分润需求。

1. 在线开户及账户信息维护需求

无论买方用户选择直接支付、担保支付还是充值扣费场景，卖方都需要事先在相关支付渠道开通虚拟账户，并绑定实体收款账户信息，用于接受买方支付的订单资金。同时在实体账户信息发生变更时，可以及时地在平台维护收款账户信息。

2. 内部账户提现及余额查询需求

买卖双方使用银行跨行担保支付产品完成交易时，由于会涉及资金从内部账户到实体账户的转移，通常这种资金转移都是跨行实现的，因此渠道方会收取结算费用，由此卖方会有能够灵活选择按订单、按日或定期进行内部账户资金转移的需求，此时卖方内部账户会存留部分资金，因此会产生账户余额实时查询需求。

3. 分润及对账需求

卖方与平台运营方利润分配的实现若采用传统模式时会涉及大量的订单统计、分润计算、对账结算的工作量。卖方需要平台根据不同产品和服务的销售情况和分润规则实时计算并结算相关利润，简化对账工作量，并根据统计报表及时调整分销策略。

（四）平台运营方需求

平台运营方除了需要支付系统的核心支付功能能够实现各种不同支付场景的支付外，还需要支付系统能够提供基础服务，便于运营方对用户、商户、运营人员进行管理和服务，并且能够支持运营方进行运营决策和财务管理等。

1. 管理支持需求

支付系统的参与方复杂，并且涉及资金的流动，支付运营方需要系统提供对参与方、交易流程及交易结果的全要素全流程管理支持，比如用户和商户账户的开通与关闭审核，用户、商户及运营方操作人员的信息维护、权限管理和登入登出状态的记录查看，用户及商户账户信息的认证、维护及变更历史等。

2. 业务支撑需求

支付系统建设的主要目的是为了支撑平台业务的顺利开展。比如买卖双方的交易需要平台提供担保功能，相应的支付系统除了对接可以实现担保支付的渠道外，还需要支付系统的业务管理模块能支持担保支付的整个流程，通过用户资金的冻结实现延期支付，通过结算指令的灵活设置实现资金的解冻划转。再比如平台运营方与商户的合作分润模式，也需要平台设置对应的佣金管理与清分结算功能，以实现利润分配的实时计算和清分。

3. 分析决策需求

平台运营方对于业务开展情况的了解和分析及后续业务的调整决策很大程度上依赖于平台的数据，而支付系统的数据库是平台资金流动过程数据最直接最全面的收集地，在数据库基础上形成的用户开户情况报表、支付结算报表、佣金清分报表等各类统计分析报表能多维度地展示平台用户活跃情况、业务板块在线交易实现情况及商业模式的落地情况，便于平台运营方及时调整用户运营、产品运营和商业合作策略。

4. 安全保障

资金安全是所有交易要素中的重中之重，安全保障是平台运营方在建设支付模块时必须要考虑的问题。支付系统需要通过安全机制、安全工具、系统监控、日志分析等手段的综合应用来实现资金流动风险的事先防控、事中监控和事后管理。

（五）支付服务方需求

虽然支付服务方提供的支付服务最终使用者是平台的交易主体，但支付服务方并不会直接与交易主体进行对接，而是通过平台的支付系统来完成服务提供。因此支付服务方需要平台对于在平台上的交易主体和业务流程尽到管理责任，避免风险事件的发生。

（1）支付系统应在支付发生前实现对交易主体的真实性、合法性的认证。

（2）支付平台要保证交易内容的合法性。

（3）支付系统应保证发出的任何指令真实、完整、准确、合法，防范各类违规操作。

（4）平台及支付系统应建立安全保障系统，对平台、设备、软件进行日常维护和管理，保证系统的安全稳定。

（5）及时对账，保证支付差错可以及时地被发现与处理。

二、B2B 支付特点及其他支付需求

从以上分析可以看出，工业互联网平台主要用户是企业用户，B2B 交易模式是平台主要的交易模式。与 B2C 交易相比，B2B 在线交易一般单笔交易金额大，交易频次相对较低，交易过程参与决策人员众多，付款审批流程复杂且需要严格的法律文件支持，还需要考虑后续财务处理的合规性。因此与 B2C 相比，B2B 对于在线支付需求更加复杂，需要从交易的全流程考虑。

（一）资金安全性需求

B2B 交易金额较大，且由企业账户支付，企业财务人员对于资金的安全需求强烈。交易平台要保证企业账户信息、交易密码信息、账户余额信息的安全，在资金划出时有严格的审批流程，同时划出的资金可以及时准确地到达约定的收款账户。在线支付需要考虑从制度和技术上建立安全措施，防范各种安全风险，如信息泄露、掉单等情况，从而打消用户使用在线支付的顾虑。

（二）支付便捷性需求

B2B 在线交易支付环节一般是由财务人员完成，因此在线支付需要考虑尽可能保持财务人员原有的支付操作习惯，不能因在线支付而给财务人员带来过多的工作量。首先在线支付要尽可能避免要求企业新开实体账户，实体账户开立对一个企业来说是极慎重的事情，一般不会因为在线交易的需要而新开立一个实体账户；其次要简化在线开户流程，兼顾安全性和便捷性；再次付款过程尽量清晰简单，方便财务人员找到付款入口和待付款的订单，顺畅地完成支付制单过程。

（三）支付场景多样化需求

线下 B2B 交易根据交易合同的不同有多种可选的支付方式，B2B 在线交易要尽可能地满足不同交易场景对于支付的需求，设置如跨行支付、分期付款、担保支付、延迟支付、保证金、佣金清分、购物车等不同的支付场景。

（四）方便获得合法凭证，支持后续财务账务处理和核对

与 B2C 交易不同，B2B 在线交易需要取得合法的信息流、物流和资金流凭证，方便后续的财务/账务处理与核对，如交易合同、交易订单、支付货款回单、货款或服务费发票、佣金清分凭证等。同时能获得不同时间段、不同收付款方、不同订单对应的支付明细，方便与实体账户及业务部门对账。

（五）交易成本

企业用户在线下支付过程中，各银行会对付款方有不同的优惠措施，除跨境交易外，一般不会向卖方收取交易手续费。而 B2B 在线交易平台一般会采用与第三方支付渠道对接的方式来满足支付需求，第三方平台在使用银行支付及清算系统时需支付一定的费用，因此一般会向卖方收取一定的服务费用。如果费用收取过高或收取规则设置不合理势必会降低企业用户使用在线支付的积极性。

（六）服务保证

支付服务提供商能够及时响应交易平台的支付需求，可提供稳定、持续和安全的支付服务，及时解决支付过程中出现的问题，有持续的技术和业务创新能力。

第五章

在线支付系统构建方案设计

平台在线支付系统的建设是一个系统工程，需要考虑影响系统实现的各方面的因素，提前做好平台支付体系的规划相当于为支付系统的建设提供了一张蓝图，可以将平台内部的用户需求、功能需求与外部环境和可以提供的支撑很好地结合起来，提前布局，提高支付系统建设的主动性和系统性，改变平台支付功能建设的随机性，提高系统的适配性和可扩展性，降低随机建设造成的重复改造对于平台业务稳定性的影响。同时支付体系的规划可以避免只重功能建设和轻应用落地的问题，帮助平台以终为始，从一开始便植入运营的概念，统筹考虑配套系统及制度流程的设计，从而保证支付系统真正起到平台基础设施的作用。

关键词：支付体系　模式选择　功能规划　配套系统　制度规范　交易流程　安全保障

第一节 平台支付体系规划

完整的平台支付体系应该在分析产业互联网平台与支付相关的内外部环境基础上，形成包括支付渠道选择、支付中心功能规划、配套系统建设、配套制度规范建设在内的系统解决方案，尽量兼顾支付功能的完整性、支付业务的合规性和技术可实现性。

一、支付环境分析

就像企业的战略规划要对企业所处的政治、经济、社会、技术环境进行全方位分析以确定企业发展的机会与威胁一样，平台支付系统的规划同样需要关注在线交易所处的环境，以提前防范可能存在的风险，尽可能使用先进的技术，保证支付系统功能建设安全合规并具备一定的先进性。支付环境对在线支付系统构建影响如图 5-1 所示。

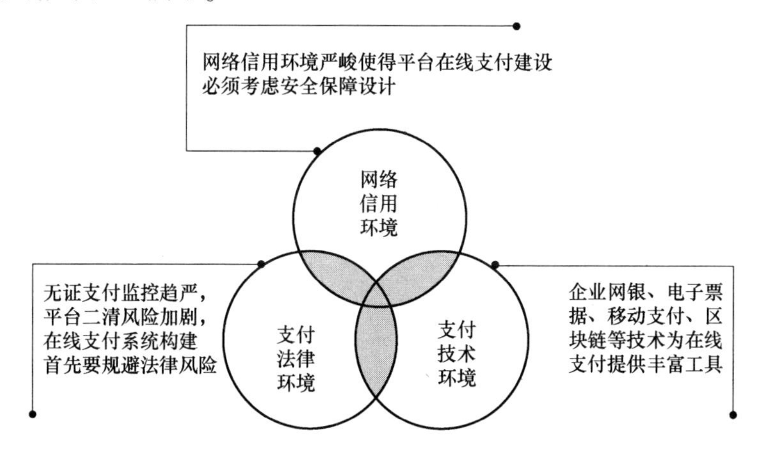

图 5-1 在线支付系统构建环境分析

（一）网络信用环境

平台支付系统的建设是为了支撑平台在线交易的安全顺畅，平台所处的信用环境会直接影响交易参与方的交易习惯和对支付系统的需求。线下交易时，交易双方会直接面对面交流，比较容易建立信任关系。而产业互联网平台在拓展了交易双方的交易边界的同时，也带来了线下交易不会存在的风险，特别是在社会信用环境建设尚不完善的情况下，利用网上信息不对称进行相关违规交易的现象时有发生，对平台支付系统的建设提出挑战。

首先从卖方的角度看，通过网上交易，卖方的企业信息、账户信息、产品信息、价格信息、交易信息都存留平台，如果平台的安全保障措施不足，很可能会遭到恶意入侵破坏，改变用户数据，给交易双方造成损失，让恶意竞争者从中获益。买家的恶意退货、拒付货款和发生损失时无法追查到真实用户信息也会让卖方对在线交易心生顾忌。

其次从买方的角度看，卖方在平台发布虚假产品信息和平台为了收取广告费而对卖方进行不负责任的评级评价，都会错误地引导买方的决策从而影响买方的权益，同时因为B2B交易中通常会涉及产品的售后服务，如果卖方收到货款后不履行承诺，也会给买方权益造成损失。特别是买方在进行资金支付时，如果收款账号信息有误，出现资金损失很难挽回。P2P平台卷款跑路的风险在某些违法运营的产业互联网平台也存在，比如买方资金如果通过平台进行二次清分结算，就可能存在买方付款后难以获得约定产品和服务的风险。

从平台运营方的角度看，平台为买卖双方提供交易场所，便需要承担交易场所的管理责任，保障交易的安全，任何买方和卖方发生的损失与纠纷都会增加平台运营的风险，甚至造成平台的损失。同时利用网络平台虚构在线交易进行洗钱也给平台监管提出了严峻挑战。

平台要想通过搭建支付系统实现在线交易闭环，需要充分考虑目前的网络信用环境，在买卖双方身份认证、账户信息验真、交易信息实时监控等方面进行规划，以确保平台运营安全和交易参与各方的权益。

（二）支付法律环境

2015年12月28日，备受各界瞩目的《非银行支付机构网络支付业务管理办法》正式出台，对支付账户实名制与身份验证真实性提出要求。在《互联网金融风险专项整治工作实施方案》（国办发〔2016〕21号文印发）和《非银行支付机构风险专项整治工作实施方案》（银发〔2016〕112号文印发）基础上，2017年11月和12月，央行发布《关于进一步加强无证经营支付业务整治工作的通知》（银办发〔2017〕217号）和《关于规范支付创新业务的通知》（银发〔2017〕281号），对于网路支付中的无证支付行为进行了界定，并要求银行加强支付业务系统接口管理，包括加大交易监测力度，确保接入单位将支付业务系统接口用于协议约定的范围和用途，并采取有效措施防止支付业务系统接口被用于违法违规用途。

从监管政策的密集出台可以看出，央行对于网络支付的监管越来越严格。据不完全统计，2019年被警方查处的无证支付机构多达数百家。央行对于网络支付的监管一方面是为了厘清银行、第三方支付与电商平台提供支付服务的边界，明确支付服务市场主体责任，便于央行对于利用在线支付进行各类违法违规行为的监管；另一方面也是切实保护互联网用户的资金与信息安全，防止平台违规沉淀资金可能出现的相关风险。但监管的强化也使得原来被市场普遍接受的电商平台二次清分服务模式受到限制，一定程度上影响了支付服务机构进行产品创新的积极性。

对于产业互联网平台来讲，要建立自己的支付系统首先要保证支付模式、支付渠道和对支付过程的管理符合国家对支付的监管要求，支付系统在满足平台用户支付安全性和便捷性需求的同时，要评估对接的支付渠道提供的支付服务是否会给平台带来二清风险。在过去几年，已具备成熟商业模式的电商平台为保证提供的支付服务满足国家监管要求，通常会采用以下三种途径：通过收购支付牌照从而获得提供清分结算业务的资格；深度介入交易流程，直接为买方提供发票、物流等服务，将撮合交易部分转化为自营业务，避免二次清分风险；选择能提供担保支付的同时又能满足国家支付监管要求的支付模式。

可见跟踪研究监管政策及支付市场服务的变化，将有利于产业互联网平台在进行在线支付总体规划和实际建设中有效地规避风险，优选合规的支付产品与服务。

（三）支付技术环境

支付系统功能的实现需要技术手段的支持。近年来互联网技术、移动支付技术的发展等对于互联网支付的发展起到了极大的推动作用。首先，网上支付工具越来越丰富，企业原来需要去银行柜台办理的业务大多都可以通过网上办理，企业网上银行成为绝大多数企业开设银行账户时的必备选项，这为在线支付系统功能的实现提供了必要的基础。比如电子汇兑、电子汇票渠道取代了原来的纸质支票、汇票，自 2017 年 1 月 1 日和 2018 年 1 月 1 日起，人民银行分别对单张出票金额 300 万元和 100 万元以上的纸质商业汇票做出了限制使用要求，这极大加快了电子商业汇票对纸质汇票的替代步伐。其次，条码技术和智能手机的结合使得移动支付的应用场景不断拓展，卡机支付也基本被移动支付取代。产业互联网平台对于个人用户的在线服务开始在支付环节推出二维码，支持用户用智能手机在 PC 端扫码支付。再次，互联网安全技术和支付安全技术也迅猛发展，为在线支付系统的实现提供保障，如防火墙技术、加密技术、防病毒技术的应用，加强了平台的安全防护。SSL 协议、SET 协议等安全协议的标准化推广使用为平台支付系统与业务系统和支付渠道的对接提供了方便。而数字证书、数学签名技术、身份识别技术的使用，使得支付系统可以对使用者进行过滤，保证合法用户的权益。区块链技术也正在支付领域开辟场景，其去中心化的特

点为缩短跨境支付的时间提供了可能。

在线支付系统的建设需要充分考虑目前外部可以提供的支付工具和安全技术，只有选择合适的工具和技术构建系统的功能，才能为用户提供安全便捷的支付服务。

二、支付模式选择

因为交易平台在线支付系统核心支付功能实现是通过对接支付服务商提供的支付工具来完成的，所以在线支付系统的设计取决于支付服务商可以提供的支付模式。在本书第三章对目前市场主流的 B2B 支付模式进行了介绍，在支付系统构建时需要将交易平台业务对支付的需求和支付模式的功能和流程对照分析，以选择最适合的支付模式。但由于每一种支付模式都有各自的优缺点，对于相对复杂的在线交易需求，需要多种支付模式互相补充，形成完整的支付体系。现阶段产业互联网平台交易模式对应的支付模式对比如表 5-1 所示。

表 5-1　支付模式对比表

交易模式	支付模式	支付流程	支付功能/方式	优缺点
B2B 撮合交易	电商第三方支付	多行企业付款账户－第三方备付金账户－多行企业收款账户	直接支付 担保支付 分期支付 佣金清分	**优点**：支持跨行交易； **缺点**：银行回单无法显示卖方；多环节收费造成手续费　较高、退款场景设计复杂
	单银行担保支付	同行企业付款账户－卖方保付合约－同行企业收款账户	担保支付 佣金清分	**优点**：可解决电商第三方支付回单问题及退款手续费问题； **缺点**：支持银行受限
	跨行虚拟账户（银行存管）	多行企业付款账户－同行企业付款电子账户－同行企业收款电子账户企业收款账户－多行企业账户	担保支付 分期付款 协议支付 佣金清分	**优点**：可支持跨行多种支付场景，手续费低； **缺点**：买卖双方都需在合作银行开设电子账户；一笔支付分充值和转账两步
B2C 撮合交易	电商第三方支付	多行个人付款账户－第三方备付金账户－多行个人收款账户	直接支付 担保支付 佣金清分	**优点**：小额订单手续费低 **缺点**：多环节收费退款场景设计复杂
B2C 平台自营	平台收单	多行个人付款账户－平台企业账户	直接支付 扫码支付	**优点**：个人付款到平台便捷； **缺点**：无法结算到卖方账户

三、支付中心功能规划

产业互联网支付中心功能规划是在线支付体系规划的核心。并不是所有的平台都需要构建独立的支付中心，但任何一个平台都可以将支付产品作为一个相对独立的产品模块进行设计建设。支付中心作为独立的产品模块介于业务系统和支付渠道之间，将不同的支付渠道封装成统一的接口，并通过支付网关按照具体支付场景为业务板块提供支付服务。

完整的支付中心不但要支持在线交易过程中与支付相关的开户、充值、转账、结算、清分、退款等基本需求的实现，还需要考虑平台与支付相关的买卖双方、渠道服务商、业务系统运营人员、支付中心运营人员的运营、管理需求，同时安全风控也是必不可少的功能。

（一）支付中心建设的必要性

并不是所有的电商平台都需要构建相对独立的支付中心。如果平台经营的产品和服务相对单一，且以自营业务为主，可以选择市场上主流的银行或第三方支付渠道直接与业务系统对接，实现在线收单即可。但因为完整的产业互联网在线交易涉及不同的使用角色，如：平台交易用户（买方、商户）、渠道服务商、平台各业务系统运营方、平台财务、支付中心管理人员等，不同的业务系统，不同的交易模式和支付场景需要匹配不同的支付渠道。没有统一的支付中心，通常会导致下列问题的出现，从而影响支付功能的实现和平台的运营管理。

（1）没有支付中心，支付渠道的网关需要嵌入到产业互联网平台业务流程中，作为业务流程的一部分，这样平台对业务流程的每一次升级，都需要对相关支付流程做一次调整，或者每扩展一项需在线支付功能的业务，都需要做一次支付业务与支付网关的对接，影响系统的稳定性与业务扩展的效率。

（2）产业互联网平台通常业务类型多样，交易双方对于支付结算的需求多样，很难有一种支付渠道能够满足平台所有的支付结算需求，往往需要根据不同业务类型对接不同支付渠道。无论是业务的成熟还是支付渠道的对接都不是一蹴而就的，需要有逐步完善的过程。没有支付中心，平台在新增支付渠道时对系统的调整幅度较大，会影响业务稳定性。

（3）许多产业互联网平台参考 B2C 或 C2C 交易设计 B2B 的在线交易流程，单纯追求交易便捷性，很少考虑用户的交易权限设置，并且采购人员和财务人员的角色不加区分，业务流程与付款流程并不严格区分。而现实的 B2B 交易，支付的动作需要财务人员而不是采购人员完成，这样需要为财务人员配置相对独立的支付环境，以快速确定待支付订单，从而完成多种形式的支付操作。同

时建立支付中心，还能方便与财务核算系统对接，方便财务记账、对账。

（二）支付中心的建设目标

通过对支付中心建设必要性的分析，支付中心的功能规划需要达成以下目标。

1. 实现商户支付功能的统一管理

基于一致的开通流程进行商户在线支付功能的统一管理，在支付中心可对各业务系统商户账户的开通进行统一管控、查询和信息修改。

2. 实现支付渠道的统一接入和开发

由支付中心统一接入外部的支付渠道，内部系统无须考虑各支付渠道的差异，直接接入支付中心。

3. 实现运维监控的统一

各业务系统支付交易监控的统一和支持统一运维维护。

4. 实现交易数据的复合分析、使用

汇总了各平台各商户在线支付的数据和信息，方便按照不同的维度对数据进行分析、整理，支持进行业务统计和预测。

（三）支付中心的建设思路

参考市场上比较先进的平台支付系统的设计，为满足以上建设目标，在进行支付中心功能规划时，笔者建议采用以下思路方式。

1. 松耦合设计

在线支付渠道嵌入业务流程比较适合业务单一和对接渠道单一的平台，因为在线支付渠道与业务系统的紧耦合会造成每一次增加新的业务系统、增加新的对接渠道都需要对相关流程进行调整，影响系统的稳定性和业务扩展的效率，只有松耦合设计才能保证支付中心和业务系统的相对独立。

松耦合设计需要尽量将各业务系统对于支付的共性需求通过支付中心的功能配置来实现，以提高支付渠道的适配性和业务系统的稳定性，同时方便新的渠道和系统接入。共性支付功能包括支付渠道选择、支付方式选择、资金清算方式（即时、延迟、系统自动、手动）、佣金费率调整、支付过程数据存储、支付运行状态监控等。

松耦合设计可以通过上行 API 接受业务系统的开销户、支付、结算、退款、提现等指令，通过下行 API 调用相关支付渠道接口分发身份验证、支付、结算、退款、提现等指令。

2. 全流程支持

用户使用在线支付的积极性依赖于支付全流程的操作体验，任何一个环节

出现障碍，都会阻断用户使用在线支付功能。除了以上提到的与支付直接相关的支付渠道与支付方式选择功能外，还需要提供基础服务功能和运营支持功能，用于支撑直接支付服务的实现。如支付前用户对其企业中各操作员角色和权限的管理；用户签约开户、解约及基本信息变更及账户状态查询；用户支付中及支付后对于未结算订单和已结算订单的查询、对账和报表管理等。除了用户对自身账户和权限的管理外，还要实现对平台运营和财务的支持，如平台对用户及商户的管理，如跟踪用户登录状态、查询用户资料变更历史、冻结及解冻账户、加入黑名单等。同时支付中心要对交易平台运营和财务处理提供支撑服务，如：各类统计报表（账户、资金流水、分润、手续费等）、风险规则、卡卷积分、差错对账、佣金管理、通知、帮助等。同时要通过对系统运行状态的监控评估风险，及时采取应对措施。

3. 前后台配合

平台支付中心运营人员与平台用户对于支付功能的需求有比较大的差别，一方主要是为了提供支付服务而对支付系统进行管理，另一方主要是为了完成支付服务而对支付系统进行操作，所以支付中心针对两类不同人员提供不同的操作系统，通常提供给支付中心运营人员使用的系统叫作支付后台，提供给用户使用的系统叫作支付前台。支付前台既可以嵌入用户中心，在用户中心相关选项下完成开户、绑卡、解约、信息查询与维护、发票申请等操作，也可以作为独立的页面，只呈现与支付相关的功能，如不同支付渠道的选择、签约、解约、账户信息的查询与维护、待支付订单的查看与支付，同时可以方便地获得手续费发票、支付回单、支付功能等相关帮助。独立的用户支付中心前台更方便用户采购、销售和财务角色的分离，更符合财务人员的操作习惯。财务人员无须进入交易流程即可在支付中心完成相关支付操作。而交易平台支付中心的运营管理人员可以在支付中心方便地完成对操作员、用户、业务系统、渠道和支付指令的管理，同时还可以方便地更新交易规则和帮助文件。

四、支付配套系统建设

在前述 B2B 支付难点解析中可以看到，B2B 在线支付之所以难以落地，很大程度上是因为 B2B 交易不是简单的个人决策而是牵涉到多个角色，有复杂的审批流程，而且支付决策需要有许多支持文件，并且还要涉及后续财务处理的合规性。因此完整的支付体系除了要合理规划支付中心的功能外，还要考虑支付配套系统的建设，尽可能将商流、信息流、资金流、物流、票据流能实现在线统一和相互推进，使得在线交易更加顺畅。

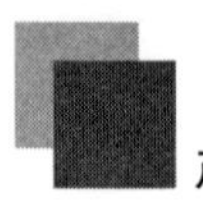

（一）电子合同系统建设

B2B 在线交易中，签订交易合同是商流的核心，交易合同可作为后续推动资金流、物流和票据流的重要依据和处理交易纠纷的凭证。通常交易合同的签订会涉及讨价还价、关键条款确定、合同审批、交易双方签字盖章、邮寄等流程。相应的在线合同系统需要提供灵活的合同模板、多角色审批功能、合法的电子签章功能。在线合同系统的建设不仅可以提高合同签订的效率，同时可以将合同相关条款直接转化为支付订单，从而方便财务人员完成在线支付，解决传统的线下签订合同造成的交易流程中断后财务直接线下网银支付的问题。针对平台自营业务中小额高频的交易需要合同支持的，在线合同签订系统通过提供与订单结合的制式合同以方便企业个人用户顺畅地完成在线交易。

（二）在线物流查询系统建设

B2B 在线交易相对线下交易最大的优势在于交易平台通过提供资金担保功能解决交易双方互不信任的问题。而担保支付的关键是资金流、物流和信息流的相互推进。买方根据支付订单完成货款支付后，平台会通过订单状态的改变通知卖方发货，买方已支付的货款是否要支付给卖方、什么时候支付给卖方取决于买方什么时候通知平台货物已经验收无误。但通常买方收到货物后往往会忽略在平台确认收货的流程，造成保付资金无法及时结算到卖方账户，也增加了平台制定规则、发送催点通知的难度。简单的在线物流查询系统可以在卖方发货后，通过输入运单号对物流状态进行跟踪，一旦买方签收货物，卖方与平台均可据此给买方发送催点通知，同时平台可以制定规则，约定在发送催点通知后一定期限内，如果买方不确认收货或进行其他操作，则视同买方已经同意将保付资金结算给卖方。

（三）电子发票系统

交易平台通过对接在线支付渠道为买卖双方提供在线支付功能，支付服务商通常会向平台收取一定的支付服务手续费，而支付手续费收取取决于平台的商业模式设计。一旦平台约定手续费要买方或卖方在支付结算环节扣收，则涉及平台如何给手续费承担方开具手续费发票的问题。因为每笔交易都会产生一笔手续费，而且手续费金额较小，传统的线下开具发票并快递的方式会极大地增加财务开票工作量和邮寄成本，电子发票系统可以较好地解决这个问题。交易平台只需要和电子发票服务商对接，由其提供电子发票开具的软硬件，并完成财务开票系统与用户在线申请发票系统的对接，即可支持用户选取开具票据范围，在线即时获取电子发票，方便其财务处理。

在 2019 年发布的《国务院办公厅关于促进平台经济规范健康发展的指导意

见》中，关于营造良好政策环境一节提到，到2019年底前建成全国统一的电子发票公共服务平台，提供免费的增值税电子普通发票开具服务，加快研究推进增值税专用发票电子化工作。可以预期不久的将来，电子发票将不再限于普通发票，增值税专票的电子化将会成为电子发票系统的组成部分，为平台用户提供极大的便利。

（四）电子回单系统

前面介绍第三方支付模式最大的问题在于资金经过第三方支付的备付金账户，从而造成银行回单上的收付款方与实际交易中的买卖双方不一致，不符合税务增值税发票开具中的三流统一规定，这是税务制度滞后于实际经济活动造成的问题。为方便企业用户财务人员进行账务处理和合理面对税务审计，平台可通过与第三方支付的对接，向用户提供支付与结算环节的完整的回单，与银行回单配合使用，清晰地说明针对某一订单的付款买方已经通过第三方支付账户支付给了卖方。

五、制度规范建设

制度规范是支付体系安全稳定高效运行的重要保证，制度规范不仅要明确相关各方的权利义务，同时要规范操作流程，便于各方获得、理解和执行。与在线支付相关的制度规范主要包括两大类：一类是针对平台用户的，主要包括在线支付服务协议、用户指南、常用问答等；另一类是针对平台运营方的，主要包括电子商务合同管理制度、电子商务资金结算管理制度、电子商务发票开具管理制度。以下简单介绍与平台支付相关的制度规范建设及需要关注的要点。

（一）在线支付服务协议

在线支付服务协议是由平台制定，对支付服务相关概念、关键操作及后果进行界定，明确平台与用户之间的权利义务。协议一方面可以方便用户更好地理解并使用在线支付服务，另一方面也方便在使用在线支付服务时若出现问题可以有解决的法律依据。所以在线支付服务协议需要尽可能地严谨完整并方便用户查询勾选。

1. 完整性

在线支付服务协议需说明在线支付的主要服务内容、用户的责任、平台关于支付服务及相关权益、隐私、知识产权保护的承诺，关键的条款是用户使用在线支付服务的注意事项，包括用户进行身份验证、提交账户信息、发布收付款指令、接收消息推送等支付服务的意义，用户使用支付服务的风险提示和合法使用支付服务的承诺，用户支付服务费用和平台开具服务费用发票的义务，平台的免责声明等。

在线支付协议大部分都是标准条款，关于平台对接支付渠道、收取服务费用标准及服务流程等个性化条款需结合平台实际情况进行制定和更新。

2. 一致性

在线支付服务协议关键条款要与平台目前提供的支付相关服务实际情况保持一致，并与关于在线支付的宣传、使用说明及帮助文件保持一致。关键服务条款有变动时要及时更新，并同时更新与支付相关的使用说明和帮助问答。

3. 协议公示与勾选

在线支付服务协议是针对买卖双方用户的，有双方都需悉知并确认的条款，所以需要在卖方用户（商家）入驻，选择收款渠道并绑定收款账户时勾选，以及在买方提交支付订单时勾选。为方便买卖双方用户后续操作，可设置为第一次开户或使用在线支付时勾选，一旦勾选便视同签署协议，后续操作都遵照协议的约定执行。

为方便用户随时查阅在线支付服务协议，在平台用户手册－平台规则中，用户可以方便地找到在线支付服务协议。

（二）在线支付帮助文件

在线支付涉及多个环节，操作流程相对复杂，每个支付渠道支持的支付场景、对用户的要求及用户的操作流程都不一样，所以需要以直观方便的方式将支付相关规则和各种渠道的特点、操作流程解释清楚，方便用户选择使用。

在线支付使用手册（渠道介绍、操作指南、使用说明）可以分渠道编写，采用录像、录屏、流程图示意、Word 文档等多种方式，在客服中心－用户手册或相关渠道开户时推送。也可以将关键流程、用户关注的问题分别在新手指南、常见问题问答下推送。

（三）交易平台电子商务相关管理制度

在线支付是电子商务最核心的部分，电子商务与传统商品和服务交易相比有其自身的特点，特别是对于电商平台来说，许多适合传统商务活动的规则制度并不适合电子商务，需要针对电子商务业务的特点进行调整和完善，这包括合同管理制度、平台电子商务资金结算制度和发票开具管理制度。

1. 平台合同管理制度

平台与电子商务相关合同主要分为：标准产品与服务收款合同、交易服务费（佣金）收款合同、支付服务手续费付款合同等。标准产品与服务收款合同因为其标的物、价格、交付时间、服务内容、权利义务等合同关键条款都清晰明了，合同可以变动的内容主要是付款方信息、采购数量等，所以适合制式合同与具体订单相结合的管理制度。制式合同的内容可以由相关业务部门参考同类业务提出，经过法务审核和公司相关领导审批，固化于在线服务订单流程中，后续合同的签署只需要业务部门把关，不需要领导再针对具体合同进行审批。用户在线采购产品和服务，可以选择是否需要合同，如需要合同，平台可以根据线上电子合同申请、线上带鲜章的纸质合同申请和线下合同申请几种类型与用户签署合同。

同理平台交易服务费（佣金）的收款合同可以根据不同服务内容形成制式合同，在商户入驻时以线上商户入驻协议配合关于服务协议中关键条款的修改往来邮件作为后续收取交易服务费的法律依据。如果对方需要带鲜章的纸质合同，可以提供通过双方确认修改后的商户入驻协议在线下载服务，并在线下完成盖章后合同的递送。

对于与合作服务商之间的服务费付款合同，一般都是在合作方提出的制式合同基础上进行修改，开口合同的签订可以严格按照公司付款合同流程进行，而在后续服务费支付时无须另行签订合同，只需要支付中心提供的订单支付统计报表并经财务核对后即可支付。

2. 平台电子商务资金结算与发票开具管理制度

资金结算管理制度包括账户的开立、账户间资金归结、付款审批依据及流程、发票申请依据及开票流程、对账等方面。平台与交易相关的资金收支包括自营业务的收入、撮合交易佣金收入、平台交易服务手续费收支等。关于账户开立：因为平台支付是通过与支付服务商合作完成的，一般支付渠道会根据自身支付服务特点要求平台开具账户。账户类型包括：主合约账户、手续费或佣金收支账户、孳息收入账户、代金券账户、支付宝账户等。其中支付宝账户主要是为了满足自营业务个人向平台付款的，开立前需要明确平台支付宝账户收到个人款项后是否可以为个人用户开具企业发票，以及支付宝账户资金管理主体与主账户之间的结算要求。付款审批主要指手续费定期支付的审批，原来需要有付款合同支持的，开口合同可以一次备案，后续付款时需要调整为支付运营部门出具统计数据，财务核对签字后进行付款。收款主要涉及对账和发票开具流程，如果平台打算上线手续费电子发票系统，则需要明确电子发票的管理流程。

第二节 交易流程设计

流程再造理念由美国的Michael Hammer和James Champy提出，在20世纪90年代达到了全盛的一种管理思想。流程再造通常指的是企业内部的核心业务流程，

在企业信息化过程中，各类管理软件的部署应用通常伴随着企业流程的变革。同理，在产业互联网平台上构建在线支付系统必然会对整个交易流程产生重要的影响。加入在线支付功能后的交易流程设计要以提高用户体验、支持在线支付交易结构的实现为出发点，充分考虑各种场景下信息流、资金流、物流的交互。

一、在线交易结构

交易结构是交易参与方在平台在线交易过程中相互关联和相互作用的方式，主要是提供价值和获得收益的方式，包含着交易要素的顺序、结合方式和因发展而引起的变化。

完整的在线交易涉及商流、信息流、资金流、物流、票据流等。交易要素包括订单、合同、资金、票据等载体；信息流、资金流、物流、票据流等流程的交互；货款、手续费、服务费等利益分配。

以一个简单的软件服务商在产业互联网平台销售其云化软件为例，商家入驻平台时与平台签订商户入驻格式协议，约定商家每销售给用户某款软件（或一个授权用户）应支付给平台 20% 的服务费用。软件销售以在线支付的方式完成。平台需要对接第三方支付渠道来完成支付，渠道服务商按每笔 10 元收取支付手续费。整个交易流程均在线上完成，以订单金额 10000 元为例，交易结构示意如图 5-2 所示。在示意图中省略了信息流，并将支付中心与支付渠道绑定，

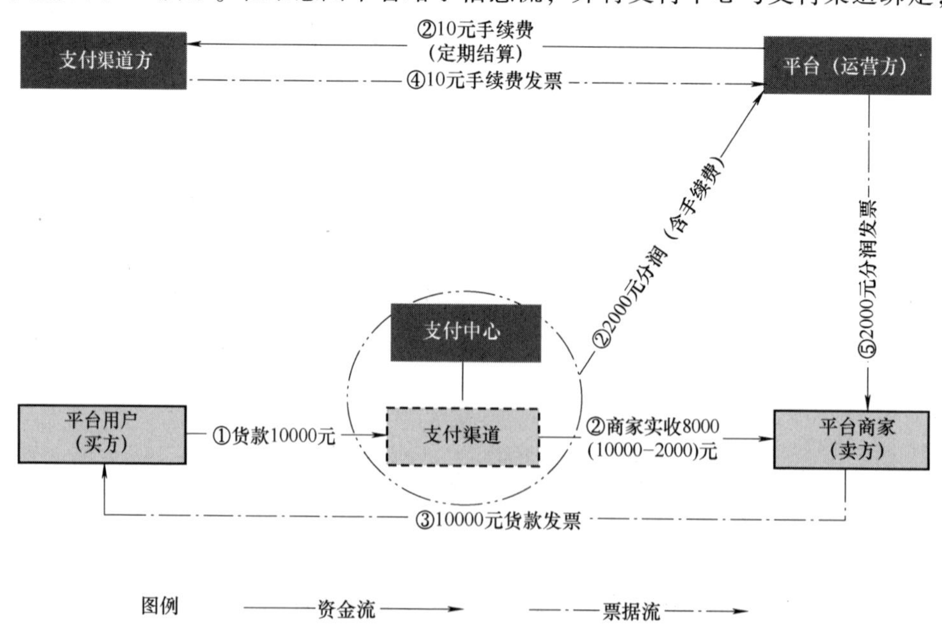

图 5-2　在线交易结构示意图

通过与平台业务板块的交互完成支付清算动作。

在以上交易结构示意图中各方关系及交易流程如下。

(1) 商家发布商品，买方用户在平台软件销售板块选购产品或服务，经协商形成10000元的交易订单。

(2) 买方选择支付中心对接的某支付渠道在线支付10000元产品或服务款项。

(3) 第三方支付渠道备付金账户在收到购买方的全款后，按照平台与服务商约定的分润（分取钱财、分享利益）比例，自动清分，将2000元平台服务费结算到平台运营账户，将扣除服务费后的订单款项8000元结算到服务商账户。

(4) 服务商向买家开具10000元的全额订单发票，平台向服务商开具2000元的平台服务费发票。

(5) 平台按照与支付渠道的协议将应支付给支付服务商的支付服务手续费用（每笔10元）按季汇总结算给支付渠道运营账户，支付渠道开具手续费发票给平台运营方。

从以上交易结构图和交易流程可以看出，通过直线支付系统的构建，实现了买方、卖方、平台运营方、支付渠道方等不同的利益相关方的连接，也实现了信息流、资金流、票据流的结合，在支持平台买卖双方的交易实现外，还支撑了平台与支付服务商、商家的合作商业模式的实现。

支付手续费是由支付渠道方不同的收费标准、平台支付流水大小、运营方推广策略等多种因素共同决定的，因此并非一成不变。当平台支付流水变大或引入更低价格的第三方渠道方时，支付服务费用也可降低。同理商家与平台的分润比例也由商家与平台的谈判能力和双方提供的服务价值相关，也与软件种类和畅销程度有关。

二、资金流、物流、信息流的交互

B2B在线交易的货到付款、即时支付方式在自营业务模式下相对采用较多，支付流程相对来说要简单，不必过多叙述。而在撮合交易模式下，担保交易方式是最常用到的，担保交易的支付流程相对来说要复杂得多，是资金流与物流、信息流交互的过程，信息流贯穿支付的全流程。将担保交易的流程描述清晰，对于在线支付功能设计至关重要，在不同的支付场景下，资金流、物流和信息流有不同的交互流程和结果。

（一）订单正常完成场景下的资金流、物流、信息流交互

订单正常完成场景下，买卖双方达成交易意向，确认订单后，买家的订单

状态显示为待付款状态，卖家的订单状态显示为待买家付款。只有订单状态显示为待付款时，买家可以完成资金支付操作。买家完成付款后，资金会进入平台合作的支付渠道监管的账户，这时卖家知道买家已付款，但账户并没有收到买家支付的货款，卖家的订单状态变更为待发货，买家的订单状态显示为待卖家发货。在待发货状态下，卖家已经知道买家已经付款，可以放心地完成发货。无论是通过平台自身的物流体系发货还是对接物流查询系统，卖方发货时都需要将运单号与订单号做绑定，以方便跟踪物流进程。卖家发货后，买家订单状态显示为待收货，卖家的订单状态显示为待买家收货。当买家确认收货时，意味着买方对交易没有异议，这时平台会向支付渠道发送资金结算指令，资金从支付渠道监管账户结算到卖家账户，此时买卖双方的订单状态都显示为已完成。订单正常完成场景下，资金流、物流、信息流的交互如表 5-2 所示。

表 5-2　资金流、物流、信息流交互示意表（订单正常完成）

资金流		买家提交订单，但未付款	买家已付款，卖家未发货		买家确认收货，平台向支付渠道发送结算指令，资金结算到卖家
物流				卖家发货，填写运单号	买家确认收货
信息流	买家订单状态	待付款	待卖家发货	待收货	已完成
	卖家订单状态	待买家付款	待发货	待买家收货	已完成

（二）订单取消并退款场景下的资金流、物流、信息流交互

电子商务中，买方在提交订单并付款后，会因为各种原因出现要求退款的情况，比如发现更低价格的商品，或者迟迟未收到卖家发货，这种情况下，买方往往希望平台能够支持退款。产业互联网平台会规定买方付款但卖方尚未发货时可以申请取消订单，但一旦卖方已经发货，买方只能和卖方协商退货，只有在卖方同意的情况下才能按照退货流程处理。买家在订单状态是“待卖家发货”的状态下申请取消订单，卖家看到买家的退款申请，经过审核后同意退款，平台会向支付渠道发送退款指令，资金会由支付渠道监管的账户原路退回买方的支付账户。完成退款后，支付渠道返回退款成功消息，此时买卖双方订单状态都显示为订单“已取消”，如表 5-3 所示。

表 5-3 买家申请订单取消场景下资金流、物流、信息流的交互示意表

资金流		买家提交订单，但未付款	买家已付款，卖家未发货	买家在“待卖家发货”订单状态下，申请“取消订单”	卖家在退款审核的订单状态下单击“同意”按钮，平台向支付渠道发送退款指令，资金退回到买家
信息流	买家订单状态	待付款	待卖家发货	退款	已取消
	卖家订单状态	待买家付款	待发货	退款审核	已取消

（三）订单退货场景下的资金流、物流、信息流交互

当卖方完成发货，卖方的订单状态显示为“待买家收货”，买方的订单状态是“待收货”，此时如果买方对货物不满意，可以在线申请退货，此时买方订单状态显示为“待确认退货”，而卖方订单状态显示为“退货审核”。卖方在“退货审核”状态下，对于买方提出的退货诉求进行审核，如果同意退货并协商好运费负担，卖方需要在平台单击“同意退货”按钮，此时卖方订单状态变为“待买家退货”，买方订单状态变为“待退货”。卖家收到买家退货时，在“待买家退货”订单状态下，单击“确认收货”按钮，平台向支付渠道发送退款指令，款项由支付渠道监管的账户原路退回到买方支付账户，支付渠道返回退款成功信息，买方的订单状态变成“已退货”，卖方的订单状态变成“已退款”，如表 5-4 所示。

表 5-4 订单退货场景下的资金流、物流、信息流交互示意表

资金流	买家提交订单，但未付款	买家已付款，卖家未发货				卖家在“待买家退货”订单状态下“确认收货”，平台向支付渠道发送退款指令，资金退回到买家
物流			卖家发货，填写运单号	买家在“待收货”订单状态下“申请退货”	卖家在“退货审核”订单状态下“同意退货”，但尚未收到买家退货	

（续）

信息流	买家订单状态	待付款	待卖家发货	待收货	待确认退货	待退货	已退货
	卖家订单状态	待买家付款	待发货	待买家收货	退货审核	待买家退货	已退款

三、支付手续费设计

支付手续费是指平台提供支付服务向用户收取的费用。支付手续费的收与不收、收多少、怎么收，不但因平台而异，同一平台在不同的发展阶段也会出现不同的策略。支付手续费的收取与否是平台运营策略的范畴，但手续费的收取策略却会直接影响到支付中心功能的设计。

（一）收还是不收

银行及第三方支付服务机构向产业互联网平台提供服务是需要成本的，尤其是第三方支付服务商，其支付平台需要与银行系统做对接，并借用银行的清算系统完成支付结算，需要给银行支付相关费用。因此支付渠道在提供支付服务时要向平台收取服务费用。通常支付服务手续费的收取有两种，一种是按交易订单量，一种是按订单金额的一定比例。

以微信支付为例，2015 年以前，用户使用微信支付服务均不收取任何费用。2015 年 10 月微信支付开始对转账功能收取手续费。2016 年 3 月，微信开始对提现功能收取手续费。2017 年 12 月，微信对信用卡还款累计超过 5000 元的部分进行收费。2018 年腾讯公司宣布从 8 月 1 日起对通过微信支付进行的信用卡还款每笔收取 0.1% 的手续费，最低 0.1 元。每一次收费通知的公布都会引起用户极大的反应。腾讯公司给出的解释是随着用户使用量的增加，他们向银行支付的费用越来越重，已经不堪重负。随着时间的推移，用户开始慢慢接受付费使用支付服务的模式。

大多数 B2C 和 C2C 平台在平台推广阶段为了吸引用户，简化交易流程，提高交易活跃度，不会在支付环节收取服务手续费，但发展到一定阶段，会根据向买方还是向卖方提供价值来确定向谁收取手续费，以及用什么方式收取。与 To C 服务相比，产业互联网平台的服务对象大部分是企业，更倾向于以系统服务而不是免费策略来争取用户。平台在向用户提供包括支付在内的交易基础服务时，要根据平台商业模式和发展阶段决定是否向用户收取支付服务手续费，以覆盖平台向支付渠道付出的成本。

（二）正向收还是后向收

除了以会员费、交易服务费、增值服务费等方式覆盖支付手续费成本外，平台还可以设计在支付环节向用户收取支付手续费。收取模式分为两种，一种是正向收费，即向买方收取；一种是后向收费，即向卖方收取。两种收费模式对比如表 5-5 所示。

表 5-5 手续费不同收取方式对比表

需考虑因素	正向收费（向买方收）	后向收费（向卖方收）
优点	维持线下交易习惯；方便卖方定价；提高卖方发布商品在线交易积极性	降低买方付款费用负担，可提高买方主动交易积极性
缺点	如果手续费高，会影响买方购物体验；企业用户负担手续费，发票问题解决复杂；支付后取消订单，退款手续费由谁承担会引发争议	因为手续费会因为交易金额变动而变动，不利于卖方定价。与线下交易支付相比，额外增加卖方账务处理负担
适用业务	适用于买卖双方自主交易，平台运营介入少，卖方发布产品和价格，买方直接选择购买，无须磋商环节的业务	适用于商家入驻时平台运营深度介入，进行商务沟通，明确手续费收取条款
策略	由买方支付可在订单支付环节明确，显示收费，且在在线支付服务协议中说明，减少沟通工作与后续纠纷	可与佣金收取结合，将手续费打包在交易佣金中，减少交易复杂度，降低后续开票工作量

从上表比较可以看出，正向收费和后向收费各有优缺点。平台需要根据自身业务选择合理的方式，并在支付环节设计手续费收取策略与功能，尽量降低交易的复杂程度。考虑手续费收取模式有调整可能，可以在手续费收取环节设计为可由买卖双方自主确认手续费承担方，一方选择后，由另一方确认后方可固化在后续交易流程中。

四、分润设计

从产业互联网平台交易结构可以看出，平台商家（卖方）与平台运营方关系紧密，从交易本质上说，平台实际上起到了帮助商家进行产品和服务分销给众多下游用户的作用。商家为此需要根据产品与服务分销的实际效果进行利润分配。与传统上游商家及分销商合作模式不同，产业互联网平台可以通过分润流程设计，将分润规则与在线支付清分功能结合，使得商家与平台运营方的合作得以更便捷高效。平台分润设计要从产品定价、分润规则确定、分润模块设置、清分结算、平台佣金管理（对账）以及后续票据流等全流程进行考虑。

1. 产品定价策略确定

产业互联网平台作为商家销售渠道的一种，能吸引商家入驻的先决条件是可以为商家扩大销售，带来利润，而产品定价策略对于销售效果具有直接的影响。商家在入驻平台时需要与平台运营方进行商务洽谈，确定不同类别产品与服务的用户群体及价格，以求获得最佳的销售量和利润。

2. 商定利润分配规则

分润规则的制定是利润分配顺利实现的关键。通常商家会根据产品和服务类型、销售区域、用户类型、销售时间、销售总量等因素确定不同的分润规则，在每一笔交易订单实现时都要调用分润规则计算一次针对该笔订单的利润分配具体金额。分润通常采用固定金额分润和按百分比分润。按照固定金额分润是指由商家自主决定和调整产品单价，平台运营方只按照成交订单收取固定金额的服务费用，服务费用高低与订单的产品数量和单价无关。按照百分比分润分为固定比率和超额累进比率两种。固定比率即只对不同类别产品和服务约定一个固定的分成标准，无论产品和服务销售多少，均按照订单金额和约定比率进行利润分配。超额累进比率则需要根据结算期间该产品与服务累计销售总量采取梯级分配比例，销售越多，分配比率越高。

3. 分润模块设置

利润分配规则确定后，在业务系统的分润模块中嵌入利润分配规则，在用户确认订单后，分润模块调用利润分配规则根据订单发起的用户类型、所在区域、订单时间以及订单中包含的产品分类、销售总量计算出该笔订单应该分给平台运营方的利润，应该结算给一级商户的利润以及剩余资金是归集到服务方账户还是收款方账户。一旦每一利益关联方从该笔订单中进行了应收资金确认，业务系统就可以调用支付网关向支付中心传递根据分润模块实时形成的支付指令。同时分润模块还需要设置一旦发生订单退款，这些已经分配给各方的利润是否要退还。利润退还一般会分三种情形，一种是不退分润，一种是全额退还分润，一种是按比例退还分润。分润模块设置如图 5-3 所示。

分润模块放在业务系统而与支付系统的支付清分模块解耦，是因为商家与平台的分润策略不是一成不变的，会根据业务的发展及合作关系的变动而出现调整，放在业务系统，业务的归业务，支付的归支付，这样能兼顾分润策略的灵活性和支付系统的稳定性。

4. 支付中心的佣金管理模块

支付中心佣金管理模块记录交易订单关于利润分配的信息，形成应结算给平台运营方的佣金金额和应结算给商家的订单金额，并调用清分结算模块，按

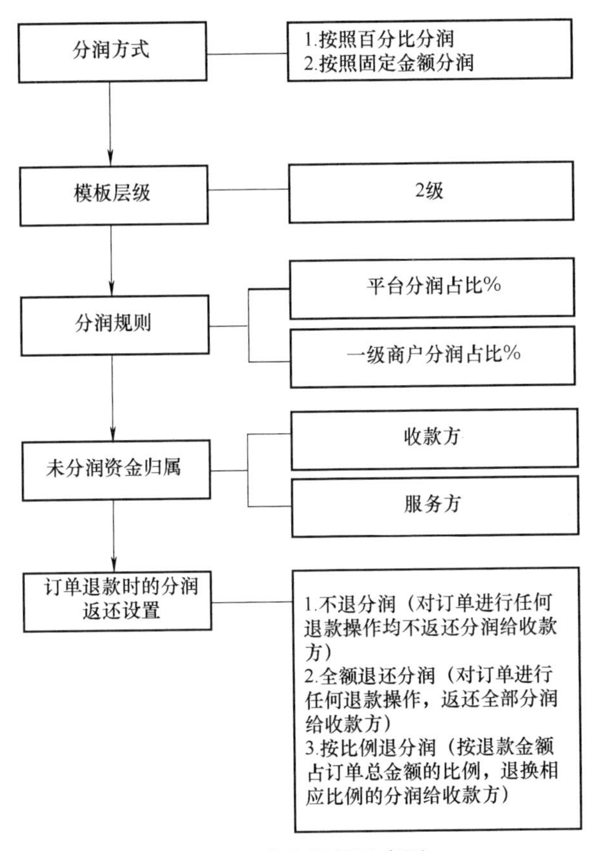

图 5-3 分润设置示意图

照结算规则，向支付服务方发送清分结算指令，完成资金的实时清分结算。

5. 发票开具

整个交易完成后，商家负责按照用户支付的订单总额为用户开具发票，平台运营方则按照收到的交易佣金为商家开具交易服务费用发票。

6. 统计对账

支付中心根据清分库信息定期生成分润统计报表，与商家进行对账。

通过分润设计，平台运营方可以实时收到佣金，改变传统模式下双方定期根据交易情况进行对账后再结算服务费用的模式，且支持复杂的分润规则针对每一笔订单的实时计算，简化合作流程，保证双方利益，节省对账时间，避免商务纠纷。

五、物流设计

支付宝的推出解决了 B2C、C2C 平台买卖双方自主对接和资金支付过程中

的相互信任问题，从而将消费互联网带到了一个全新的发展阶段。因为产业互联网平台企业间的交易具有金额大，资金风险要求严格的特点，所以担保支付是产业互联网平台在线支付系统的重要功能。而担保支付的实现，依赖于资金流和物流的结合。产业互联网平台可以根据平台交易规模、发货特点等选择不同的物流实现方式。

（一）自建物流管理系统

平台自主建设物流管理系统，引入物流服务商，共同为平台用户提供物流服务，实现平台用户发货需求和物流商车源的供需对接。物流管理系统的基本业务流程如下。

1. 在线发货

买方或卖方根据交易订单，在线维护发货信息，如商品信息、收发货地址、联系人等，并申请在线发货。用户可以自行选择平台合作物流商，也可以将发货需求提交后，由物流商在线抢单。用户根据物流商提出的运费、运时等评估报价选择合适的物流商。

2. 物流信息监控

物流商接收到与订单绑定的在线发货请求后，提供物流配送服务，反馈订单的运输状态至平台物流系统，系统自动将物流状态信息展现在前台页面，用户可在相关订单页面查看和跟踪商品的流转。

3. 收货确认

运送任务完成后，买方根据验收情况确认收货。订单状态改变为买方已确认收货。此时平台会发送支付指令给相关支付服务商，将买方已经支付但尚未结算的资金结算到卖方账户。

（二）对接开放物流平台

产业互联网平台通过物流服务平台的开放接口对接平台上的物流服务商，为平台用户提供物流服务，并实现物流状态跟踪，以支持担保支付实现。

1. 线下发货

用户可以在物流服务平台提供的物流服务商范围内选择合作物流服务商，采用线下对接相关物流服务，物流服务商在承接物流服务后会给发货方出具运单。

2. 线上回填运单号

发货方在业务系统中找到与运单号对应的待发货订单号，在发货信息页面选择本订单的物流服务商，并将运单号（物流单号）填写到相关信息框中，完成运单号与订单号的绑定及订单状态的改变。线上回填运单号示例如图 5-4

所示。

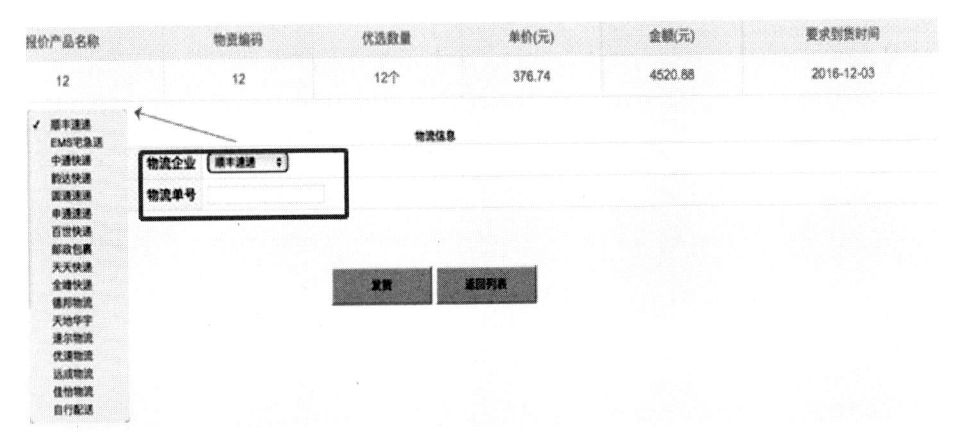

图 5-4 回填运单号示意图

3. 物流状态跟踪

物流服务平台会根据运单号将物流状态信息推送到平台，平台根据运单号和订单号的匹配将时间、地点、物流状态等信息存储到相关数据库中。用户单击查询时，平台调取状态信息呈现在该订单下。物流状态跟踪示意图如图 5-5 所示。

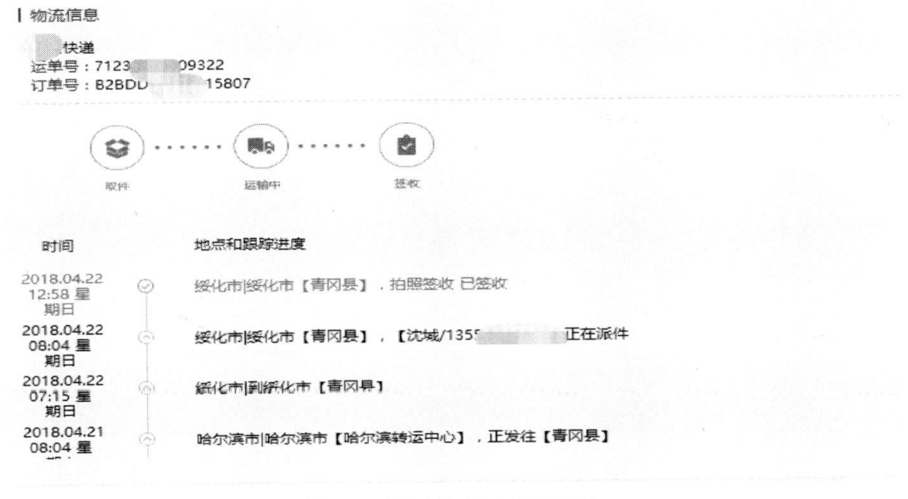

图 5-5 物流状态跟踪示意图

4. 收货确认及支付指令

买方在订单中确认收货后，业务系统的相关订单状态改变为已收货，而支

付系统将根据订单状态的改变发送支付指令给合作支付渠道，完成担保资金结算。如果买方未在订单中确认收货，卖方或平台会给买方发送催点提醒，提示买方在业务系统中完成收货确认，以保证已支付资金能及时转入卖方账户。如果买方依然没有完成确认动作，平台会根据在线支付服务规则中的约定，根据数据库中记录的买方确认收货时间后一定期限内视为买方对于资金支付无异议，向支付渠道发送支付指令。

第三节 支付系统功能详细设计

支付系统功能既要支撑平台在线支付涉及的各方需求实现，还需要考虑支付系统与业务系统之间、支付系统与各支付渠道之间、支付系统各模块之间的关系。本节会简单介绍不同类型平台成熟的支付系统架构及支付功能模块，并对支付系统基本功能模块设计给出参考建议。

一、支付中心功能架构

功能架构图可以一目了然地了解一个系统的功能组成，是支付系统建设的蓝图。通过参考其他典型平台支付系统的功能架构，可以整理出比较通用的支付功能模块。

（一）典型平台支付中心功能架构举例

每个平台都有各自的业务特点，所以支付系统功能构建不尽相同，我们从一些公开资料整理了几个典型平台支付中心的功能架构，举例如下。

1. 某第三方支付平台支付系统的主要功能

第三方支付是目前产业互联网平台对接的主要支付渠道，第三方支付平台支付系统的设计要充分考虑平台向外提供的支付产品和服务，同时也要考虑支付系统的可靠性、安全性、稳定性，还要兼顾第三方支付运营与财务的需求。根据互联网公开资料，我们整理了某第三方支付平台支付系统的功能模块构成，如表5-6所示。从表中可以看出，支付系统对外提供的产品服务包括网银钱包、收单产品、付款产品和小金库等，而支付系统的主要功能模块包括基础支撑功能、支付核心功能、支付安全工具、财务支持、运营支撑等，而第三方支付平台最终支付服务的实现要通过对接各银行的支付服务。在网联平台推出后，第三方支付与银行支付服务的对接通过网联平台实现。

表 5-6 某第三方支付平台支付系统功能模块构成

系统构成	主要模块	主要功能
产品服务		网银钱包、收单产品、付款产品、小金库等
基础功能	会员中心	会员基础数据、支付个性化
	签约中心	签约数据、征信信息
	额度中心	额度规则、产品账
	主数据	卡规则、机构信息
支付核心功能	交易中心	收单交易、会员交易、代收代付
	收银台	支付渠道、支付工具、额度控制
	接口	MAPI \ POSP
	支付中心	余额转账、充值消费、充值提现
安全工具		动态口令、数字证书、安全控件
财务支持	清算中心	清分清算、对账处理、差错处理、计费分润
	账务核心	账户交易、账务管理、任务处理
	会计核心	科目汇总、日切处理、试算平衡
	资金管理平台	头寸管理、会计平台、结算平台
运营支撑	运营管理	商户管理、合同管理、业务管理、客服管理
	风控中心	风控规则、分控引擎、风控监控
金融渠道		渠道管理、渠道路由

产业互联网平台支付中心对于平台业务系统支付需求的满足与第三方支付对于合作交易平台支付需求的满足类似，产业互联网平台支付中心支付的实现是通过对接支付服务渠道，而第三方支付平台支付的实现需要对接银行/网联平台，所以分析第三方支付平台支付系统的构建对于产业互联网平台支付中心的设计有参考意义。

2. 某商旅服务平台支付中心主要功能

某商旅服务平台通过与交通、住宿等商旅服务机构合作，为企业和个人提供商旅服务，覆盖的用户群体包括 B 端和 C 端，其作为交易平台的一种，业务对于支付的需求和实现路径与产业互联网平台类似，所以其支付系统功能架构对于产业互联网平台支付系统设计也具有参考意义。某商旅服务平台支付系统功能如表 5-7 所示。

表 5-7　某商旅服务平台支付系统功能构成

系统构成	二级模块	主要功能模块
统一接入		安全控制、流量控制、准入控制、业务隔离
基础业务		营销管理、基础订单
运营系统		商户后台、运营后台、订单后台、报表后台、账务后台
基础服务		监控报警
		数据采集处理
		银行卡信息服务
		短信服务
支付核心功能	收银台	收银台、机票 B2B、其他产品接口
	支付中心	支付、计费、其他核心服务
资金处理	清结算	清分清算、备付金、打款服务
	资金处理	账户体系、业务做账、会计核算
运营支撑	运营管理	商户管理、会员管理
	风控系统	风控规则、分控引擎、风控监控
金融渠道		银行网关、第三方支付平台、金融网关

3. 某餐饮团购平台支付系统功能

某餐饮团购平台主要为个人用户群体提供餐饮订单、团购、外卖服务，该平台的支付系统功能架构覆盖了支付系统较全的功能，如表 5-8 所示。

表 5-8　某餐饮团购平台支付系统功能构成

系统构成	二级模块	主要功能模块
应用接入		餐饮订单、外卖、其他产品
基础服务		安全管理
		交易风控
		红包卡券
		短信邮件
支付核心功能	支付场景（账户应用）	充值、提现、转账、支付、收单
	支付方式	担保交易、即时到账、货到付款
	收银台（支付工具）	B2C 网关、B2B 网关、信用支付、快捷支付、账户余额、扫码支付、积分支付、POS 刷卡、委托贷款、话费支付、卡券支付
	支付中心	支付、计费、其他核心服务

（续）

系统构成	二级模块	主要功能模块
财务支持	清结算	日常对账、商户结算、二次清分
	账务核心	会计记账、销售、客服
运营支撑	运营管理	商户管理、用户中心（钱包）
	交易风控	风控规则、分控引擎、风控监控
	数据平台	用户对账单、运营报表、信用评级、精准营销、积分管理
金融通道	支付管理	支付网关、支付路由、协议管理、对账文件
	金融通道	银行、银联、支付宝、银行贷款、其他支付
	金融服务	信用支付、消费信贷、商户小贷

（二）支付中心架构设计建议

根据前面对产业互联网支付需求的分析，参考第三方支付平台支付系统、交易平台的支付系统功能，我们提炼出产业互联网平台支付中心具有共性特征的功能模块，并根据支付中心与业务系统及支付渠道解耦设计的原则，给出了支付中心架构设计建议，如图 5-6 所示。

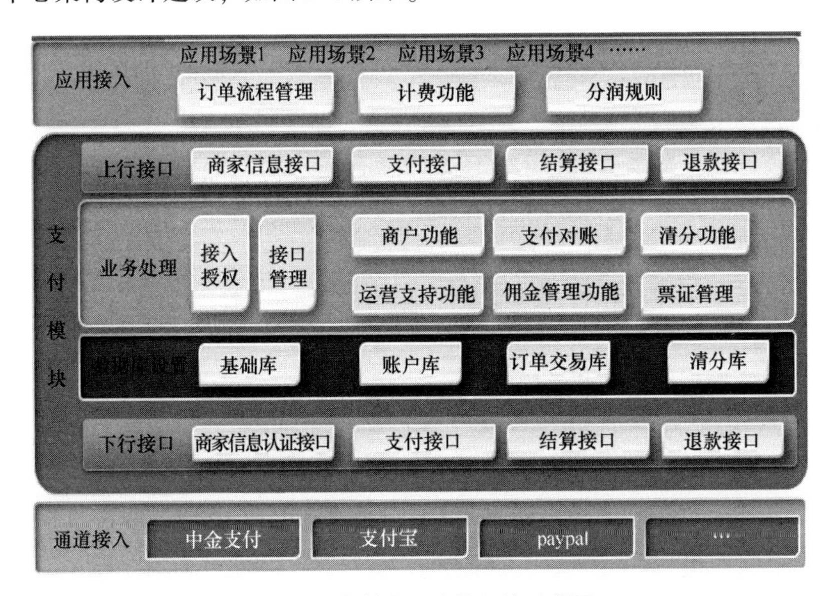

图 5-6 支付中心功能架构示意图

支付中心的总体架构主要包括上行接口层与下行接口层、业务层、数据层，另外还需考虑支持支付中心正常运转的技术保障层以及建立在支付中心功能基础上为方便用户及运营人员使用的产品层。

1. 接口层（网关层）

支付中心的核心支付功能是支付相关指令的传递和结果的回传，这些都是通过接口层来实现的。上行接口层与下行接口层通过不同的加密通道和通信协议分别对接各业务系统及不同的支付渠道，实现业务系统和支付渠道与支付中心的高独立、松耦合的联系。业务系统通过自身的订单管理功能、计费功能和分润功能实现以订单号为唯一索引的支付指令向支付中心传送，支付中心响应业务系统支付请求，对支付相关请求进行统一处理。然后通过调用支付渠道的签约、解约、支付、退款、结算等接口完成支付相关指令的分发，支付渠道执行支付指令后将执行结果通过支付网关再回传给业务系统。

2. 业务层

支付中心业务层包括接口授权、接口管理、清分结算和佣金管理、商户管理功能、日终任务管理功能和运营支持功能等。

接口授权：支付中心通过接入授权功能实现对业务系统接入支付中心的管理。业务系统向支付中心提出接入申请后，支付中心通过下发系统 ID 和密码因子授权业务系统完成与支付中心的对接。只有经过授权后，业务系统发起的含有密码因子的支付请求才能通过支付中心的参数校验，同时支付中心也可将支付结果回传到对应的业务系统中。

接口管理：是对接入支付的相关业务系统调用支付、结算、退款等接口的权限进行管理。

清分结算和佣金管理：是指买方用户完成支付后，资金进入支付渠道监管账户，什么时候结算、结算给哪个账户都需要支付中心向支付渠道发布指令。支付中心可以根据业务场景和管理需求设置手动发送结算指令、定时发送结算指令和即时转发订单系统指令几种方式完成订单资金向商户的结算，以及佣金（含手续费）向平台相关收款账户的结算，并形成相关的统计报表。

商户（用户）功能主要指用户对其操作员角色和权限的管理、用户签约开户、解约及基本信息变更及账户状态查询，用户对于未结算订单和已结算订单的查询、对账和报表管理等。

运营支持功能主要包括：（1）支付中心对用户的管理，如跟踪用户登录状态、查询用户资料变更历史、冻结及解冻账户、加入黑名单等；（2）支付中心高级管理人员对于操作人员的信息、权限、日志等管理；（3）对交易平台运营和财务处理的支撑服务，涉及各类统计报表（账户、资金流水、分润、手续费等）、风险规则、卡券积分、差错对账、佣金管理及通知。

3. 数据库层

数据库是平台、用户及渠道在支付相关操作过程中生成的所有信息的分类存储，为后续支付相关方进行信息查询、生成报表和进行分析提供支持。

支付中心相关数据库包括基础库、账户库、订单交易库和清分库。

基础库是指用户及操作员的基本资料，包括用户在平台的注册资料和实名认证资料。

账户库是专指用户在平台合作支付渠道开户、销户、银行账户信息、变更账户信息、账户入金、出金、转账、余额等信息的存储。

订单交易库是指所有订单的支付、结算、退款等状态信息的记录。

清分库是指所有等待清分结算的订单和已经完成清分的订单信息。

4. 技术保障层

为支付中心提供技术支撑，屏蔽具体技术细节，提供交易一致性、负载均衡、组件等控制机制，以及资源管理、接口管理、服务管理、系统监控、系统调度等管理功能，为应用系统提供稳定、可靠、高性能的运行平台，和高效快速的开发平台，以及集中管理的管理平台。

5. 产品层

在上述基础上提供给运营人员使用的支付运营后台系统和用户前台操作系统。

用户前台功能包括：账户管理、交易管理、发票管理、回单管理和支付使用帮助。

运营后台功能包括：系统管理、接口授权管理、用户账户管理、支付记录管理、商户结算管理、佣金结算管理和支付对账管理等。

支付中心会通过开发者中心的建设支持各业务系统开发者下载支付产品文档、调用开发工具实现在线支付流程开发并上传接入申请等。

二、主要功能模块解析

在线支付系统是由各功能模块组成，不同的产业互联网平台因为业务不同，功能设计也会存在差异，但通常都会包括支付核心功能、基础服务功能、运营支撑功能及风险管理功能，以下分别对这些主要模块进行解析，为读者构建平台支付系统提供参考借鉴。

（一）支付核心功能实现

支付系统核心功能的实现主要依赖于完整的接口体系、业务流程和接口管理来实现，详述如下。

1. 接口体系

平台支付的核心功能是通过接口体系来完成的，不同的接口支持不同的指令传递。主要接口至少应该包括：与用户资金账户相关的签约、解约接口；与资金支付结算相关的支付（在虚拟账户体系下为入金）、撤销、出金（提现）、退金接口；与账户信息相关的查询、对账接口。因为支付中心介于业务系统和支付渠道之间，所以这些功能的实现是通过上下行接口来实现的。上行接口负责处理与业务系统间的数据交互，对于不同业务场景而言，接口一致；不同支付需求，可通过系统设置及不同接口字段实现。下行接口连接支付中心与合作支付渠道（支付服务提供方），不同渠道提供不同接口接入方式，支付模块整合后按照不同业务场景需求对业务系统提供服务。接口体系如图5-7所示。

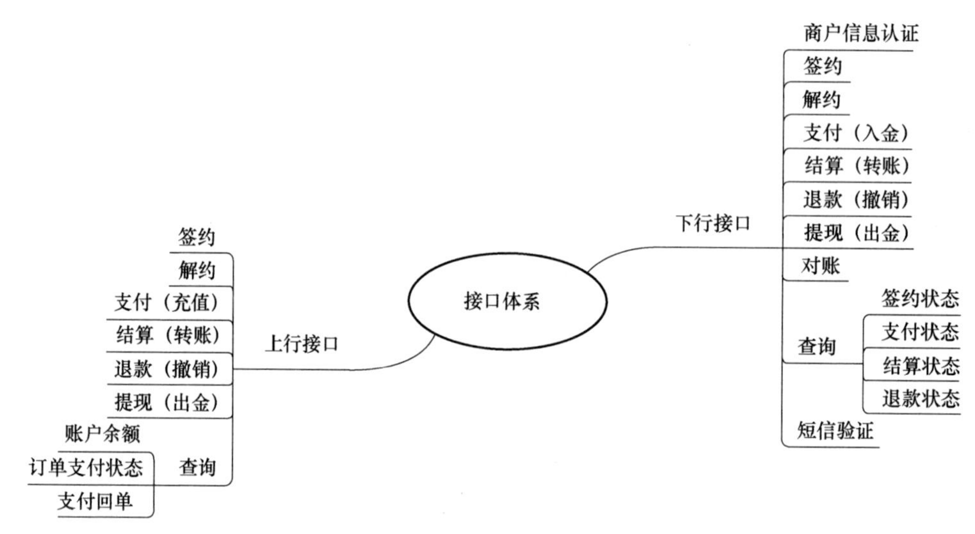

图5-7　支付中心接口体系

通过以上接口体系，支付中心连接平台业务系统与支付渠道，传递支付相关指令，并实现通知回传、查询等功能。比如商家信息接口处理、接收商家账户信息，含商家结算账户信息绑定以及商家账户状态查询接口。支付接口则通过配置实现不同场景、不同渠道、不同需求的买家支付指令差异化处理，含付款处理接口、付款通知接口、支付状态查询接口。结算接口则针对担保支付场景，支持由买方根据物流情况控制资金结算时间的数据处理逻辑。

2. 支付业务流程

除了查询、对账和短信验证功能外，所有支付核心功能的实现都是通过用户、业务子系统、支付中心和支付渠道直接通过各类接口发送指令来实现的，支付中心支持支付业务流程的核心功能包括：参数校验、根据路由规则选择不

同支付渠道、调用风控引擎进行支付风险评估和处置、调用支付渠道服务、服务结果反馈和订单状态修改。

以业务系统发起的是直接支付业务为例，流程示意图如图 5-8 所示。

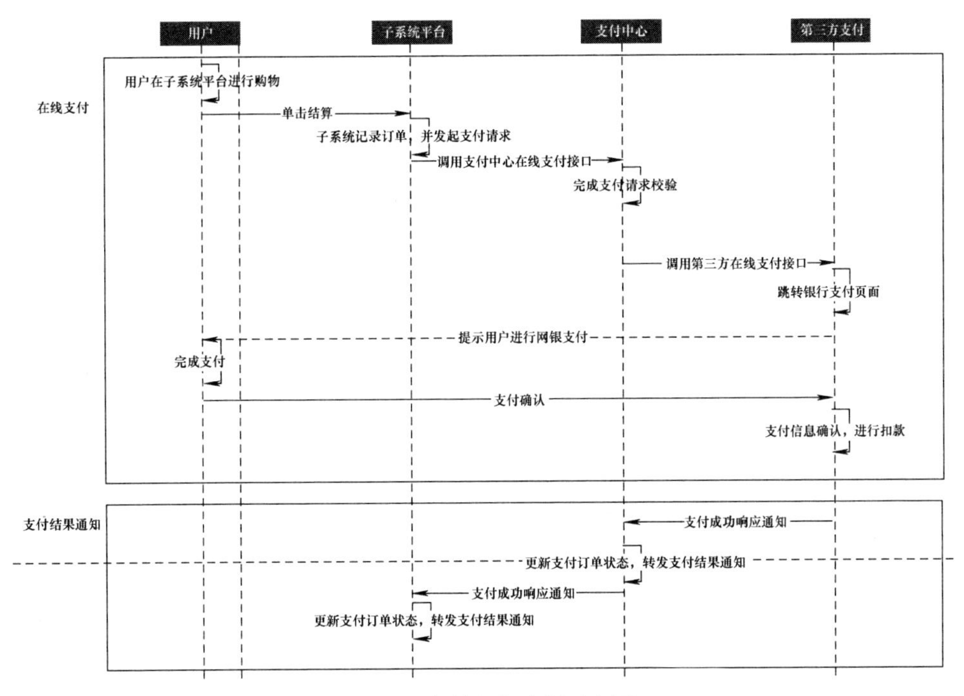

图 5-8 支付业务流程示意图

(1) 支付请求的发起

业务系统根据不同的支付场景发起支付请求，通过调用上行接口将该业务系统的密码因子、买方用户 ID、卖方用户 ID、支付金额、分润比例等信息通过上行 API 上传到支付中心收银台。

支付场景可以分为直接支付、担保支付、充值扣费等。

(2) 支付请求的处理

支付中心收银台通过密码因子、签名验证、身份验证等参数校验、账户可用性判断和金额核对等对业务系统发出的支付申请进行处理，推送可用支付方式，支付中心匹配支付渠道。用户确定支付方式和支付渠道，服务申请通过风控系统审查后，支付中心生成支付订单。

① 真实性有效性验证

支付中心在处理业务系统的支付请求时需要执行参数校验，避免接口受到攻击。

√ 验证支付请求中包含的各字段的有效性，比如买方 ID，卖方 ID，订单金额、返回地址、业务系统密码因子等参数。

√ 验证买卖双方的账户是否处于可交易的状态。

√ 验证订单状态是否为未支付订单，以避免重复交易。

② 支付风险评估

在向支付渠道分发指令前，支付中心需要调用风控系统的风控引擎对用户的服务请求进行分析判断，并根据系统输出的处置结果指引用户进行下一步操作，处置结果分为：拒绝、通过、增强验证和人工审核四种。风控系统的功能设计和运转流程见后文的风控系统部分。

③ 支付渠道匹配

根据用户选择的支付方式，支付中心会根据支付中心对接的支付渠道提供的功能、费用情况以及收付款双方的开户情况等因素匹配合适的支付渠道。比如用户选择担保支付，只提供网关直接支付方式的渠道便不会推荐给用户。用户选择余额支付，那只有用户开设了内部账户的银行支付渠道才能完成此服务。

④ 付款页面推送

在匹配支付渠道后，系统会将第三方支付对接的银行列表或者直联的银行列表推送给用户，用户在付款页面根据自身开户银行进行付款银行选择，选择后直接跳转到该银行的登录入口。此时用户还可以选择使用企业账户或者个人账户进行支付。

（3）支付指令发送

通过风控审核后的支付服务请求会被支付中心生成支付订单，并将支付订单信息通过下行 API 分发到相关支付渠道，支付渠道通过平台 KEY 验证对该支付指令的身份和有效性进行验证，验证通过后将该支付指令通过银行网关发送到银行后台处理系统。其中平台的 KEY 验证又称签名验证，是由支付渠道使用分发给平台的 KEY 对输入参数拼接成的字符串做 MD5 Hash 或者 RSA 加密，然后作为一个参数随其他参数一起提交到服务器端，以验证支付接口是否被伪造。

支付指令通过支付系统的定时任务管理、担保支付管理、退款管理等模块实现。定时任务管理是通过设定系统结算指令发送时间，实现用户已支付资金在扣除佣金后定时自动结算给商家，通常支持 T+1 直接支付方式。担保支付是在用户完成资金支付后不执行 T+1 自动结算，根据子系统用户确认收货指令或默认收货时间向支付通道发布清分结算指令。退款指令则是在用户资金支付后但资金尚未结算到商家之前，根据商家确认可以退款的信息，调用退款接口完成资金的原路线退回。

（4）支付结果的返回

用户根据支付通道的提示通过插入 UKEY 或输入动态口令完成实际支付操作，银行将支付结果通过支付渠道回传到支付中心，支付中心记录回传数据后再将支付结果回传到业务系统，业务系统根据回传的支付结果完成订单状态的改变。

由银行提供的支付服务和由第三方支付提供的支付服务在支付结果的返回上有一些差异。使用银行支付渠道时，银行进行不同账户间的支付操作后会直接返回是否支付成功的结果，而第三方支付渠道由于还需要由其自身的支付系统调用银行支付接口，银行返回支付结果后，第三方支付只能通过异步接口将支付结果返回到支付中心。

（5）账户及付款状态查询

为解决付款结果通知时网络通信等问题造成的数据不同步问题，运营人员可以调用付款状态查询接口对订单状态进行查询。

与支付业务流程管理类似，支付系统可以通过调用退款、结算接口，接收业务系统的退款和结算请求，经过处理后完成相关业务的资金处理。

3. 接口管理

支付中心对于支付渠道的接口管理有两种方式。一种是按照接口的功能服务来区分，针对每一种功能单独建立子系统，如签约子系统、支付子系统、结算子系统、退款子系统、对账子系统等。每个功能子系统都单独部署，最后由支付中心调用不同容器提供不同功能服务。无论哪一个支付渠道如果要提供某一个场景的服务都需要调用该功能接口，例如用户签约时，会先调用签约接口，然后分发到不同的支付渠道。另一种是按照对接的不同渠道来拆分，是指每个渠道都单独部署在一个容器中，对支付中心提供大致相同的服务，如中金支付的开户、支付、对账功能，或者华夏银行的开户、支付、对账功能。

按照服务来拆分的一个典型案例是大众点评网在支付建设的第二阶段进行的接口管理模式，主要是考虑有些支付渠道用户使用频率不高，单独部署会造成资源浪费。这种模式虽然解决了不同支付业务不再相互影响的问题，但同一业务内部，不同的渠道之间会互相影响。随着业务量的增加，这种问题逐渐凸显。例如用户发起的直接支付请求会率先进入支付服务子系统，对不同的支付渠道统一提供分布式的支付 API，所有渠道共享同一个服务 RPC 连接池。这样一旦某一个渠道的支付接口因为故障造成性能恶化，会导致大量占用服务 RPC 连接，从而其他正常渠道的请求都无法进来，用户的支付请求得不到及时有效的响应，重复尝试还会引起系统崩溃，会严重影响用户体验。而且，由于支付

中心的渠道网关系统只是在后端生成支付重定向 URL 与某一个第三方支付渠道进行交互，因此只能通过第三方支付渠道的异步通知或支付中心主动进行支付查询才能得知最终用户支付结果。如果该第三方支付渠道内部发生故障，支付中心的渠道网关系统将完全无法得知该支付链路已损坏，后续分发指令时便会造成支付请求失败的情况，同样伤害用户支付体验。更何况不同的银行和第三方支付在向平台开放接口时有各自不同的接口标准，将不同的支付渠道部署在一个容器中很难满足所有渠道的接入需求。所以目前绝大多数平台在构建自己的支付中心时都会采用按照渠道进行接口管理的模式。在这种模式下，不同的渠道单独部署，某个支付渠道出现问题不会影响其他支付渠道，而且同一个渠道对不同服务的加密、解密方式和报文格式一样，可以减少支付中心对于输入输出进行加密、解密及组装和解析报文的开发工作量。不同的支付渠道可以方便选择不同的接入模式，如银行出于安全角度的考虑，通常会要求平台配置单独的前置服务器，银行支付系统对接到该前置机上以减少银行系统的暴露风险。按照渠道部署可以方便支持支付渠道的这种个性化需求。对于访问量较小的支付渠道单独部署造成的资源浪费问题，可以通过平台的 docker 的资源调度来解决。

接口管理还需要根据接口管理模式及新增渠道情况进行接口的新增、修改、权限配置等基本操作。

（二）基础服务功能

支付系统基础服务功能是对支付核心功能的服务保障。

1. 支付渠道管理

对于不同支付渠道的接口、参数、支付服务费用、支付限额等进行管理。

2. 用户管理

对于使用支付系统的用户进行管理，包括用户身份识别、用户权限管理、用户账户的审核、查询、冻结、解冻、加入黑名单等管理。用户实名认证信息的查询、维护，包括。用户登入、登出状态的记录，查询和风险管理。

3. 账户信息管理

对平台所有使用支付服务的用户资金账户进行管理，包括签约、解约状态查询，银行账户信息及变更记录查询，账户入金、出金、转账记录查询，账户冻结、解冻和加入黑名单。

4. 日终任务管理

该功能主要指基于结算等业务的处理，在每日指定时间点执行结算申请、对账等一系列任务，完成对当日交易的汇总和处理，其功能类似于财务的日结工作。

其中对账功能支持支付中心与各支付渠道以及支付中心与各业务系统的对账。提供双向对账功能，即支付中心可以调用支付渠道的对账数据，反过来支付渠道也可以调用支付中心的对账数据。

5. 差错数据处理

差错数据处理是运营支持功能中一项重要的功能。因为支付中心在调用支付渠道支付、支付通知、退款、结算接口返回时，会发生因网络原因或者硬件原因引起的通讯异常，导致支付平台与第三方支付渠道的数据不同步，需要支付中心定时调用第三方对账接口，将返回的数据与支付中心的数据进行比对，将差异数据列表展示在支付运营平台上，采取人工干预对数据进行修改。差错对账处理又包括结算失败处理、支付状态不同步数据处理等。结算失败处理是因商家账户信息错误等原因导致结算失败后的处理。支付状态不同步是因网络通信等原因导致支付状态不同步的订单的处理。

（三）运营支撑功能

运营支撑功能是支付系统提供给平台运营人员（含支付中心运营人员）进行查询、管理和决策支持的功能。

1. 对于业务系统接入支付中心的管理和服务功能

（1）通过开发者服务为业务系统研发人员提供接入指引服务，包括支付功能介绍/说明、接入指南、开发 DEMO、API 接口列表及代码示例等。其中开发 DEMO 可以模拟子系统调用，用于支付流程演示及内部逻辑测试，供业务系统接入支付中心时进行接口测试。

（2）接入授权：对业务系统接入支付中心的申请进行处理，包括权限配置，密码因子分配及管理子系统调用支付时对应的密码因子。

2. 对支付系统运营人员的服务功能

包括支付订单、结算订单、佣金结算等支付相关数据的查询、统计和分析，按不同维度形成统计报表，用于运营分析决策。其中支付订单统计表，可以按时间、支付状态、订单来源等不同维度查询生成。结算订单统计表可以按时间、结算状态、订单来源等不同维度查询生成。佣金结算统计表可以按时间、结算状态、不同商户等维度进行查询生成。

3. 对平台用户的服务支持功能

（1）票证管理：向用户提供支付相关票证，如电子发票、电子回单等。

（2）清算分润：对于有分润需求的商户，提供清分清算、对账处理和计费分润功能。

（3）在线帮助：根据支付服务规则变动随时修改在线支付帮助文件，并发布到前台供用户查看。

（四）风险管理模块

风险管理也是支付系统的必备模块，以下从该模块的主要功能、使用场景和业务流程三个方面对该模块进行解析。

1. 风险管理模块主要功能

风险管理模块是支付系统的重要组成部分，通过与平台整体安全保障系统的配合来实现平台支付安全双保险。

风险管理系统主要包括风控规则制定和管理、黑白名单管理、风险事件审核管理以及包括用户管理、权限管理、日志查询、系统配置等基本管理模块。

结合风险管理相关的规则制度，实现风险管理规则确定、风险事件的识别与采集、事件分析、风险处置、数据存储、风险管理优化的流程闭环。通过特定的风险识别规则和模型建设、实时计算及异步数据处理等技术，实现支付风险的事前、事中、事后控制。

日志分析：日志是支付系统统计分析、运维监控的重要依据。公司需要提供基础设施来支持日志的统一收集和分析。

安全机制：安全是支付的生命线，SSL、证书系统、防刷接口等都是支付的必要设施。

2. 风险管理模块使用场景

当业务系统开始使用支付中心服务时，如注册、开户、认证、绑定账户、修改密码、支付申请、退款申请、转账结算申请等，支付中心都会调用风险管理系统对用户及服务进行分析处理，并返回四个结果：拦截（拒绝），增强验证，人工核实和通过（放行）。通过（放行）表示服务请求没有问题，可以直接放行。拦截意味着本次服务请求属于高风险业务，所以阻止本次服务请求。增强验证意味着对服务请求存疑，需要用户进一步提交相关信息进行验证后方可转为通过。比如未经过平台实名认证的企业和个人用户在开设内部账户时，会要求对方先通过平台实名认证，需要提交营业执照、法人身份证等相关信息。人工核实则意味着对服务申请存有疑问，需要人工干预处理的情形。

3. 风险管理模块业务流程

风险管理处理流程如图 5-9 所示。

（1）规则引擎

风控规则定义风险类型和范围，规则引擎基于基础数据库计算风控规则。

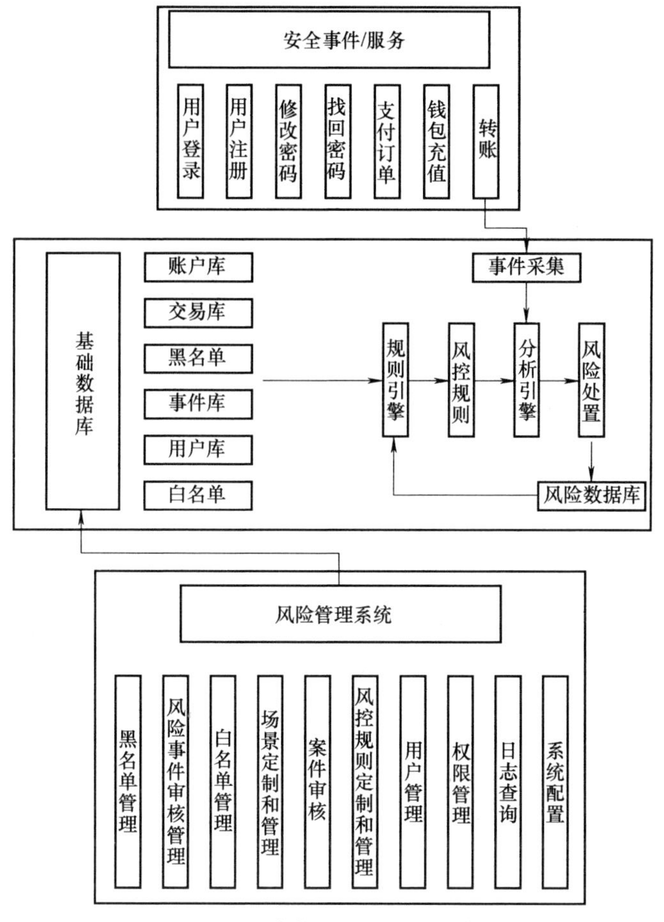

图 5-9 风险管理处理流程示意图

比如发现服务请求方是白名单库中的用户，则可以直接放行。如果是黑名单中的用户，则会直接拦截。新用户则看其服务请求是否属于风险事件范围。

（2）风险事件拦截

规则引擎通过计算风控规则，拦截需要进行分析处理的服务请求，并采集输出到分析引擎。

（3）分析引擎

分析引擎根据风控规则定义的事件判断标准进行分析处理，将分析结果输出到事件处置模块。

（4）风险处置

对于分析引擎输送的分析结果进行进一步分析，生成风险处置结果（包括拦截、增强验证、人工核实、通过），将结果反馈到用户及支付运营人员。

用户根据系统或者人工反馈的结果进行相关操作，如补充信息资料，输入验证码等。

(5) 数据存储及规则优化

系统将本次服务请求的过程数据和结果数据存入相关数据库，风险管理系统通过对存储数据的跟踪分析对黑白名单进行更新，优化风控规则。

(6) 其他安全保障

运维监控：支付系统在运行过程中不可避免地会受到各种内部和外部的干扰，如光纤被挖断、黑客攻击、数据库被误删、上线系统中有 bug 等等，运维人员必须在第一时间内对这些意外事件做出响应，又不能一天 24 小时盯着。这就需要一个运维监控系统来协助完成。

三、支付运营后台功能示例

支付运营后台是专门为平台支付运营人员设计使用的，方便支付运营人员进行支付系统维护、接入业务系统和支付渠道、进行查询对账等。以下分别对运营后台的系统管理、支付流程演示、财务结算管理和帮助后台管理等几个常用功能进行示例讲解。

(一) 系统管理

1. 角色管理

权限管理中的角色管理功能可以方便系统管理员添加支付运营后台使用人员角色并给不同角色进行授权，如图 5-10 所示。通常运营后台的使用人员包括支付管理员、合同管理员及财务管理员。

角色管理　　增加角色

角色名称　子系统　是否可删除　状态　查询

名称	子系统名称	备注	允许删除	允许编辑	状态	管理操作
系统超级管理员	支付中心		不允许	允许	启用	编辑 详情 禁用 更多...
支付管理员	贵州支付中心		不允许	允许	启用	编辑 详情 禁用 更多...
支付管理员	成都支付中心		不允许	允许	启用	编辑 详情 禁用 更多...
支付管理员	南京支付中心		不允许	允许	启用	编辑 详情 禁用 更多...
支付管理员	郑州支付中心		不允许	允许	启用	编辑 详情 禁用 更多...
合同管理员	贵州支付中心		不允许	允许	启用	编辑 详情 禁用 更多...

图 5-10　角色管理界面示例

2. 资源管理

资源管理可以方便授权管理员对支付中心提供的各项功能进行开放或者关闭的操作，如图 5-11 所示。

图 5-11　资源管理界面示例

3. 用户管理

用户管理支持添加、删除支付中心的用户（管理员或操作员），对支付中心操作员进行激活、禁用、删除等操作。同时用户管理还为不同操作员赋予编辑基本资料、改变状态、重置密码等操作权限，如图 5-12 所示。

用户管理　　增加用户

用户名　是否过期　是否锁定　状态　查询

姓名	账号	创建时间	是否过期	是否可用	状态	数据来源	管理操作
超级管理员	sysAdmin	2020-01-01	有效	可用	启用	系统添加	编辑 详情 重置密码 更多...
支付管理员	zhangsan001	2020-01-01	有效	可用	启用	系统添加	编辑 详情 重置密码 更多...
支付管理员	lisi002	2020-01-01	有效	可用	启用	系统添加	编辑 详情 重置密码 更多...
支付管理员	wangwu003	2020-01-01	有效	可用	启用	系统添加	编辑 详情 重置密码 更多...

图 5-12　用户管理界面示例

（二）支付数据管理

支付数据管理功能是支付运营后台的主要功能，可支持支付运营人员通过不同维度查询平台发生的所有商户的开户情况、支付结算情况以及支付结算单详情。

1. 支付总表

支付总表汇总显示平台发生的所有支付单，运营人员可以根据交易来源、支付方式、支付状态、交易类型以及支付的发起和完成时间段等不同维度组合使用，形成不同的分析报表，如图 5-13 所示。

支付总表

交易来源 支付方式 支付状态 交易类型 合作方交易流水号
支付发起时间 至 支付发起时间 支付完成时间 至 支付完成时间 查询

交易来源	支付渠道	交易类型	支付状态	返回消息	子系统订单号	支付发起时间	付款账户	订单总额	分账信息	支付完成时间	交易状态
采购平台	电汇	收款	已支付	SUCCESS	P91091902	2019-11-20	9001928122	¥12837.92	¥12837.92	2020-01-02	正常
商户	电汇	收款	已支付	SUCCESS	P91091902	2019-11-20	9001928122	¥12837.92	¥12837.92	2020-01-02	正常
采购平台	电汇	收款	已支付	SUCCESS	P91091902	2019-11-20	9001928122	¥12837.92	¥12837.92	2020-01-02	正常
采购平台	电汇	收款	已支付	SUCCESS	P91091902	2019-11-20	9001928122	¥12837.92	¥12837.92	2020-01-02	正常

图 5-13　支付汇总表界面示例

2. 交易详情表

交易详情表可以进入某一个具体支付单查看其对应的业务系统订单号、业务来源于哪一个业务板块、使用什么支付渠道完成支付、交易类型（是 B2B 交易还是 B2C 交易）等，如图 5-14 所示。

3. 商户详情表

商户详情表汇总显示所有在平台各支付渠道开户并绑定银行账户的商户，运营人员可以按照企业名称、开户银行、开户日期等条件进行查询，形成不同报表。如果想查看具体某一商户的详细信息，运营管理人员可以通过前述条件进行筛选，定位某一具体商户，单击详情后，便可进入该商户的详细信息表，查看该商户的企业 ID、开户银行及网点所在地、绑定的银行账户、选择的支付渠道、开户时间以及目前的开户状态等信息，如图 5-15 所示。

支付详情表

支付交易流水号　20190101020232938273872
商户订单号　201901010202332138273872
交易来源
支付渠道　Alipay
交易类型　请选择
订单子系统　SMC_009001
商品描述　subsys_pay
产品编码　TZ01AD01010

图 5-14　交易详情表界面示例

商户详情表

企业ID	账户类型	收付款账号	开户名称	开户银行及网点	账户状态	冻结状态	审核状态	开户时间	修改时间	管理操作
1	企业	9019000098l899	XXX有限公司	CCB / 建设银行石景山支行	有效	正常	已审核	2020-01-02	2020-01-02	详情
2	企业	9019000098l899	XXX有限公司	CCB / 建设银行石景山支行	有效	正常	已审核	2020-01-02	2020-01-02	详情
3	企业	9019000098l899	XXX有限公司	CCB / 建设银行石景山支行	有效	正常	已审核	2020-01-02	2020-01-02	详情
4	企业	9019000098l899	XXX有限公司	CCB / 建设银行石景山支行	有效	正常	已审核	2020-01-02	2020-01-02	详情

图 5-15　用户详情表界面示例

4. 密码因子表

密码因子表可以方便各业务子系统接入支付中心。业务子系统在与支付中心对接时，必须使用支付中心赋予的密码因子才能完成测试、支付请求参数校验、接受支付中心返回的支付结果。密码因子表显示各业务子系统的 ID、名称、密码因子、失效时间等，如图 5-16 所示。

5. 定时任务表

支付运营管理人员可以通过定时任务设置让支付系统自动完成批量清分、出金、数据备份等操作。管理人员可以对定时任务进行增删改查、手动执行操作、进行任务日志查询等，如图 5-17 所示。

密码因子表

子系统ID	子系统名称	状态	子系统通信加密因子	失效时间
sfddeed1	商户交易01	有效	Sasdf&0jhasdf	2100-01-31
dfadfad	清算02	有效	fkdas#$@jsdf	2100-01-31
inkjddf	食材0012	有效	fkdas#$@jsdf	2100-01-31
i8uhjdsf	药材23	有效	fkdas#$@jsdf	2100-01-31
khisd932	风机11	有效	fkdas#$@jsdf	2100-01-31

图 5-16　密码因子表界面示例

定时任务表

序号	任务名称	任务类	任务描述	管理操作
1	安全数据备份	com.xyz.server.task.backup.Security	XXX有限公司	详情
2	支付数据备份	com.xyz.server.task.backup.Payment	XXX有限公司	详情
3	清算数据备份	com.xyz.server.task.backup.Bill	XXX有限公司	详情

共3条　〈　1　〉

图 5-17　定时任务表界面示例

（三）财务结算管理

财务结算管理支撑平台对资金结算环节的管理，包括所有结算订单的查询、佣金提取管理以及差错对账的处理功能。

1. 交易管理——交易汇总表

交易汇总表与支付汇总表相对应，支付汇总表是对所有支付订单的统计查询，交易汇总表是对所有处于待结算或已结算环节的支付订单的统计，可以根据交易来源（业务系统）、支付渠道、结算状态、付款方账户、结算时间段等不同维度组合查询，形成不同报表，便于支付运营人员或平台财务人员查询对账和统计分析，如图 5-18 所示。

图 5-18　交易汇总表界面示例

2. 结算订单查询

在交易场景中，一个支付订单可能会对应多个结算单，比如买方的一个购物车可能会选择多个商家的产品，需要在结算环节对支付订单按照不同商家拆分成不同结算单，将每个商家应收的金额分别结算到商家账户。同时平台与商家的利润分账、促销分账、手续费分账也要在结算环节完成。运营后台需要对不同种类的结算单都可以分类查询，定位到具体结算单后，还可以查询该结算单的详细信息，包括支付时间、结算发起时间、渠道返回结算通知时间、付款方信息、分账信息等，如图 5-19 所示。

结算订单

交易来源	支付渠道	结算状态	返回消息	子系统订单号	结算发起时间	付款方	收款方	付款总额	商家手续费信息	结算总额	分账信息	结算完成时间	管理操作
采购平台	电汇	成功	SUCCESS	P91091902	2019-11-20	9001928122	1283792	¥12837.92	¥12837.92	¥12837.92	1283792	2020-01-02	详情
商户	电汇	成功	SUCCESS	P91091902	2019-11-20	9001928122	1283792	¥12837.92	¥12837.92	¥12837.92	1283792	2020-01-02	详情
采购平台	电汇	成功	SUCCESS	P91091902	2019-11-20	9001928122	1283792	¥12837.92	¥12837.92	¥12837.92	1283792	2020-01-02	详情
采购平台	电汇	成功	SUCCESS	P91091902	2019-11-20	9001928122	1283792	¥12837.92	¥12837.92	¥12837.92	1283792	2020-01-02	详情

图 5-19　结算订单查询界面示例

3. 佣金提取管理

为方便财务人员对于收到的分润、手续费等进行掌控管理，在结算环节扣收到平台的费用可以支持自动结算到平台账户，也可以由财务人员手动进行提现操作，如图 5-20 所示。

图 5-20　佣金提现管理界面示例

4. 对账差异管理

对账差异管理支持支付中心与各支付渠道不同时间段的订单支付金额、支付状态对比分析，形成对账差异分析表，并跟踪分析差异原因，及时进行差异订单的处理，如图 5-21 所示。

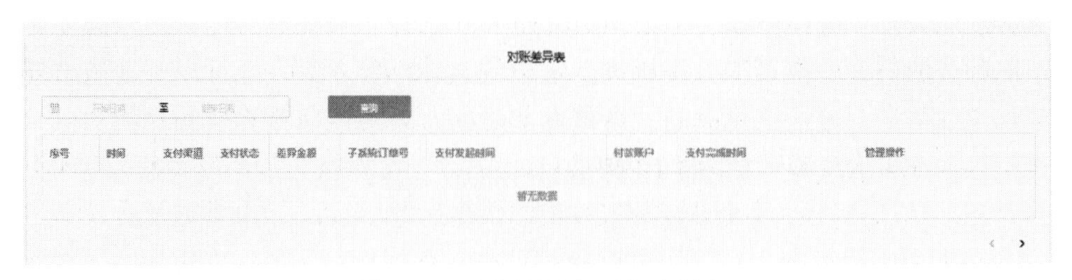

图 5-21　对账差异管理界面示例

（四）帮助后台管理

支付相关的协议、介绍、问答、流程图等可以帮助平台用户更好地使用平台支付服务，而这些文件的内容会经常出现增减、调整，比如渠道的增加、手续费标准的调整等。帮助后台管理可以方便支付运营人员对这些帮助文件进行增删改查，如图 5-22 所示。

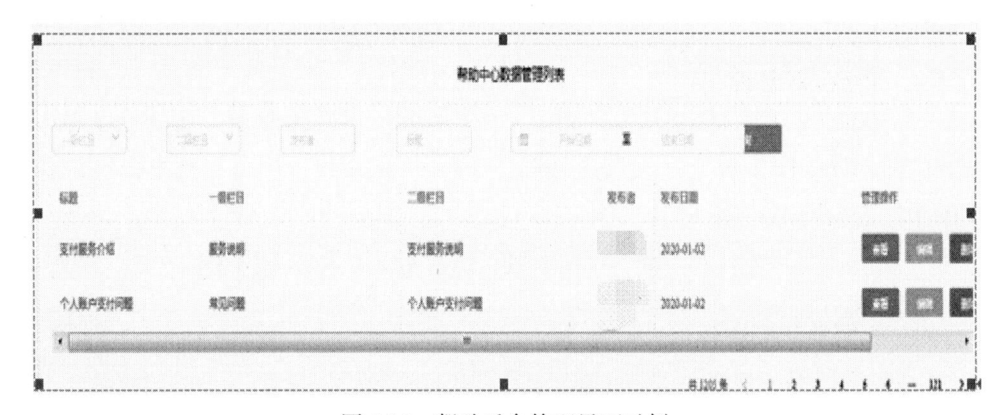

图 5-22　帮助后台管理界面示例

第四节　支付安全保障系统建设

平台支付安全保障系统主要包括系统和网络安全、应用安全和数据安全几个方面。可以采用主机安全加固、安全防护、访问控制等措施进行系统安全防护建设，或者可以通过防火墙、网络入侵检测设备等保障云平台与其他网络的安全互联、数据安全交换和信息共享，也可以通过测试评估、服务恢复、消息安全、访问安全等方式为产业互联网用户提供安全、可信的应用服务，还可以通过安全隔离、访问控制、加密存储与传输、备份与恢复等手段保障数据安全。

一、支付安全保障系统建设的重要性

根据腾讯安全发布的《2017 年度互联网安全报告》显示，近年来全球网络空间安全威胁呈现新的变化，比如网络黑产挑战加剧，仅中国“网络黑产从业人员”就已超过 150 万，“市场规模”也已高达千亿级别。数据隐私泄漏现象日益严重，2017 年上半年全球泄露或被盗的数据达 19 亿条。支付类病毒作为危害程度最大的木马病毒之一，通常会通过窃取用户短信验证码，并使用其他非法渠道获得的个人隐私信息完成转账，造成用户财产损失。产业互联网在线支付系统支撑产业互联网平台商流、信息流、资金流、物流等的集中交互处理，涉及用户敏感信息和资金安全，平台支付安全保障的重要性不言而喻。

（一）在线支付风险的种类

在线支付风险分类会有不同的维度，本书按照支付风险的来源将在线支付风险分为来自交易主体的风险、来自交易过程外部侵入的风险和电商内部控制的风险。

1. 来自交易主体的风险

在线交易因为在整个交易过程中交易双方都不见面，相对传统线下交易更容易发生交易主体的不真实而导致的风险。比如商家自身发布虚假信息、其他人员假冒商家发布信息、买方利用交易规则恶意退货、违法人员虚构交易进行洗钱、买卖双方操作失误导致信息错误等，都可能因此给交易各方带来风险。

2. 来自交易系统外部入侵的风险

在线支付是商流、信息流、资金流、物流的交互，会涉及大量用户的敏感信息通过网络传输和存储。网络保障系统如果不健全，可能会导致外部非法入侵，增加交易信息泄露或被篡改的风险。比如非法入侵者通过截获、窃取、监听、观察等手段，截取交易过程信息，通过对过程数据进行分析获得有价值的情报，或者通过篡改、破坏交易信息达到非法的目标。另外支付系统不稳定及数据库保护措施不到位也可能会造成用户支付过程中断、数据损坏、交易关键信息丢失等问题。

3. 来自交易过程内部控制的风险

交易过程内部控制的风险主要指来自平台运营方对于支付过程的管理不足

导致的风险。比如对于安全保障体系的软件环境与硬件环境部署不到位造成的安全隐患，或者对于数据访问人员权限管理不到位造成的操作风险和数据泄露风险，以及对于交易流程的风险监控不到位导致风险发生时无法及时处置等。

（二）支付安全保障系统建设的目标

在线支付给电商平台及平台用户提供了商业模式实现和支付便利性的同时，因为安全保障不到位也会给用户带来资金损失、隐私泄露等风险。尤其是B2B支付，通常涉及支付结算金额较大，平台安全保障系统的建设尤为重要。参照李洪心教授在《电子支付与结算》一书中提出的安全电子支付的目标，我们引申总结出支付安全保障系统的建设，至少要达成以下目标。

1. 防止被未被授权的第三方获取支付信息

通过防火墙等技术，在开放的物理网络环境中构造相对封闭的私有网络，在保证被授权的信息流通过的前提下，抵抗外部攻击。采用对称密钥或公开密钥技术对传输的信息加密，采用数字信封技术来加强数据传输的安全保密性，防止用户在线交易敏感数据被未被授权的第三方非法窃听和截获。

2. 保证支付信息的完整性

系统需要用数字摘要技术将原文加密后传输给接收者，接收者可以通过摘要判断所接收到的信息是否被篡改。

3. 保证用户身份的可鉴别性

通过数字签名、身份识别等技术保证用户身份的真实性，防止在线支付过程中可能出现的包括冒用他人身份和发送假冒信息等欺诈行为。

4. 保证交易的不可抵赖性

通过数字证书、电子签章等身份认证技术结合认证中心的权威认证，保证一旦出现交易双方否认已经做过的交易或进行过的操作，系统能够提供足够的可信证据。

5. 保证系统的可靠性

系统要采用防病毒技术、数据清洗等技术对网络故障、错误操作、硬件故障、软件错误及计算机病毒导致的威胁加以控制和预防，防止在线支付系统由于技术性中断或恶意攻击而中断支付流程。

二、支付安全保障系统架构

为保障平台网络、系统及终端的安全，包括物理机、虚拟机及其构成的基础网络环境，系统可靠性主要从网络安全、系统安全防护两方面进行分析建设。系统建设时应该充分考虑到后期的运维风险，对服务器宕机、数据丢失、机房断电等异常情况要制定完善的应对方案，以保证系统可以正常提供服务。对于安全管理而言，系统需要 7×24 小时连续运行，系统可靠性达到 99.9%，不存在“单点故障”。产业互联网平台安全保障系统架构示意如图 5-23 所示。

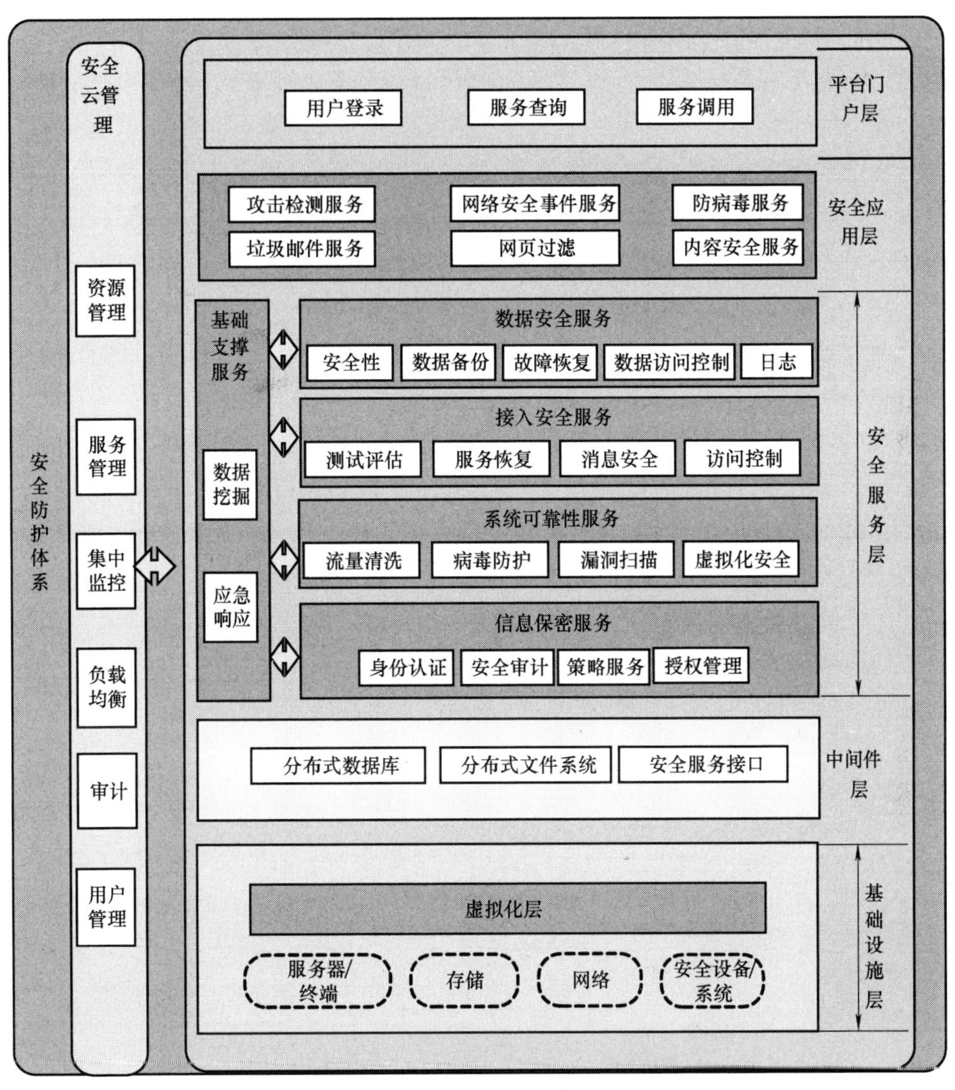

图 5-23　安全保障系统总体架构图

三、安全保障系统功能详细设计

结合安全保障系统架构，需要系统具备用户管理、用户身份认证、加解密、访问控制、日志审计、监控跟踪运维、应用漏洞扫描、安全巡检等基本功能，

并需要建立相应的管理制度，以支持网络安全、系统安全、数据安全、接入安全和信息保密安全等。详细功能点如表 5-9 所示。

表 5-9　安全保障系统功能点列表

一级功能点	二级功能点	功能点描述
用户身份认证	密码复杂度	在主机层面设置强制密码策略，在配置文件中修改密码策略，设置密码长度至少 8 位，数字、字母和特殊字符的组合
	防暴力破解	为了防止恶意尝试登录或者密码暴力破解，在主机层面设置登录失败的处理措施，设置登录尝试失败 5 次，锁定 30 分钟
	定期修改密码	设置密码 90 天更换周期。到期提示修改账户密码
加解密	提供加解密接口	新增加解密 API 接口，支持常用加解密算法，如 3DES、AES 等算法
	支持 HTTPS 协议	全网支持 HTTPS 协议，配置第三方可信证书，实现链路安全传输
访问控制	接口访问控制	对请求的数据和用户的权限进行检验，拒绝非法的请求
	权限管理	实现基于 RBAC 模型的权限管理机制，集中管理平台用户的权限
日志审计	日志记录	平台各子系统记录审计日志
	日志查看	提代审计平台对记录日志进行查看
	日志存储	按照《网络安全法》中对于日志审计的要求，关键日志需留存 6 个月以上
用户管理	用户增、删、改、查等	管理维护平台用户信息，操作包括增、删、改、查、导入与同步
监控跟踪运维	运维组织管理	建立各级运维监控组织，故障发生时快速定位
	运维角色控制	按角色分工处理故障
	监控指标管理	定义事件的监控项、阈值范围、故障等级等指标
	监控事件管理	对故障事件的级别、解决时限进行管理
	监控调度管理	对报警单从提出、流转、处理、分发、完结的管理
	监控告警管理	产生异常情况时按照定义事件级别自动产生告警，通知相关人员进行应急响应
	监控项目管理	对监控对象模块或接口的管理
应用漏洞扫描	主机漏洞扫描	定期对主机进行漏洞扫描，修复发现的漏洞
	Web 漏洞扫描	定期对 Web 页面及业务系统进行漏洞扫描，修复发现的漏洞
安全巡检	生产环境巡检	每天对生产环境进行安全巡检，保障平台服务可用

（一）网络安全保障功能

网络安全保障是系统可靠性服务的重要组成部分。通过防火墙、网络入侵检测设备等安全设备的建设和流量清洗功能，实现平台与银行及第三方支付等网络的安全互联、数据安全交换和信息共享。

1. 防火墙

实现不同网段的访问控制和安全隔离，支持与网络入侵检测设备、网络安全探针设备等其他网络安全产品的联动，支持透明模式，实现对原有网络的无缝接入，能够抵御常见防火墙渗透性攻击和 DoS 攻击。

2. 网络入侵检测设备

实现基于 TCP/IP 协议的网络攻击行为检测，能够对违反系统安全规则的事件进行报警和审计，在检测到攻击行为时，向攻击涉及的网络边界防护设备、防火墙发出警告。

3. 流量清洗

对进入平台数据中心（IDC）的数据流量进行实时监控，及时发现包括 DOS 攻击在内的异常流量。在不影响正常业务的前提下，清洗掉异常流量。流量清洗服务可以通过时间通告、分析报表等服务内容提升网络流量的可见性和安全状况的清晰性。

4. 防暴力拆解

为了防止恶意尝试登录或者密码暴力破解，在主机层面设置登录失败的处理措施，如设置登录尝试失败 5 次，锁定 30 分钟等。

（二）系统安全防护功能

系统安全防护与网络安全保障一样，是平台及支付系统安全稳定运行的重要保障。系统安全防护采用主机安全加固、安全防护、访问控制等措施进行系统安全防护建设。

1. 主机安全加固

采用专业安全工具对主机系统（包括虚拟机管理器、操作系统、数据库系统等）进行全面评估，并对存在的安全隐患进行加固。

安全加固分析：根据脆弱性评估发现的安全漏洞和配置缺陷等脆弱性问题，结合对应用系统的影响情况，组织专家讨论，梳理出需要做的安全加固项及对应的解决方案。

安全加固实施：针对安全加固分析形成的安全加固项列表，逐一依据解决方案进行安全加固。

2. 病毒防护系统

采用防病毒软件，病毒防护系统部署在安全应用服务区，实现病毒库的更新以及防病毒策略的配置。病毒防护客户端部署在电信的服务器上，实现对主机系统的实时病毒查杀。

3. 漏洞扫描

漏洞扫描设备部署在安全应用服务区，定期对服务器、操作系统、数据库、Web 页面和支付中心等关键资源进行漏洞扫描，支持资产脆弱性评估，并修复发现的漏洞。

（三）数据安全保障功能

产业互联网平台在线支付通常会涉及企业的组织信息、订单信息、银行账户、支付结算等核心业务数据，平台需要保证这些核心数据安全地存储、使用和传输。除此之外，还要保证系统能够保证用户的安全访问，能够提供安全有效的身份认证机制，防止用户信息被篡改或盗用。

满足对于平台支付安全和数据保护相关的需求，包括数据的访问控制、数据加解密、数据的完整性校验以及数据的备份恢复。支持平台网站的 HTTPS 安全加密，支持 3DES、SHA256、MD5 等加密算法，支持数据的冗余备份，提供数据库的安全审计功能。

1. 安全性

安全保障系统应做好关键数据的加密工作，并应设置数据查看的权限，不同权限等级人员可以查看不同的数据，防止数据泄露。高级权限人员可以将查看权限进行临时性或永久性授权给其他用户。

系统应具备稳定性和抗攻击能力，以及具备在受到攻击或系统出现故障后的快速恢复能力。

系统应能够保持数据的一致性、完整性和使用权限的可控制性与可监控性。

2. 数据备份

平台数据库异常可能会导致数据丢失，因此安全保障系统要对关键的业务数据做到每日增量备份、每周全备份，支持热备份，防止数据异常。同时，还要确保备份数据至少可以向前追溯 90 天。

3. 故障恢复

在故障恢复机制基础上，应提供一套切实可靠的应急方案来保证在主机故障、网络故障、系统数据被破坏、病毒、黑客攻击等故障情况下能够及时地恢复系统，将损失降至最低。比如平台服务器异常，可能会导致服务不可用，影响正常支付的顺畅进行。在平台在线支付业务量大，而且对于支付及时性要求较高的情况下，服务器的异常不但会严重影响支付体验，而且会造成用户和平台的经济损失，因此设置备用服务器是比较彻底的解决方案。条件不允许的情况下，可以在支付系统发布前，进行项目备份，以满足项目发生不可及时修改错误的情况下进行版本回退。

4. 数据访问控制

做到权限分级管理，可以灵活地配置用户、角色、权限及其他系统信息，授权操作应可以面向个人、角色、群组、组织机构等不同范围，并且操作一致。做好用户管理、角色管理、权限管理、系统配置功能，管理过程逻辑清晰、操作简便，可以随时跟踪追溯。

5. 日志管理

做好系统故障及关键性操作的日志记录，日志的种类包括但不限于系统日志、操作日志、数据日志等，并且能够支持后台灵活地查询及导出日志。同时，操作日志应支持对所监控操作项的配置与自定义。

(四) 接入安全保障功能

提供 HTTPS 安全传输通道，实现平台业务系统与平台支付系统、平台支付系统与银行及第三方支付渠道的安全对接。接入安全保障功能包括测试评估、服务恢复、消息安全、访问控制等。

1. 测试评估

对平台上资源提供者所提供的服务进行测试评估，保障应用服务的可信和安全。

2. 服务恢复

为对用户的服务提供负载均衡等动态服务管理策略，保障对用户的服务能够得到可靠的恢复。

3. 消息安全

采用加密通信的方式，对用户应用中产生的消息进行安全防护。

4. 密码强度

在主机层面设置强制密码策略，在配置文件中设置修改密码策略，设置密码长度至少 8 位，数字、字母和特殊字符的组合。

5. 访问控制

针对平台业务系统与支付系统通讯过程中可能会发生接口字段数据被篡改的情况，在业务系统接入支付系统时要对不同的业务系统分配不同的加密因子，在后续业务系统与支付系统数据通信过程中将数据进行 DES 算法加密，进行签名验证，防止非授权使用的发生，保障业务系统用户的正常支付请求。针对平台支付系统访问第三方支付渠道时可能发生的字段被篡改、数据泄露等情况，

由第三方支付渠道提供的数字证书进行验证。

（五）信息保密功能

信息保密设计主要考虑以下几方面：统一身份认证、安全审计服务、安全、策略服务、授权管理、密码服务等，以满足对于平台和日常监控与审计的需求。

1. 统一身份认证

建立统一用户身份认证和授权系统，以满足云环境下海量访问和用户权限管理的要求。采用“用户名 + 密码”的认证方式，采用集中授权策略进行访问权限控制。

2. 安全审计服务

采用应用安全审计系统和数据库安全审计设备提供平台的安全审计服务。应用安全审计系统部署在安全应用服务区，对平台中的应用提供安全审计。数据库安全审计设备部署在安全应用服务区，通过记录用户对数据库的操作行为，并对记录的数据进行分析，判断是否存在针对数据库的违规操作行为，为安全管理人员实施或优化数据库安全防护策略提供技术支撑。

3. 安全策略服务

统一配置安全策略，包括安全策略判决、策略获取、策略管理等，依赖安全策略实现访问控制。

4. 授权管理

对用户制定细化的角色、属性信息等，为用户提供细粒度的授权和访问控制。

5. 密码服务

提供各类密码算法等。

（六）支付差错防范和处理

业务系统调用支付接口时，未能收到支付通知的情况下，可能会将同一笔订单进行重复支付。应对措施：在业务系统调用支付接口前，先调用支付状态查询接口，根据支付状态返回结果的判断是否发起支付。业务系统调用支付接口时，会进行账号可用性判断和金额核对，以避免业务错误。业务系统调用结算、退款接口时，支付中心会根据流水号查询数据库，判断该笔数据是否已成功付款，判断金额和收付款方，避免结算、退款发生业务错误。

调用支付、支付通知、退款、结算接口返回时，会发生因网络原因或者硬件原因引起的通讯异常，导致支付平台与第三方支付渠道的数据不同步。应对措施是可定时调用第三方对账接口，将返回的数据与支付中心的数据进行比对，将差异数据列表展示在支付运营平台，采用人工干预对数据进行修改。

第六章
在线支付实现路径

在上一章中，从功能到流程完成了在线支付系统构建方案的设计，至此，已经有了“大厦”的设计图纸，但“大厦”要从图纸变成可供使用的实体，还有很长的路要走。在线支付系统要顺利完成建设并发挥预想的作用不单单是体系规划和功能开发的事情，也不单单是技术开发一个部门的事情，交易平台公司需要用项目管理的思想统筹规划在线支付系统的建设和运营，保证在预计的时间保质保量地完成各环节任务。其中最关键的工作包括选择合适的支付模式及支付渠道服务商，并完成合作各方的商务对接，以及制定开发实施计划并组织强有力的团队负责完成计划，还需制定合适的推广策略以克服在线支付落地使用的障碍，从而提高用户的使用积极性。

关键词：渠道选择　评价要素　商务对接　建设规划　开发实施　推广策略

第一节 支付渠道的选择

在选择支付渠道时，除了考虑各支付渠道对于在线支付场景的满足外，还应从支付渠道自身产品设计的特点、支付便捷性、支付经济性、支付服务支持等方面对市场上的支付渠道进行比较评价，从而优选出各种支付模式的代表支付渠道。

一、市场典型支付渠道综合评价要素

一般产业互联网平台因为支付许可的限制需要通过对接支付渠道来实现支付功能，市场上能提供支付服务的渠道包括第三方支付服务商和银行。第三方支付服务商包括服务于 B2B 交易平台的和服务于 B2C \ C2C 交易平台的。在产业互联网平台对接支付渠道时，要通过对其支持的支付模式、经济性、便捷性、合规性等多方面进行比较，以选择最适合平台支付的渠道。我们以市场上各类主流支付模式服务机构为代表来举例说明在选择支付渠道时需要考虑的因素，如表 6-1 所示。

表 6-1 典型支付渠道比较表

比较项目	中金支付	农业银行	华夏银行	支付宝
支付模式	电商第三方支付	单银行资金担保支付	银行内部账户支付	平台收单，B2C 小额支付
支付特点	可实现跨行直接支付、退款（约 20 家银行）	可支持本行内买卖双方资金担保支付	可支持跨行支付、担保支付、多业务场景支付	可支持支付宝账户支付和移动端扫码支付
开户要求	卖方在平台绑定实际收款账户，买方不需另行开户	买卖双方均需在农业银行开立实体账户，且在平台进行资金保付签约	买卖双方均需在平台开立华夏银行电子账户（内部账户），实体账户不限	买卖双方开立支付宝账户
支付便捷性	买方可在交易平台直接选择未付款订单完成跨行支付制单，无须输入订单信息	买方可在交易平台直接选择未付款订单完成同行支付制单，无须输入订单信息	买方需通过企业网银等方式完成跨行充值，华夏银行通过内部账户完成资金转移。财务无须登录交易平台操作	买方可直接通过支付宝账户或扫码支付方式完成跨行支付，无须输入订单信息

（续）

比较项目	中金支付	农业银行	华夏银行	支付宝
支付场景	多支付场景，更适合企业间直接支付。	适合同行企业担保支付	适合企业与个人多场景支付	适合个人付款到交易平台
资金回单	收付款方为第三方支付，有三流合一障碍，可通过中金支付提供的支付结算过程回单增加资金流说服力	农业银行回单	开户银行和华夏银行电子回单	支付宝服务方无法提供回单，可视同现金支付
支付服务费	支付、结算和退款三个环节都会收取费用，具体收取费用标准需商务谈判约定	只收取支付环节服务费。具体收费标准供商务谈判约定	具体收费标准需商务谈判约定	无
平台收益	无	需与银行具体交流确定	需与银行具体交流确定	无
服务能力	B2B 支付领先企业	电商支付为创新产品，目前案例较少	电商支付为创新产品，有成功案例，可与第三方合作提供支持	个人支付服务领先企业支付服务
开发时间	接口文档成熟	创新产品，测试开发时间需根据具体时间而定	创新产品	如不考虑收款后向商户结算，开发简单

二、市场代表支付渠道介绍

这是一个快速学习的时代，一种新产品推出后，如果有市场，很快就会出现类似的产品，支付模式也一样，一家支付服务商推出一种支付模式，其他有资质的机构也很可能会学习，推出类似的模式。但即便是同一模式，因为机构实力、推出时机、服务能力、配套服务等不同，服务也会体现出差异。以下对各类模式的市场代表支付渠道进行简单介绍，方便读者快速选择适合自身平台的渠道合作方。

（一）中金支付

中金支付是 B2B 在线支付的代表性服务平台。

中金支付有限公司是中金金融认证中心有限公司的全资子公司，成立于 2010 年 2 月 4 日，注册资金 1 亿元。中金支付有限公司的前身为发改委设立的

专属项目——统一的电子商务安全网上支付平台，项目于2009年建成并通过中国人民银行验收。2010年2月4日中金支付有限公司正式挂牌成立，对外提供第三方支付业务。中金支付公司以对公支付业务为基础，同时在供应链金融、供应链管理、跨境支付、企业数据风险管理等领域为客户提供安全、专业的金融科技解决方案，解决了企业在产业转型升级过程中遇到的资金融通、降本增效、交易安全以及支付需求多样化等问题。2011年12月22日公司获得中国人民银行颁发的《支付业务许可证》。

中金支付提供的网关支付对接了约20家主流银行，可支持交易平台用户实现跨行直接支付。同时因其清分结算是根据交易平台的清分结算指令完成的，所以在一定条件下可以实现担保支付。中金支付为避免买方用户在使用在线支付前需要绑定账户造成的不便，可以支持只需卖方绑定收款账户便可提供网关支付服务，且根据产业互联网个性化需求，提供了手续费清分服务，基本能满足平台各种支付场景。

作为B2B第三方支付渠道的代表，中金支付也有着目前第三方支付存在的局限。因为买方支付资金直接进入中金支付备付金账户，再按照平台结算指令通过中金支付备付金账户转移到卖方账户，对产业互联网平台来说，优点在于平台不需要另行开立银行账户，缺点在于平台也无法享受沉淀资金孳息。对于交易双方来说，因为资金通过中金支付备付金账户进行清分结算，所以买方的付款回单与卖方的收款回单显示的收付款方均为中金支付，给双方后续财务处理造成一定不便。同时由于在支付、结算、退款多个环节收取手续费，如果平台不承担支付手续费，而转由交易双方来承担，如何设计手续费是平台必须根据交易情况进行科学设计的。

近年来中金支付在不断地完善其支付服务，针对B2B在线支付的需求，提供了除支付功能之外完整的产业链在线交易场景支撑。其产品服务体系如下。

1. 身份认证服务

为方便交易用户在线开户和保障交易用户身份的真实性和准确性，中金支付提供完整的身份认证和在线开户服务：包括针对个人用户提供身份证二要素、电信运营商三要素、个人刷脸活体身份认证等服务；针对企业用户，可以提供企业工商四要素验证，以及工商信息补全服务；提供U盾身份认证服务。

2. 账户鉴权服务

为保证收款账户的真实性和有效性，卖方在绑定结算账户后，中金支付针对个人用户提供银行卡三要素、四要素验证；针对企业用户，通过小额打款并回填收款信息验证收款账户的真实有效性；针对招投标的应用场景，可以进行企业基本户的验证服务。

3. 电子签章服务

用户在中金支付开户成功后，可以在线申请数字证书，支持用户在线交易过程中进行电子合同签署，满足在线交易的安全合规，避免司法纠纷。

4. 电子回单服务

针对第三方支付存在的收付款回单与发票不一致的问题，中金支付提供在线电子回单查询打印服务，可以针对一笔交易订单提供完整的支付、清分结算全过程的回单，清楚证明资金流向，以满足企业财务对于财务及税务解释的需要。

除了中金支付，还有许多可以提供 B2B 第三方支付服务的机构，比如联动优势、东方汇通等。平台在构建支付系统时最好与多家第三方支付服务商进行沟通，根据前述的支付渠道选择因素对比选择适合平台的支付服务商。

（二）农业银行资金担保支付

农业银行创新的资金担保支付产品专为交易平台 B2B 商品在线交易设计，正处于推广期。相比以中金支付为代表的第三方支付，农业银行创新的担保支付产品不但解决了中金支付多环节收费造成的担保支付难以实现的问题，并且解决了银行回单与票据流不符的问题，可以作为平台 B2B 担保交易的一个很好的选择。

农业银行资金担保支付跨界整合了对公存款、对私存款、银企通、商 E 付、网银等系统的功能，主要功能包括用户签约、解约、入金、出金、退金、查询和对账功能。该系统具有以下特点及优势。

1. 伞形账户体系

农业银行担保支付产品需要合作交易平台在农行开具保付合约主账户，交易平台用户可以在平台与农业银行签订保付合约账户，用户签约的账户作为合约主账户的子账户，形成伞形账户体系，作为交易平台真实贸易背景下交易资金定向核算的信息载体。

2. 资金托管，交易安全有保障

对接交易平台，交易平台交易资金通过保付入金交易实时存入“资金托管账户”进行封闭管理，不再流经企业结算账户，以防止交易平台买方拿货不付钱或卖方收款跑路的情况。

3. 线上支付，方便又快捷

保付入金、保付出金、保付退金及查询功能均可在交易平台进行线上操作，并严格进行付款认证，通过 UKEY 确认付款身份及付款意愿。

4. 三流推动，进程随时掌控

信息流、物流、资金流三流相互推动，交易平台用户可在交易平台实时查

询主/子合约信息，订单信息、交易明细信息，了解交易进程和状态。

5. 短信提醒，结果实时知晓

交易短信通知功能能够让用户及时了解交易结果，改变了传统模式下的信息不对称问题。

6. 银企对账，差错及时调整

每日日终按订单逐笔进行银企对账，发现差错可及时调整。

根据农行官网新闻中心2018年7月的一篇《现金管理产品创新结硕果 农行“资金双向保付”交易资金破亿元》的报道，重庆农信生猪交易有限公司“全国生猪交易平台”成功对接农行现金管理产品——资金双向保付系统，成为“资金双向保付”首家平台客户。截至2018年6月21日，重庆农信生猪交易平台面客一个多月已完成订单支付1074笔，交易金额突破1.6亿元。

农业银行资金保付最大的局限在于要求买卖双方均需在农行开具实体账户，无法实现跨行支付，使得用户范围受到很大局限。据了解，目前农业银行正在通过对接银联平台实现买方在线跨行支付。

（三）中信银行B2B电子商务附属账户体系

第三方支付可以解决跨行支付问题，但因退款环节手续费收取问题使得担保支付功能一时难以开通，农业银行资金保付可以解决担保支付问题但又不能支持跨行支付，中信银行与华夏银行等商业银行推出的针对电商平台的跨行附属账户（内部账户）支付模式基本可以同时解决跨行支付、担保支付和降低手续费的问题。买方用户需要先通过网银转账或其他方式完成资金从其实体账户向其在平台合作银行开具的内部账户转账，随后合作银行根据平台指令完成资金从买方内部账户向卖方内部账户或实体账户的转账。这种资金流动方式可以支持交易平台多种支付场景。

中信银行是国内最早推出电子商务服务的商业银行之一，从网上公开资料可以看到中信银行提供的全面的B2B电子商务支付服务体系，如表6-2所示。

表6-2 中信银行B2B电子商务支付服务体系

	银行监管模式	第三方支付模式（虚账户）	第三方支付模式（实账户）	直联商户模式	大卖方模式
产品期数	1期	1期	2期	2期	3期
适用市场	进行现货交易的第三方交易市场	进行现货、中远期交易的第三方交易市场	第三方支付公司	自建电子商务平台的核心企业	自建电子商务平台的核心企业，对资金的管理有更高的要求

（续）

	银行监管模式	第三方支付模式（虚账户）	第三方支付模式（实账户）	直联商户模式	大卖方模式
市场性质	三方	三方	三方	两方	两方
账户设置	附属账户体系	附属账户体系	实账户	实账户	附属账户体系
主要特征	资金分账户管理；买方资金直接从己方附属账户划至卖方附属账户，市场不直接参与交易；账户资金实时清算	多银行出入金账户绑定；买方资金从己方附属账户划至市场中间账户，市场作为交易中介将交易资金划至卖方账户；账户资金实时清算	提供充值、充退、对账文件下载等支付结算服务；不提供虚拟账户服务；日终清算对账	提供支付、退款、对账文件下载等支付结算服务；不提供虚拟账户服务；日终清算对账	多银行出入金账户绑定；为直联商户提供资金分户管理；直联商户可通过授权管理会员资金；账户资金实时清算

在其B2B电子商务支付体系中，银行监管模式、第三方支付模式（虚账户）、大卖方模式同属于附属账户体系。附属账户体系特点如图6-1所示。

附属账户体系灵活

- 商户可以建立多个附属账户体系（多币种、多市场）
- 单个会员可开立多个附属账户
- 支持非我行客户（虚客户）在我行开立附属账户
- 通过附属账户与实体结算账户的绑定，实现账户实时入账

附属账户冻结

- 司法冻结
- 冻结、解冻支付、支付冻结、解冻，保证交易的顺利进行

附属账户计息

- 附属账户自动计息
- 附属账户体系自动分配利息

附属账户透支

- 会员附属账户是否能够透支
- 满足会员融资需求

图6-1 附属账户体系特点

中信银行该模式具有与央企平台对接的成功案例，如五矿集团。

（四）支付宝平台收单

支付宝独占第三方支付半壁江山，且随着移动支付的快速发展，个人付款已经习惯通过扫码完成支付，所以对于电商平台B2C交易，支付宝是一个优先考虑的支付方式。产业互联网平台的确有B2C支付需求，除了自营业务外，外协外购的撮合交易服务也在探索从小额交易起步提高平台活跃度的路径。

支付宝目前提供的产品中只有一款是开放给其他电商平台的，即 PC 端网站支付产品，这款产品可以解决个人用户向平台支付交易款项，但无法支持个人通过平台向平台商户付款。通过对其他电商平台的初步调研，他们与支付宝对接开展撮合交易一般有以下方式。

（1）平台直接参与资金流和票据流，用户付款到平台，平台开具发票给用户，平台再按照约定将资金结算给入驻商户，入驻商户给平台开具发票。由于平台直接参与了交易，因此并不涉及二次清分风险，并且因为类似平台用户大多为个人用户，对于发票需求并不强烈，所以交易平台因此增加的开票工作量并不大。

（2）平台通过对接其他可提供撮合交易服务的支付渠道，由其他支付渠道整合支付宝及微信，个人通过支付宝和微信支付后，资金进入平台合作的其他支付渠道，并由其他支付渠道根据平台指令完成交易资金向商户的结算。由商户向用户提供发票。这种支付方式，商户看到的收款凭证上，付款方为平台或者第三方支付，但发票抬头是个人用户。

（3）平台自行开发相关订单处理和资金管理系统，对接平台收单系统。用户付款到平台账户，商户可以看到订单状态的改变，并据此发货开票，资金按照平台和商户的约定定期结算。这种方式交易平台可起到资金担保支付的作用，但因为涉及资金的二次清分，所以不符合国家的管理规定，但在平台发展初期，大部分平台均采用这种模式。

鉴于产业互联网平台对于合规交易和尽量避免接触资金流的要求，与支付宝的对接时建议采用先完成平台自营业务收单的对接，然后在适当时机与其他支付服务商探讨通过支付整合对接支付宝已支持的撮合交易中的个人支付场景。

第二节 支付商务对接

商务对接是平台与支付渠道深入了解需求与产品匹配度并就双方合作的条件、内容和权利义务等条款达成一致的过程，是介于选择支付渠道和开展支付系统建设中的必要步骤。

商务对接流程如下。

一、初步对接

了解各支付渠道服务内容与服务规则，判断其与交易平台需求的契合度，并初步了解其收费模式和费率。其中了解支付渠道合作的前置条件对于判断合作能否顺利进行至关重要，如开户要求、资质要求、硬件要求、管理制度要求等。

二、确定渠道合作优先级

在初步对接的基础上，平台需要对各支付渠道关键要素进行对比分析，并综合考虑平台各业务系统支付需求情况和开发能力以确定支付渠道对接优先级。保证业务需求迫切的功能和容易在用户群体中推广使用的功能优先。

三、合作谈判

获得支付渠道的标准服务协议，就交易平台个性化需求与支付服务商进行磋商，争取通过支付渠道的功能完善来最大限度地满足平台支付的功能性需求、交易便捷性需求和平台经济性需求。比较成熟的支付渠道一般不会为个别用户调整其标准协议条款，但会在协议条款中根据合作平台的交易量大小设置不同的服务内容。而创新性的支付渠道因其处于支付功能完善和服务的推广期，比较容易接受合作平台的个性化要求。

四、协议签署准备

按照支付服务商签订协议的要求，完成签署协议前的准备，例如获得经营许可证、开立相关监管或结算账户、准备网关及服务器等。可与支付服务商探讨开发流程与签字条件准备并行的路径。

五、签署合作协议

就协议关键条款达成一致，提交相关资料，按照双方协议签署流程签署合作协议。

合作协议关键条款需要约定服务内容、双方的权利义务、服务费用及风险控制措施条款。

六、制定后续对接内容及服务保障计划

明确双方后续开发、测试、上线各阶段需要进行的工作，制定初步开发计划，并明确各阶段的对接人员。

第三节 开发实施

开发实施是任何一个软件系统落地应用最关键的一环，需要有充足的准备、

清晰的建设任务、严格的项目计划和分工明确的项目团队，并按照项目管理流程严格执行管理。

一、支付中心及配套系统建设规划

支付中心的功能开发和配套系统的建设是在线支付系统建设的核心，在上述项目建设规划与商务对接基础上，项目负责人要制定整体建设计划，明确支付中心及配套系统建设的主要功能，对接的支付渠道或服务平台要支持对接的业务板块。建设计划可方便相关领导及参与人员一目了然地看到项目规划纲要，掌握关键节点，便于协调资源，确保项目顺利投产。为方便读者更好地制定建设规划，我们以某产业互联网平台支付系统建设计划表为例，展示建设计划可能涉及的要素，供大家参考使用，如表 6-3 所示。

表 6-3　某产业互联网平台支付系统建设计划表

支付相关功能	支付渠道 \ 服务平台	业务系统	功能完成标志
B2B 直接支付	第三方支付系统	工业品供需对接	可支持签约、解约、T+1 结算、订单查询
B2B 担保支付	银行担保支付系统	工业品供需对接	可支持签约、解约、担保支付、结算、订单查询
B2B \ B2C 平台收单（扫码支付）	主流第三方支付渠道	平台自营业务	可支持支付、结果通知、收单、订单查询
退款、对账功能	各支付渠道通用功能	工业品供需对接	可支持退款、对账单查询、对账
统一收银台	各对接渠道	各业务系统	支付渠道选择、支付方式选择
物流查询功能	如快递 100 等物流查询服务平台	工业品供需对接	可支持与物流平台接口对接、查询页面、通知
电子合同、电子发票、电子回单等功能	与相关支付渠道或服务平台对接	平台用户后台、支付中心前台	与各系统接口开发，流程整合
运营支持后台		为支付运营人员提供	运营支持相关功能实现
支付中心前台		为用户提供	支持账户管理、交易管理、发票管理、支付回单、支付帮助

二、前置条件准备及配套制度建设计划

除了支付中心及配套系统核心功能建设外，在线支付的最终实现还需要一些软硬件设施的保障和制度体系的建设。有些条件是支付系统建设的前置条件，只有具备这些条件，支付系统的开发实施才能进行。而支付配套制度建设则可以与支付系统功能建设同步进行，在支付功能建设中植入运营的概念，便于后续支付系统建设完成后的落地运营。前置条件和制度建设事项建议如表6-4所示。

表6-4　支付系统建设前置条件及配套系统列表

事　项	工作内容	备　注
增值电信业务许可证	平台增值电信业务经营许可证申请	法律依据《互联网信息服务管理办法》《电信条例》产业互联网平台涉及的增值电信业务B21、B22、B25
平台在银行或支付渠道开户	按照对接支付渠道的规定提交开户申请，填写相关支付业务申请表及包括增值电信业务许可在内的平台基础资料。通过审核后，第三方支付服务商或银行为平台办理开户手续	包含有实际资金流动的账户或为核算方便开具的账户，包括第三方支付的备付金主账户、保付合约主账户
银行支付业务配套前置机	需要配置前置机，用于对接银行支付系统，进行支付业务的测试、生产管理	银行为保证银行内部系统的安全，需要将支付服务系统部署在前置机上
交易资金结算管理制度	根据不同支付渠道核算要求，完善目前资金结算管理制度	交易平台撮合交易可能会涉及佣金（含手续费）结算，自营业务会涉及收单业务的结算
交易发票管理制度	确定产业互联网自营业务及佣金收取开票制度	平台交易频繁，开票量大，必须简化开票流程
交易合同管理制度	手续费付款合同支持；小额高频制式合同	B2B在线小额高频交易将订单信息嵌入制式合同中，可极大提高交易效率
确定平台规则协议	涵盖所有支付渠道、全部支付流程和关键服务内容、指令含义、收费标准等	支付服务协议明确平台及用户权利义务及关键服务条款
在线支付使用指南	现阶段已经完成的支付功能、适用范围、使用条件及流程	帮助用户更好地使用在线支付服务
培训及推广实施	制定培训及推广计划、准备培训资料、组织培训，在不同渠道推广	B2B在线支付使用需要一个用户习惯改变和培养的过程

三、项目实施团队组建

项目团队通常由公司主管领导、项目经理、产品经理、开发经理、测试经理等人员组成。

（一）公司主管领导

（1）牵头组织在线支付系统整体解决方案设计。

（2）负责项目立项及重大事项变更审批。

（3）负责项目经理任命。

（4）负责项目重点节点把控。

（5）整体资源协调。

（二）项目经理

（1）负责产品立项、结项。

（2）负责产品任务的下达。

（3）负责项目团队的组建。

（4）制定项目总体内容和时间计划。

（5）与相关人员沟通协调，保证项目整体的进度与质量，确保系统按时上线。

（三）产品经理

（1）协助项目经理编写立项文档。

（2）负责需求调研、需求分析，编写产品需求规格说明书。

（3）参与所有过程评审活动并负责处理评审的问题。

（4）开发任务的下达与全程监控。

（四）开发经理

（1）制定项目编码开发规范。

（2）搭建开发环境。

（3）依据需求文档和设计规范，完成产品设计工作。

（4）配合产品需求编写项目开发计划。

（5）安排开发人员完成相应的开发任务。

（6）分别派出相关人员测试 bug。

（7）参与所有过程评审活动并负责处理评审的问题。

（五）测试经理

（1）制定测试计划。

（2）编写测试用例。

（3）搭建测试环境。

（4）执行测试活动。

（5）编写测试总结报告。

（6）进行测试版本控制。

四、项目开发实施计划

为保证项目进度和项目质量，项目关键的测试准备与测试实施部分要制定具体排期，以及责任人和成果物。项目开发实施大概需要经过需求分析和确认、系统设计、系统开发和接口集成、集成测试和系统上线几个步骤。

（一）需求分析和确认

需求分析和确认是在平台支付体系规划的基础上，明确准备对接支付的业务板块及其应用场景和业务流程，了解对接渠道的接口规范，明确内部运营流程、相关业务及技术指标。这将是支付系统详细设计的基础。

（二）系统设计

系统设计包括支付中心概要设计、业务系统改造概要设计及UI设计等。支付系统功能实现需要资金流、信息流、物流的交互，涉及业务板块、支付中心与支付渠道的指令推送与结果反馈。系统的设计可以参考第五章第二节的交易流程设计和第三节的支付系统功能详细设计，形成产品设计说明。

（三）系统开发和接口集成

系统设计方案需要项目经理召集业务系统产品及运营人员、支付系统产品和运营人员、研发人员、测试人员甚至客服人员进行评审，演示各种支付场景和业务流程，及时调整产品设计缺陷。在支付系统设计方案通过评审开始建设后或者已有支付系统部署上线后，部分功能出现微调，可以通过下达产品任务书的方式将调整设计告知项目组成员，如支付手续费承担增加由买方或卖方协商确定的功能。产品任务书下达示例如表6-5所示。

表6-5 产品任务书示例

<table>
<tr><td rowspan="4">任务说明书</td><td colspan="4">平台\公司名称：</td></tr>
<tr><td>变更申请部门</td><td>支付中心</td><td>申请人</td><td>产品经理＊＊</td></tr>
<tr><td>变更接收部门</td><td>研发部</td><td>接收人</td><td>研发经理＊＊</td></tr>
<tr><td>变更申请编号</td><td colspan="3">＊＊＊＊＊－20201225－01</td></tr>
<tr><td colspan="5">任务接收栏</td></tr>
<tr><td>任务名称</td><td colspan="4">工业品外协外购支付业务接口修改任务书</td></tr>
<tr><td>计划开始时间</td><td colspan="2">2020年12月25日</td><td>计划完成时间</td><td>2020年12月31日</td></tr>
</table>

（续）

处理优先级	■普通 □优先 □紧急

【任务概述】：
根据工业品资源中心业务需求，需要对工业品资源中心订单支付手续费承担方的业务逻辑进行修改，因此涉及部分工业品资源中心业务接口修改及支付渠道接口修改，具体如下。

【解决方案】
1. 涉及的工业品资源中心接口修改
（1）新建询价单接口
URL
http://　　0/api/1.0/industry/inquiry/newDraft
http://api.　　m /api/1.0/industry/inquiry/newDraft
（2）新增字段（＊＊＊）支付手续费承担方：0 买方；1 卖方，非必填
（3）工业品订单－从优选单生成订单接口
URL
http:/　　0/api/1.0/industry/orderForYL/createByPrefer
http://api.　　m/api/1.0/industry/orderForYL/createByPrefer
新增字段（＊＊＊）：支付手续费承担方：0 买方；1 卖方，必填
2. 涉及的渠道支付接口修改
URL
http：//paytest. ＊＊＊＊. com/zhifu/ payBankSelection. ht
接口需按费用承担方调整以下字段取值逻辑
买家付款金额（amount）：如果对应订单的费用承担方为卖方，则该金额等于商品金额（订单金额）；如果对应订单的费用承担方为买方，则该金额等于商品金额（订单金额）＋佣金金额
分账信息（divide info）：该字段由三个字段（收款方企业 id＋总金额＋商家佣金）组合而成，多个收款方的数据以；隔开。在赋值时，总金额等于买家付款金额，取值同上面逻辑，商家佣金按原标准计算即可
产品负责人签字：　　日期：2020. 12. 25
研发负责人签字：　　日期：
验收负责人签字：　　日期：

（四）集成测试

集成测试包括测试环境协调、集成测试案例准备、功能测试、参数和数据验证，同时准备业务测试案例并执行业务测试，对于测试发现问题修改并进行回归测试。

（五）系统上线

系统上线需要先进行生产环境准备，进行程序部署、生产参数设置、生产环境验证、生产系统切换，以及投产后高危期的技术维护支持。同时整理用户支付流程，形成用户使用支付系统服务的指导手册。

五、项目实施计划举例

以某银行支付产品对接为例，可以了解产业互联网平台对接支付渠道的项目实施计划，如表6-6所示。

表6-6 某银行支付产品对接实施计划

业务推进阶段	工作内容
合作协议签署及项目准备	平台与银行双方明确业务需求及实现方案；成立项目团队，明确银企双方业务及技术对接人员
	拟定《支付服务协议》，启动相关合作协议法审流程
	获取银行支付产品的接口规范，客户启动接口开发工作
测试前准备工作	测试环境准备：涉及银行与平台测试环境准备，银行需要在测试前置机上安装支付系统文件，并提供企业key
	测试数据准备：准备若干对公及借记卡账户用于测试
	短信通知申请：技术部门配合申请测试用短信手机号码，用于签约维护及入金短信验证
	测试案例编写：银企双方共同确定测试案例，涵盖签约、合约维护、入金、出金、退金、合约查询、交易明细及余额查询、订单查询等全部交易场景和功能
测试工作	完成平台实体账户和主合约账户开通
	完成子合约签约
	按照测试案例执行入金、退金、出金交易及相关查询交易
	针对测试中发现的问题或客户个性化需求进行适应性改造，相应增加测试内容
	提交测试报告
项目投产	银企双方就合作事宜达成共识并完成协议签署，明确服务价格，服务费用减免事宜按照行内相关规定履行减免流程
	银行根据测试报告，开通平台交易接口权限
	平台在生产环境进行内部验证，确认支付正式上线运行

第四节 在线支付的推广

支付系统的功能建设只是平台在线支付工作开展的第一步，只有平台用户了解了功能并使用功能才是支付功能建设的最终目的，否则功能就是摆设。而产业互联网平台支付因为既要改变用户的支付习惯，又要解决用户与平台内部

管理制度的变革，所以在推广使用时注定困难重重。平台只有认识到推广的重要性，针对支付落地可能存在的问题去制定合适的推广策略，才能实现在线支付系统建设的终极目的。

一、阿里“珍珠港事件”的启示

2014 年春节期间，微信悄然推出“微信红包”，短短几天发出 500 多万个红包，上百万用户的微信绑定了银行卡，几千万人的微信里有了零钱。到了 2015 年的春节，微信又推出“摇一摇抢红包”，在春节晚会 4 个多小时的时间内，共发出 10 亿个红包，微信绑定银行卡超过 1 亿。在移动支付账户争夺和支付入口争夺战中，微信打了两场漂亮的战役。2014 年微信红包推出的第二天，马云在阿里巴巴社交平台上发布信息：“几乎一夜之间，各界都认为支付宝体系会被微信全面超越……此次珍珠港偷袭计划执行完美。幸好春节很快过去，后面的日子还很长，但确实让我们教训深刻。”蚂蚁金服的 CEO 井贤栋在接受《中国企业家杂志》的一次采访中曾经以暗室游戏做类比，讲述支付宝面临微信发起的移动支付争夺战时手足无措的感觉。幸好张勇此后推出“All in 无线”的战略，用一年的时间将阿里线上购物的 70% 转移到移动手机上，帮助阿里实现了从 PC 时代向移动时代的惊险一跃，并带动 4500 亿美元市值的阿里在 2018 年实现营业收入 58% 的增长。

从腾讯与阿里在移动支付的争夺战中可以得出以下几条关于在线支付推广的简单结论。

（一）支付推广策略至关重要

微信红包一夜之间做了支付宝几年间做的事，这说明不是建好了支付的功能就拥有了牢固的护城河，要制定有效的推广策略来获取用户，否则用户很容易被竞争对手抢去。科学有效的推广策略有时胜过几年的努力。

（二）银行账户的绑定是推广的核心

许多推广活动劳而无功，是因为即便是让用户知道了你的产品功能，却没能有效绑定用户。用户的账号在哪个入口，他便更容易从哪个入口发起支付。对个人用户如此，对企业用户更是如此。

（三）要有利于用户习惯的培养

微信红包虽然不需要绑定银行账户，但许多小额支付的场景可以用到微信红包。钱包里有了钱，就总要想办法花出去，用户就是在这种免费午餐中培养了使用微信支付的习惯。

（四）做自己最擅长的事

与支付宝相比，微信支付推广的优势在于微信具有庞大的移动用户群体和用户黏性，微信应用更容易建立社群关系，具有宣传推广的天然优势，所以无论是发红包还是摇一摇，都能迅速地覆盖尽可能大的用户群体。支付宝如果采用和微信同样的推广策略，很难取得竞争优势。但支付宝背后的阿里却有着更丰富的购物场景，张勇的 ALL in 无线的策略正是将购物场景与移动支付紧密结合，才在遭遇了微信的珍珠港突袭和暗室游戏后能让阿里成功向移动互联转型。

二、B2B 在线支付推广是一个通关的过程

与 C 端支付相比，产业互联网支付应用场景大多数是 B2B 支付，在推广应用过程中面临许多现实问题，阻碍了产业互联网交易的线上闭环。平台在做出在线支付建设决策之前就需要考虑其落地运营可能遇到的种种障碍，有针对性地建设功能，完善流程，让在线支付克服种种障碍，顺利通关。

（一）B2B 在线支付推广的共性问题

1. 企业间电子商务需求不强烈

企业间的交易通常已经建立或希望建立稳定的供销关系，而新的供销关系建立一般会涉及复杂的商务谈判与决策流程，且当前环境下，采购人员通常会有潜在的利益需求，交易不会以公示价格达成，所以供需双方更倾向于线下沟通，对于电子商务的需求并不强烈。

2. 目前大多数在线支付简单功能难以应对企业间交易支付的多样化需求

在当前买方市场环境下，企业间商务交易采用一次性现货现结的支付场景少，一般会采用根据合同延迟支付（信用期）、承兑汇票、分期支付等多种支付场景，且信用期满后依然不按期履约的情况普遍存在，而目前电商平台 B2B 在线支付的直接支付或担保支付模式，难以满足 B2B 多种支付场景的需求。

3. 财务人员使用习惯对在线支付推广的影响

与 B2C 相比，B2B 交易过程采购角色与支付角色一般不是一个人，采购流程与支付流程是不连续的，支付环节更多依赖于财务人员的操作习惯，而财务人员更愿意采用安全方便且熟悉的网银转账方式，不愿意完成电商平台相对线下网银转账额外增加的复杂的注册、授权、绑定账户、查找订单等流程，同时对于在线支付的安全性、支付成本、支付限额等都抱有怀疑态度。

4. B2B 在线支付成熟度与法律环境

目前 B2B 在线支付通常采用的是第三方支付模式，但该模式有其自身局限

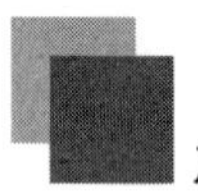

性。首先支持银行有限。第三方支付可以支持跨行支付，但支持银行有限（最多20家），需要买卖双方开户行范围都需要在在线支付支持的银行范围内。其次支付回单合规性无政策明文支持。买方使用第三方支付付款时收到的银行付款回单显示收款方为第三方支付而非卖方，增加在财务及税务审计过程中的沟通成本、支付成本与违规成本。中国人民银行对于第三方支付监管政策趋严，账户体系合规性、沉淀资金孳息管理、统一接入网联等政策，使得第三方支付存在运营不确定的风险和服务费提高的问题。同时电商平台与银行支付服务的对接也面临着断直连、电商平台不能沉淀资金等一系列问题，让在线支付的参与方在对接和使用在线支付服务时都存在顾虑。

（二）某些产业互联网平台自身支付推广中的常见问题

1. 平台产品与服务价值有待提高

在线支付的使用很大程度上取决于平台产品和服务的价值与吸引力。如果平台的产品和服务对目标用户群体来说具备不可替代性或某种竞争优势，平台的用户黏性与活跃度就可以得到保障，并且用户为获得产品和服务也愿意改变使用习惯或克服在线支付带来的不便。只有这样，在线支付的推广才有底气。而目前许多平台目标用户群体不清晰，难以与其他更有品牌知名度或用户更聚焦的平台形成区隔，产品和服务对于用户的吸引力不够，在线支付难以大面积推开。

2. 平台在线支付宣传推广不足

许多产业互联网平台是由信息平台发展到交易平台的。信息平台上，商家完成信息发布，用户完成信息检索，双方确定订单后便会转入线下对接流程。在线支付功能的建设是信息平台向交易平台过渡必经的桥梁，但由于平台对在线支付宣传推广能力不足，不仅平台的用户甚至平台业务板块的运营人员对于在线支付的功能、使用条件、支付规则和支付流程等都不熟悉，对于在线支付安全和在线支付带来的好处都不甚了解，使得用户选择使用在线支付工具的积极性不高。

3. 平台商业模式及相关管理制度影响在线支付推广效率

大多数B2C平台为促进在线交易的完成，通常会在商业模式推广阶段采用灵活的商业推广手段，如在交易环节不收取交易手续费、额外提供其他增值服务、在线交易补贴等。虽然产业互联网平台不能完全复制B2C平台“烧钱”的推广模式，而是以深度服务增加用户活跃度，但在交易过程中收取手续费会因为交易成本提高、交易费扣收复杂、因退款而产生的手续费负担、对账及发票开具等问题而增加在线支付建设、使用与推广的复杂度和难度，如果平台与支付相关的账户管理、资金管理、发票管理及合同管理制度不及时完善，会造成在线支付推广寸步难行。

三、推广策略

对于平台用户来说，交易意向的达成与在线支付功能的使用是相互影响的，安全便利的在线支付功能可以促进用户更愿意在线完成交易，而在线支付使用的前提条件是买卖双方交易意向的达成。因此平台在制定支付推广策略时要尽可能地兼顾自身产品和服务的完善及为用户使用在线支付提供便利。

（一）在线支付既是交易的大门也是交易的结果

本书第一章在分析在线支付的价值时曾指出，在线支付是平台通往数据时代的高速路，对于平台的重要性不言而喻，但对平台有价值与对用户有价值不能画等号。因此无论是建设还是推广，都需要以终为始，尽可能地站在用户的角度去思考。

用户使用在线支付的前提是其需要平台上的产品，没有购买的欲望便不会产生购买的动作。因此在线支付的推广要与平台产品和服务的价值绑定，在推广平台产品和服务的基础上顺便推广工具。有了场景切入点，才可能有迭代的基础和方向。从这种意义上看，在线支付不是交易的大门，而是交易的结果。先有买卖双方的交易意向才有在线支付工具的使用。

在线支付的推广一定是要有第一批的用户，定义工具的第一批用户很重要。有了与用户的交互，才能获得用户的反馈，也才能实现优化推广。就像在一条河上架桥，如果要发挥桥的最大价值，最有效的方法是在两岸人流比较集中的地方修建。比如岸这边的人经常要到岸那边的市场去做采购，在修桥之前，只能采用摆渡船这样的方式到达河对岸，既不安全也不方便，而且还需缴纳摆渡费用。修桥后，两岸的人会自然而然地选择桥梁到达对岸。这个过程类似于用户从线下交易转到线上交易一样，先有一种交易的场景，继而有更先进便捷的服务。线上支付工具是线下支付工具的升级版，能降低交易的成本，提高交易的效率。

当然，好的在线支付工具的使用也可以创造需求，使平台的产品和服务快速到达潜在用户群体。就像修桥有时会让原本互不相通的两岸人有了接触的可能。有人过桥，便会有人在桥头卖东西，时间久了，桥头市场便逐渐形成。在线支付工具有线下支付无法取代的功能，比如担保支付，能让线下因为信任难以建立而无法达成的生意通过线上支付顺畅进行。

所以在线支付的推广既要与平台的产品和服务相配合，又要强调在线支付

的优势。

（二）导航：让用户不再犹豫和迷茫

与C端支付不同，B端支付操作流程比较复杂，不能简单地像微信支付推广那样，用撒钱发红包的方式绑定用户账户以及培养用户使用在线支付习惯。B端支付推广要尽可能地将在线支付工具放在用户使用场景中，并且在用户使用最多的地方宣传推广。比如在平台用户注册、商户入驻、帮助文件、常见问题、平台规则协议、订单支付等与用户经常关注的位置增加在线支付的功能宣传、使用说明、服务协议、帮助文件，方便在线支付潜在用户快速了解平台在线支付的功能及使用条件、规则、流程等。

1. 《在线支付服务协议》及入口设置建议

在线支付服务协议是用户使用平台在线支付的指导性文件，也是明确平台与用户之间权利义务的法律依据。《在线支付服务协议》的一般性条款在各大平台基本相同，可相互参照，但有些个性化的服务需要特别制订，比如关于平台对接的不同支付渠道支付功能的介绍；不同业务板块服务费用收取对象和收取标准的约定；手续费发票开具及支付指令法律效应的表述等。

通常《在线支付服务协议》在商户入驻或支付渠道开户环节、买方付款环节推出，需买方和卖方勾选才能进行下一步，即让用户了解平台在线支付服务的范围、功能、流程、费用等，也让用户知悉自己的权益和义务，避免后续的纠纷。为了更方便用户获得《在线支付服务协议》的相关内容，平台可以在用户手册、帮助文件等相关位置设置入口。

2. 其他推广文件和入口设置建议

在线支付常见问题：将用户在使用支付各环节常见问题设置一问一答式帮助文件，在平台客服或在线支付使用说明中设置入口。

在线支付渠道简介：分别列明平台对接的在线支付渠道的产品特点、适用范围、收费情况等。在每种介绍后都增加“立即开通”或“立即签约”的链接，链接到各个渠道产品的开通页面，引导用户使用在线支付。

不同支付渠道的使用指南（支付流程）：以录屏或者图例与文字结合的方式展示在线支付的完整使用流程，方便用户自我学习。引导入口可以设置在用户手册中。

（三）与场景结合的交易和指导

跟踪各业务板块产品和服务成熟度及对在线支付的需求，设计场景化的在线支付流程，针对不同使用角色进行流程培训。如优化采购与财务人员角色和权限划分与功能配置，尽可能地方便财务人员使用在线支付工具，满足运营和财务人员对账、开票和及时获得支付信息的需求。而在对用户进行培训前，需要对平台各业务板块的运营人员及客服人员进行完整的培训，使得他们在与用户线上或线下接触的过程中能主动帮助用户了解在线支付工具，及时解决用户在使用在线支付过程中遇到的问题。同时通过分析平台运营数据，获取订单成交情况，圈定活跃用户，主动联系回访，有针对性地引导推广在线支付功能。

（四）免费政策有助于提高活跃度

因为企业每一笔支出都需要相应的名目和发票，而且第三方支付渠道通常会在支付、结算和退款环节分别向平台收取不同的手续费用，所以在交易环节收取手续费无形中会增加交易的复杂程度。比如若设置由买方承担手续费，买方支付完成后申请退款，不但要承担支付环节的手续费，还要承担退款环节的手续费，容易引起不必要的纠纷。而设置让卖方承担手续费，买方申请退款时，意味着交易没有完成，卖方没有实现收入却要承担支付和退款环节的手续费，也会降低用户体验。因此免收手续费，不但降低用户交易成本，同时还可以降低交易的复杂程度。

第七章

B2B 平台支付未来发展需求和方向

在人类社会走过很长一段时间的一手交钱一手交货的贸易历程后，当前又搭上了互联网的列车，网购在二十一世纪成为人们生活中很普通的事情，实现“一部智能手机在手就能走遍天下”的梦想用了不到十年的时间。借助科技的力量，支付方式发生了翻天覆地的变化。随着产业互联网的加速发展，支付对人类的影响已经不仅仅局限于生活消费，而是深入到企业间的连接上。目前产业互联网平台的在线支付发展依然面临很多障碍，但是随着金融科技的进步及监管环境的变化，产业互联网平台携手各支付服务机构必将创新出更适合平台发展需求的支付模式。从支付产业的开放、银行的转型、集团财务公司的服务延伸以及区块链技术在支付领域的应用上可以看出 B2B 平台支付创新发展的端倪。

关键词：“二清”风险　断直连　交易型银行　电票支付　财务公司　金融科技　区块链

第一节 产业互联网加速发展

腾讯于 2018 年 9 月发布公司转型产业互联网的重大战略调整消息："互联网的下半场属于产业互联网。上半场腾讯通过连接为用户提供优质的服务，下半场我们将在此基础上，助力产业与消费者形成更具开放性的新型连接生态。"

本书第二章对消费互联网和产业互联网进行了定义，消费互联网的发展极大地改变了人们的生活方式，其主要用户群体是个人，交易的标的物是消费品。而产业互联网的发展则从对人们生活的改变渗透到对实体经济领域的影响，促进了产业体系的变革，其主要用户群体是企业，交易标的物是生产资料。因为企业间交易的复杂性，产业互联网的发展并未如消费互联网发展的那样迅猛。但随着政策、经济、社会和技术环境的改变，产业互联网的应用主体和交易场景不断拓展，原本存在的障碍会被跨越，产业互联网正呈现出加速发展的态势。

一、税收政策将推动产业互联网交易主体快速增加

从产业互联网的定义可以看出，产业互联网供需双方均以企业为主，因此企业数量的多少和质量的好坏直接影响到产业互联网的发展。据不完全统计，我国目前中小微企业总数超过 4000 万个，我国的中小微企业上缴利税超过 50%，贡献了 60% 以上的 GDP，完成了 70% 以上的专利，解决了 80% 以上的城镇就业人口，企业数量占比超过 99%。我国的个体工商户超过 7100 万户，随着国家税制的改革和营商环境的逐步改善，大批的个体工商户将逐步变更为企业，将为我国产业互联网的发展提供源源不断的供需资源。

从 2005 年规范个体工商户税收征收管理提到的切实重视对未达起征点工商户的管理、严格未达起征点工商户的认定和强化户籍管理，到近年出台一系列针对中小企业税收的减免政策，政府通过财税调控以降低中小企业税负的行动一直在进行。尤其是 2018 年以来，财政部、国家税务总局下发了一系列的税收政策以助力企业发展。针对高新技术企业、科技型中小企业、小微企业等各种增值税、所得税、研发费用加计扣除等优惠政策着实让人目不暇接。如《关于实施小微企业普惠性税收减免政策的通知》第一条，对月销售额 10 万元以下（含本数）的增值税小规模纳税人，免征增值税。第二条，对小型微利企业年应纳税所得额不超过 100 万元的部分，减按 25% 计入应纳税所得额，按 20% 的税率缴纳企业所得税；对年应纳税所得额超过 100 万元但不超过 300 万元的部分，

减按50%计入应纳税所得额，按20%的税率缴纳企业所得税。即小微企业应纳税所得额如果在100万以内，只用缴纳5%的所得税，而个体工商户按照个人所得税税目，将大大高于小微企业的税负。因此，笔者预测，近几年内，小微企业的数量会随着税收优惠政策的实施逐步增加。另外，2017年9月1日第十二届全国人民代表大会常务委员会修订了《中华人民共和国中小企业促进法》，分别从财税支持、创业扶持和创新支持三个方面鼓励中小企业发展。对符合条件的小型微型企业按照规定实行缓征、减征、免征企业所得税、增值税等措施，简化税收征管程序，减轻小型微型企业税收负担；高等学校毕业生、退役军人、失业人员、残疾人员等创办小型微型企业，按照国家规定享受税收优惠和收费减免；国家采取措施支持社会资金参与投资中小企业。创业投资企业和个人投资者投资初创期科技创新企业的，按照国家规定享受税收优惠。国家鼓励中小企业按照市场需求，推进技术、产品、管理模式、商业模式等创新，中小企业的固定资产由于技术进步等原因，确需加速折旧的，可以依法缩短折旧年限或者采取加速折旧方法，国家完善中小企业研究开发费用加计扣除政策，支持中小企业技术创新。中小企业促进法的修订，也为中国中小企业的快速发展奠定了制度基础和环境基础。

二、信用环境改变将逐步提升产业互联网交易主体质量及积极性

世贸组织前总干事帕斯卡尔·拉米曾说过："从长远看，中国最缺乏的不是资金、技术和人才，而是信用，以及建立和完善信用体系的机制。"特别是在电子商务领域，因为交易行为是在虚拟环境中发生，信息不对称问题会更加突出，服务违约、信息泄露等信用问题更容易发生。产业互联网要想支持企业间线上交易，需要打破线下稳定的供销圈子，如果整体社会信用环境不改善以及电子商务信用体系不完善，必然会严重影响产业互联网的健康发展。

经过几十年的实践，我国的社会信用体系建设在深度和广度上都有了很大进步，但也出现了一些新的问题。2014年，国务院发布《社会信用体系建设规划纲要（2014—2020年）》，指出"社会信用体系建设的主要目标是：到2020年，社会信用基础性法律法规和标准体系基本建立，以信用信息资源共享为基础的覆盖全社会的征信系统基本建成，信用监管体制基本健全，信用服务市场体系比较完善，守信激励和失信惩戒机制全面发挥作用。政务诚信、商务诚信、社会诚信和司法公信建设取得明显进展，市场和社会满意度大幅提高。全社会诚信意识普遍增强，经济社会发展信用环境明显改善，经济社会秩序显著好转。"在这个规划期的时间里，社会信用体系建设的成果有目共睹，但距离目标

的全面实现尚有较大的差距。

2019 年 1 月 10 日央行发布《经营个人征信业务的征信机构审批事项服务指南》，为我国个人征信业务机构的成立提供了依据，芝麻信用、腾讯征信、百信征信、前海征信、考拉征信、鹏元征信、中诚信征信、中智诚征信及华道征信八家试点机构各自建立评价体系，与央行征信形成互补，将会推动我国个人征信的迅速发展。

企业信用是整个信用环境中最关键、最活跃和最具影响力的部分，不仅是投资人或金融机构关注的重点，在一般交易市场上也是关注和管理的重点。我国对企业信用的评价认证走在个人征信的前面，包括质量体系认证、环境管理体系认证、3C 产品强制认证、CE 认证等一系列国际、国内认证标准对于社会对企业的评价有了相对客观的标准。在电子商务领域，以阿里巴巴为代表的企业评价体系和服务也在逐步完善，中国互联网新闻中心互联网信用办公室授权中国供应商提供中国信用企业认证，各大电商平台也纷纷联合企业征信机构结合大数据技术对企业用户的信用进行多维评价。经过不同认证和评价体系的过滤，用户将更容易在平台进行企业与产品的选择，这将极大地推动企业间通过电子商务平台进行供需对接。

历时多年、备受关注的《中华人民共和国电子商务法》于 2019 年 1 月 1 日开始正式实施，强调了电子商务平台对于用户权益的保护责任。比如如果因为平台运营方对于入驻商家审核不严导致用户权益受损，平台却无法获得商家的有效联系方式，那么平台要承担责任；再比如如果电商平台用竞价排名模式来决定排名结果，必须要在显著位置注明广告说明等。这些限制既强化了平台对于防范虚假信息的责任，也限制了平台滥用其影响力给用户造成的误导。

早在 2004 年我国便出台了《中华人民共和国电子签名法》，2015 年、2019 年又对该法进行了两次修正，电子签名的法律效用正逐步为社会接受。而电子签名法的贯彻实施与在线交易、信用治理、安全认证、在线支付等密切相关。信用体系的完善和电子签名的有效性将推动企业间在线电子合同的签署，避免在线交易流程线上线下不断切换造成的交易流失问题，在线交易会因此获得助力。

我国目前正全面推动“信用中国”建设，学习国外先进经验，加强对于失信企业和个人的惩戒，违法违规企业将会逐步淘汰出市场，依法经营依规治企将渐成风气，营商环境的改善会极大推动企业逐步放心地与上下游开展合作，再加上认证体系和电子签名的完善，为产业互联网平台在线交易的发展提供了保障。

三、科技进步为产业互联网插上腾飞翅膀

物联网、云计算、大数据、通信技术的发展日新月异，并为产业发展和人民生活带来颠覆性的变化。阿里基于物联网技术提出的新零售是对消费互联网的又一次升级，并拉进了产业和消费者的距离。而工业互联网的培育和应用推广使得产业互联网不再局限于传统的产品供需对接领域，更转向生产制造过程和工业产品售后使用过程中数据的采集和基于数据的管理能力协同、管理优化和效率提升。

2019 年可谓 5G 技术的“商用元年”。2019 年 6 月 6 日，工信部向中国电信、中国移动、中国联通和中国广电正式发放 5G 商用牌照，运营商开始加速 5G 建设及商用推广。相比 4G 网络通信技术来说 5G 网络通信技术传输速度快，5G 峰值理论传输速度可达每秒数十 Gb，这比 4G 网络的传输速度快数百倍，整部超高画质电影可在 1 秒之内完成下载并且网络延迟极低。网络连接方面将大大改善端到端性能，端到端性能是指智能手机的无线网络与搜索信息的服务器之间保持连接的状况稳定性好，能够适应多种复杂的场景，促进万物互联，实现人工智能。运用 5G 技术，远程医疗成为现实，自动驾驶汽车将更快普及。未来，5G 将渗透到社会的各个领域，以用户为中心构建全方位的信息生态系统。5G 将使信息突破时空的限制，提供极佳的交互体验，为用户带来身临其境的信息盛宴。5G 将拉近万物的距离，通过无缝融合的方式，便捷地实现人与万物的智能互联。设备上云、产线上云、企业上云成为现实，工业互联网的快速发展成为可能。同样，区块链技术、大数据和人工智能等技术的发展都为产业互联网的快速发展奠定了技术基础。

四、产业互联网的发展趋势

商业互联网的发展经验为我们对产业互联网的发展提供了想象空间，从 1994 年我国正式接入国际互联网以来，1997 年网易成立，1998 年搜狐、腾讯和新浪成立，1999 年阿里巴巴成立，2000 年百度成立，这是我国互联网大潮的开始。2003 年淘宝和支付宝产品上线，2010 年团购兴起，2012 年双 11 天猫和淘宝销售额 191 亿，2013 年 350 亿，2014 年 571 亿元，2016 年 1207 亿元，2017 年 1682 亿元，2018 年 2135 亿元，2019 年达到 2684 亿元。另外，2012 年微信朋友圈上线，2014 年滴滴的快的开始红包大战，拉开“互联网 + 交通”模式。2015 年滴滴和快的合并，58 同城和赶集网合并，美团和大众点评合并，2017 年共享单车大战开始，2018 年拼多多成功上市，互联网大潮汹涌而来。2019 年 1

月 1 日，电子商务法正式实施。近三十多年来，我国的互联网迅猛发展，到 2018 年底网民规模达到 8.29 亿，网站数量达 518 万个，数字经济规模超过 30 万亿，而这仅仅是我国互联网盛宴的上半场。

我国互联网产业的下半场将是产业互联网，这场盛宴才刚刚开始。目前产业互联网的发展模式依旧在不断探索和研究中，还有很多问题亟待解决，如未来的发展趋势是以跨行业跨领域的综合性产业互联网平台为主还是以行业或区域的平台为主，数据的权益如何归属，产业互联网的安全如何保证等，从发展的角度看，产业互联网将不以任何人的意志和想象为转移，而是按照充分竞争的市场需求的逻辑进行发展。长三角和珠三角的制造业集群的形成是市场选择的结果，产业互联网作为制造业未来的线上发展方向，也将按照线下的逻辑进行布局和发展，让我们拭目以待。

总之，互联网的下半场属于产业互联网，且产业互联网时代的到来不会是涓涓细流缓缓地走来，而将是气势磅礴，摧枯拉朽式的革命，发挥我们的一切想象都不为过。

第二节 在线支付落地任重道远

在我国产业互联网加速发展的过程中，在线支付与电子商务相辅相成。尽管我国在支付清算领域可以与主要发达国家并驾齐驱且在某些方面已经领先，但 B2B 在线支付距离全面落地开花仍有很长的路要走，需要监管层、支付机构、交易平台及企业用户共同努力，在模式创新和风险监管中寻找平衡。

一、中国将成为全球支付行业发展的稳定引擎

据 Worldpay 公司发布的《2016 年全球支付报告》研究显示，到 2020 年，中国电子商务市场总体规模将达到 14220 亿美元，几乎相当于美国、日本、英国、加拿大、法国和德国电子商务市场的总和。由于电子商务与非现金支付的紧密结合，中国将成为全球支付行业发展的稳定引擎。而凯捷（Cap Gemini）与苏格兰皇家银行集团（RBS）联合发布的《2016 年全球支付报告》也认同这个观点，认为这个引擎的驱动主要是因为中国具有全球领先的发展速度、较大影响力的龙头企业、支付行业顶层设计和基础设施建设以及“四位一体”有效监管模式的形成。所以我国电子商务和支付清算行业发展基本与主要发达国家处于同一阵营，同时在移动支付、互联网支付等行业热点上

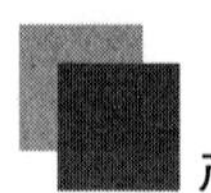

已经处于国际领先地位。

二、产业互联网在线支付的落地仍任重道远

从各主流 B2B 在线支付的实践看，B2B 在线支付的应用并不乐观。笨熊金融研究院与前瞻产业研究院联合发布了全球首份《2016B2B 行业支付白皮书》，白皮书以“B2B 行业支付”应用为主要研究对象，首次发布 900 家中国 B2B 电商企业使用的主流第三方支付平台（支付宝、易极付等）的市场格局、应用现状、使用体验等数据，对于了解不同领域不同地区的 B2B 电商平台在线支付开展情况及选择第三方支付时考虑的因素有比较全面的分析。众多 B2B 平台中，未实现在线交易的为数不少。

在 2016 年底的行业调查中，B2B 专业媒体托比网发现，虽然 80% 的受访企业表示开展了供应链金融合作，但如果以在线支付为评价标准，仅一半的厂商实现了在线交易的打通。在线支付不落地，平台便无法掌握上下游真实的交易信息，大数据根本无从谈起，金融服务的基础也不牢靠。在 2016 年全球 B2B 生态峰会上，阿里巴巴 B2B 事业群总裁吴敏芝坦言当下的 B2B 算不上真正的成功。“对 B2B 交易来讲，它的链路是非常漫长的，绝对不是把支付的动作搬到了线上就完成了交易的在线化和互联网化。企业对价值的认可也需要过程，因为企业是一个组织，一个组织的心智模式太复杂。即使企业和员工都能意识到问题，但周边强大的惯性让他们没有办法跨出第一步。”

第三方支付公司是目前 B2B 支付的主要方式，但由于 B2B 第三方支付脱胎于 B2C 或 C2C 支付模式，而 B 端支付与 C 端支付相比有巨大差异，所以，B2B 第三方支付在实际 B2B 电子商务平台上应用比例很低。近年来，许多第三方支付公司不断完善 B2B 支付服务，从只提供简单的网关支付接口到提供系统解决方案，包括担保支付、在线清分服务、对账功能、回单在线打印等一系列服务，使得支付服务更能满足 B2B 交易全流程的需求。

在西南财经大学谭龙江的《我国中小企业 B2B 在线支付采纳行为研究》中，对于我国开展电子商务的中小企业在线支付实现的模式、流程、应用现状（应用比率和应用地域范围等）进行了总结，分析了存在的问题和直接的影响因素，指出在线支付模式需要在感知易用性、感知有用性、安全性和支付结算流程、诚信服务体系、支付结算周期、支付结算成本和国家政策对在线支付应用于在线支付的支持力度等方面都需要改进，可见我国产业互联网在线支付的落地任重而道远。

三、淘集集挤兑事件与电商平台的“二清”风险

从电商平台角度看，在支付牌照未完全放开的前提下，创新商业模式时是否会触及“二清”界限在未来相当长的时间内仍将是电商平台支付实现需要关注的重点。

2019 年 9 月以来，成立 1 年多，拥有 1.3 亿注册用户、4000 万月活量的社交电商 APP 平台淘集集面临商家集中挤兑的风波，初步估计涉及商家保证金及货款拖欠金额超过 20 亿。10 月 15 日，淘集集 CEO 张正平发布公开信承认自己战略失误，并推出一份重组协议，希望商家将提现周期延长至买方收货后的 100 天。而最初淘集集承诺的回款周期是 T+1。在商家一片反对声中，淘集集商业模式中涉及的二清风险重新引起关注。虽然淘集集也接入了支付宝、微信支付，但这些支付通道目前只支持平台收单业务，即买方资金进入平台，无法实现买方资金直接结算到商家账户，实际上在淘集集平台形成了资金池，由淘集集进行二次清分，这便违反了央行对于无证经营支付业务的监管要求。此前有赞（某一家主要从事零售科技 SaaS 服务的企业）曾因商业模式触及二清监管界限而被央行约谈，有赞的解决办法是通过入主持有合法牌照的中国创新支付集团而实现合规经营。

第三节 监管趋严环境中的第三方支付

2019 年 7 月 10 日，央行官网公布对新疆一卡通商务服务有限公司的支付业务许可不予续展，至此，2016 年以来共约 34 家支付机构被注销，其中有主动注销的，也有到期不予续展的，还有被合并的。其中 2016 年注销 4 家，2017 年注销 20 家，2018 年注销 9 家，2019 年注销 1 家。截止到 2019 年 7 月，共计还有 237 家公司持有支付牌照。除部分头部机构外，很多机构面临巨大的生存和竞争压力。

一、监管趋严环境对第三方支付的影响

近两年，支付业务在快速发展的过程中暴露出了一些问题，比如一些非银行支付机构互联、直连，通过银行违规进行跨行清算；部分机构“无照驾驶”，未经许可非法从事支付业务；违规经营、挪用客户备付金等风险事件也时有发生。这些违法违规行为，扰乱了金融秩序，集聚了金融风险，侵害了金融消费者的合法权益。为规范非银行支付机构网络支付业务，防范支付风险，保护当

事人合法权益，央行出台和实施了一系列重大政策，推动支付清算行业进入各项政策全面落实和消化调整期，严监管成为支付行业的新常态，合规性要求不断提高，重点防范资金风险、业务系统宕机风险以及较大规模违规事件风险。中国人民银行于2015年12月28日出台了《非银行支付机构网络支付业务管理办法》，并于2016年6月正式实施，通过在线支付效率与安全目标之间进一步寻求平衡，支付账户实名制与身份验证真实性成为监管的抓手。同时强调了支付结算的原则——“恪守信用、履约付款，谁的钱进谁的账，银行不垫款”。另外，由于“断直连”和备付金红利的消失也导致第三方支付机构经营压力大增，竞争加剧。

（一）“断直连”导致部分第三方机构业务受到影响

部分第三方支付机构存在绕过央行清算系统代替银行行使清算功能，自己完成清算工作的情况，第三方支付清算没有相应的授权和监管，从而造成央行对于违规资金流动的监管困难，央行无法监控资金流向，让某些不良行为有了可乘之机。为此央行成立网联平台，负责线上支付的清算工作，并发布《关于规范支付创新业务的通知》《关于非银行支付机构网络支付清算平台渠道接入工作相关事宜》《关于将非银行支付机构网络支付业务由直连模式迁移至网联平台处理的通知》等相关通知和规范，要求各银行和支付机构应于2017年10月15日前完成接入网联平台和业务迁移的相关准备工作。所有支付机构2018年6月30日起必须通过网联平台处理网络支付业务，这意味着直连银行的模式将彻底终结。主要目的就是要求第三方支付机断开与银行直连，必须通过合法清算机构完成清算。“断直连”后，第三方支付机构的每笔转账交易，都将在央行的视线内，不合法行为将无处可藏，第三方支付机构也很难钻漏洞了。

网联平台建设，或将开创支付清算新格局，直联模式存在多次开发、第三方支付风控水平参差不齐、交易过程资金和信息不透明等问题，取缔直联模式，客户备付金集中存管，促使第三方支付充分发挥面向终端用户的业务创新优势，形成价格和服务的差异化竞争。

（二）支付红利消失

随着互联网经济的繁荣，第三方支付已经成为人们最重要的支付方式，在第三方支付的业务环节中，客户发起付款委托并把款项支付给支付机构，支付机构再将款项支付给收款方，这两个业务环节并非同时完成的，两个环节之间存在着时间差。在该时间差内款项沉淀在了支付机构名下的备付金账户内，由此沉淀资金就产生了利息收益，这部分收益也是之前很多第三方机构赖以生存的基础。但从2017年开始，央行发布一系列规定加强了对第三方支付机构产生的巨额备付金的监管。

2017 年 1 月中国人民银行发布一项支付领域的新规定，即《关于实施支付机构客户备付金集中存管有关事项的通知》，通知明确了第三方支付机构在交易过程中，产生的客户备付金，今后将统一交存至指定账户，由央行监管，支付机构不得挪用、占用客户备付金。按照要求，最终支付机构应将全部客户备付金交存至集中存管账户，但前期设置了缓冲期，首次交存的平均比例为 20% 左右。各支付机构首次交存的具体比例根据业务类型和分类评级结果综合确定，交存金额根据上一季度客户备付金日均余额计算。人民银行或商业银行不向非银行支付机构备付金账户计付利息。随后《中国人民银行办公厅关于调整支付机构客户备付金集中交存比例的通知》规定 2018 年起支付机构客户备付金集中交存比例将由现行约 20% 提高至约 50%。2018 年 1 月仍执行原集中交存比例，2018 年 2 月至 4 月按每月 10% 逐月提高集中交存比例。支付机构执行新的集中交存比例后，应确保其日终在备付金存管银行存放的客户备付金，不低于当日所有未集中交存客户备付金总额的 50%。2018 年 6 月又下发了《中国人民银行办公厅关于支付机构客户备付金全部集中交存有关事宜的通知》（银办发〔2018〕114 号），通知要求自 2018 年 7 月 9 日起，按月逐步提高支付机构客户备付金集中交存比例，到 2019 年 1 月 14 日实现 100% 集中交存。交存时间为每月第二个星期一（遇节假日顺延），交存基数为上一个月客户备付金日均余额。

在 2018 年 11 月 29 日中国央行支付结算司又下发了《关于支付机构撤销人民币客户备付金账户有关工作的通知》，规定第三方支付机构应于 2019 年 1 月 14 日前撤销人民币客户备付金账户，这意味着支付机构对客户备付金享有的红利于 2019 年 1 月 14 日彻底消失殆尽。

从起初 20% 的备付金缴存比到如今的 100% 集中存管，从刚开始规定在商行开设备付金专用存款账户，到如今存至央行指定的“网联”集中存管平台，还有备付金存款账户从有息到无息的这一系列改变，在降低风险，加强监管的同时，也对今后第三方支付平台的发展带来了巨大挑战。

（三）第三方支付机构被处罚成为常态

对于第三方支付机构来说，随着监管机构整治力度的加大，近年来面临的监管越来越严格。一是被处罚企业数量呈大幅增长趋势。据中国支付网数据显示，截至 2019 年 7 月底，央行针对第三方支付机构已开出 63 张罚单，涉及 45 家公司，罚没总额约 8900 余万元。在 2019 年上半年，央行对第三方支付机构开出罚单共计 54 张，累计罚没金额约为 4500 余万元；而 2018 年上半年，国内的第三方支付机构共收到 34 张罚单，涉及 30 家机构，被累计罚款金额超过 4500

万元。二是被处罚金额呈快速扩大趋势，从警示走向真正的处罚。2018 年的罚单金额大多介于几万到百万级，而 2019 年 7 月 12 日，央行开出第三方支付有史以来最高的金额罚单，某支付平台合计被处罚近 6000 万元。三是部分机构被多次处罚。部分机构由于违反非金融机构支付服务管理规定、银行卡收单业务管理规定、未按规定履行客户身份识别义务、未按规定保存客户身份资料、未按规定报送可疑身份交易报告等多次遭罚。

二、支付产业开放对第三方支付的影响

据国付宝官网消息称，2019 年 9 月 30 日，中国人民银行批准国付宝股权变更申请，PayPal 通过旗下美银宝信息技术（上海）有限公司收购国付宝 70% 的股权，成为国付宝实际控制人并进入中国支付服务市场。

国付宝于 2011 年 12 月获中国人民银行颁发互联网支付、移动电话支付业务许可，2015 年获基金支付业务许可，2016 年获跨境人民币支付业务许可，2016 年获预付费卡发行与受理业务许可（海南省、陕西省、云南省、湖南省、北京市）。公司主要面向电子商务、跨境商贸、航空旅游等行业企业提供支付产品及行业配套解决方案。

PayPal 是美股纳斯达克上市公司，也是全球领先的第三方支付企业，覆盖全球 200 多个国家和地区，拥有超过 2. 86 亿活跃支付账户，支持全球 100 多种货币交易。

PayPal 收购国付宝股权意味着 PayPal 将成为第一家获得中国境内第三方支付牌照的外资公司。

支付产业对外开放有利于促进法规制度建设、优化资源配置、降低支付风险和引领开放型经济发展。通过引入外资支付巨头参与国内市场竞争，有助于实现支付产业的互联互通、网状协同，形成跨境金融市场、金融机构、实体经济的相互联通，发挥支付产业对我国开放型经济建设的基础支撑作用。另外，支付产业“引进来”“走出去”的双向开放还有利于培育形成我国支付产业的竞争新优势。在支付服务市场这个典型的竞争性服务产业中，积聚经济社会发展的先进技术应用，在电子支付服务、支付标准应用和支付品牌建设方面不断提升国际影响力，最终有利于促进我国支付产业的开放型经济的增长动能转变、发展方式转变，引领我国开放型经济的发展。

对于第三方支付机构来说，2019 年第一季度，我国第三方移动支付交易规模达到 55 万亿元，虽说同比增速达 20% 以上，但第三方移动支付交易规模的同比增速逐步放缓。随着用户移动支付习惯的建立以及移动支付场景覆盖率的不

断提高，我国移动支付市场的交易规模已经结束了快速增长期，进入到了稳步增长阶段。而在整个市场份额上，支付宝占据近 54% 的市场份额，财付通占据近 40% 的市场份额，壹钱包、京东支付、联动优势合计分享了 3% 左右的市场份额，其余二百三十多家支付机构分享剩余的 3% 市场份额。从以上数据可以看出，除了头部支付机构，其他的支付机构市场份额非常小，加之监管逐渐趋严，很多企业生存都是问题，支付产业的对外开放尤其是国际支付巨头的进入对很多支付机构来说无疑是雪上加霜。

三、支付机构未来发展应对

对于第三方支付来说，粗放式的放养时代已经结束，即将进入精耕细作的时代。这就要求，第一，支付机构要合规经营，这是生存的基础，否则一旦被注销就功败垂成。第二，未来的竞争要素不再是比拼低成本，而是比谁能为客户提供更多的支付场景和更好的支付体验，集中精力拓展场景，细分市场，回归支付本质，优化用户体验将是基本要求。第三，国内消费互联网市场趋于饱和，但跨境电商业务增长迅速，未来几年部分支付机构可能以此为契机迅速发展。第四，伴随着 5G 的普及、物联网、大数据及人工智能的发展，产业互联网的红利将会快速到来，且蛋糕会更大，第三方机构应提前布局。第五，目前数字货币犹抱琵琶半遮面，但很多国家都在积极布局，对于支付机构来说，是否可以及早布局、及早参与，有待研究。

网联平台的建设或将开创支付清算新格局：（1）解决直联模式存在多次开发、第三方支付风控水平参差不齐、交易过程资金和信息不透明的问题；（2）取缔直联模式，客户备付金集中存管；（3）促使第三方支付充分发挥面向终端用户的业务创新优势，形成价格和服务的差异化竞争；（4）通过系统监控抓住资金转移的链路和环节，提高非现场监管的覆盖面和作用。网联平台的建设对各利益相关方的利弊对比如表 7-1 所示。

表 7-1 网联平台各方利弊对比表

名　　称	利	弊
央行	利于监管	无
银联	有利于银联卡安全	和银联在线支付形成竞争
第三方支付机构	风控能力提升；有机会入股	备付金收益减少
商业银行	直连风险，易于获得用户数据	无
终端用户	风险降低	手续费可能增加

从宜人智库2017年报告合集关于金融科技详解中的列表可以看出，网联平台的成立对产业链各方都带来了或多或少的影响。对于合规第三方支付企业来说，今后的竞争要素不再是谁的银行渠道多、谁的清算成本低，而是谁能为客户提供更多更优的支付场景和体验，可以督促第三方支付企业集中精力拓展场景，优化用户支付体验，回归到支付的本业。这样的变化对于电商平台来说一方面可能因为第三方支付手续费的增加导致支付成本的增加，另一方面会有更多可以提供更好服务的支付服务机构的加入。

在监管趋严的政策环境中，支付市场的经营模式更加丰富并趋于分化，一些支付服务商在向大商户的垂直行业以及增值服务渗透，利用支付服务的专业化优势深入企业的财务资金网络，通过将高效支付和企业应收款、现金及资金调度、结算等相结合，打通资金流通环节和通道，极大提升了企业集团的财务效率。

第四节 产业互联网与银行转型探索

银行与第三方支付相比，在支付服务方面有天然的竞争优势，因为支付结算、清算及账户管理原本是银行的基础服务。预授权支付、冻结支付可以应对用户多种支付场景。与第三方支付相比，同电商平台的结合及跨行支付是商业银行的局限，而且银行的管理体制和对于系统安全的强调也使其在创新服务方面受到一定限制。但金融科技的高速发展和第三方支付向金融服务领域的渗透必将倒逼银行加快变革的脚步，在原来提供支付结算和清算服务的基础上寻求新的业务增长点，实现互联网与金融的深度融合，银行在交易型银行、现金支付、票据支付、供应链金融等方面的探索会为产业互联网的发展提供新的方向和动力。

一、传统银行向互联网交易型银行的转变

“互联网交易型银行”从2013年开始尝试，到目前已逐步形成理论和实践相结合的完成体系，从某种程度上反映了银行寻求变革的趋势。宁小军《互联网交易型银行——传统银行转型之路》一书中对于互联网交易型银行的设计思路做了概述：“互联网交易型银行的设计思路是，根据商业银行的地域和经营特点，跨界合作构建生态平台，商业银行可以从传统金融服务的中心提供者进化为平台和网络生态的支持者、运营者，用互联网平台和互联网工具聚拢用户，

以放大用户能力和帮助用户更好实现交易为目的，在流程优化的基础上实时、即时提供结算、融资、投资、商机等各类泛金融服务，使每一个用户都成为产品和服务面向的核心，从而几何级提升全社会的效率，并降低金融体系的‘私人成本’，进而降低全社会的交易成本。”从文中可以看出，银行正在尝试跨界合作，实现转型。

互联网交易型银行的探索大概会经历三个阶段。阶段一从提高资金端的覆盖面开始，通过网上银行、电子银行、直销银行、基金与保险的网上销售，让众多有理财投资需求的用户可以更便捷地与资产端对接。阶段二是资产端的互联网化，通过互联网银行、消费金融和供应链金融等模式，嵌入交易场景，利用大数据对资产进行计量和定价，从而快速拓展客户，提高银行风控能力并提升客户体验。阶段三是银行智能服务的全面提升，通过交易互联网化、投融资平台化和去信用中介化，让用户随时随地进行线上开户交易，资产资金跨行配置，银行不再对风险兜底。

二、互联网交易型银行对产业互联网的影响

产融结合是大势所趋，银行作为企业投融资的主要渠道和产业互联网支付服务的提供者之一，从传统银行向交易型银行的转型对于产业互联网的发展也会产生直接或间接的影响。目前来看，这种影响主要体现在以下几个方面。

1. 内部账户成为银行获取企业用户的新途径

企业账户的争夺是银行间竞争的最重要的方面，各家银行都在原来提供支付结算和清算服务的基础上寻求新的业务增长点。第三方支付提供的虚拟账户体系在某种程度上起到了替代银行间清算功能的作用，对此银行在实体资金账户基础上也推出类似的内部账户模式，与电商平台订单流程深度融合，结合账户资金冻结、资金存管和定向支付，帮助产业互联网平台符合央行对于无证平台合规支付的要求，实现平台上企业间在线交易对于担保支付和电子回单的需要。

2. 银行向电子商务领域的直接渗透

建设银行于 2012 年推出“善融商务”，以掌握的企业和个人客户资源为基础，搭建电子商务平台，直接介入商品交易环节，提供电商金融一站式服务，成为国内首家涉足电子商务的银行。许多银行紧随其后涉水电商，典型代表有工行融 e 购、中行聪明购、民生商城等。2015 年 6 月，中国工商银行与中国建筑股份有限公司在北京签署电子商务与在线供应链金融合作协议。根据协议，合作双方将发挥在各自领域的优势共同打造千亿级建筑业电商平台。

由于银行系电商起步晚，且都采用引进第三方提供商品的模式，在质量保障、发货、退款等基础电子商务服务方面与成熟的电商平台相比尚有差距，所以银行向电子商务方向的服务延伸并非一帆风顺。

3. 供应链金融是银行融资服务与交易场景结合的代表模式

银行提供供应链金融服务的模式覆盖核心企业与供应商、核心企业与批发商、批发商与零售商之间交易的产业链各个环节。针对供应商对核心企业的赊销，银行可以为供应商提供应收账款保理或质押服务。针对经销商向核心企业的采购，可以提供预付款与仓储监管结合的保兑仓服务或仓单质押服务。针对经销商向下游用户的赊销，可以提供应收票据贴现或福费廷服务。

如果产业互联网平台可以形成核心企业与其上下游企业真实的交易场景，那么通过与银行开展供应链金融服务合作，实现资金自循环，不但有助于银行基于真实交易的业务拓展和风险防控，而且有助于产业互联网平台非现金交易情形下的在线交易的闭环。

4. 银行借助产业互联网平台实现批量开发用户和数据风控

产业互联网平台有几个关键要素，比如产业生态、大数据和生产性服务等。产业互联网平台通过产业生态的营造、生产性服务的提供聚集了大量的企业用户，并在平台沉淀了海量的企业基本信息、订单数据、合同数据、支付数据、物流数据、设备运行数据等，这些无疑对银行具有非常大的价值。银行与产业互联网平台合作，推出基于真实业务场景的信贷服务产品，对于产业互联网平台来说可以营造服务生态，解决企业的融资需求。对于银行来说，实现用户的批量开发和基于数据的风控无疑是银行积极与产业互联网平台合作的目标所在。比如2015年工行与中国建筑联合推出的面向建筑行业的垂直电商平台，在业界首创“互联网+建筑+金融”的新商业模式。平台定位是为中国建筑集团及下属子公司的采购提供全方位、全流程的链式服务，工行将在采购过程中提供“一触即达”的配套融资服务，包括融资额度审批、贷款在线申请、合同签订及贷款发放，到期后为借款人自动还款。

三、银行电票支付创新

在解决B2B支付这个难题上，中信银行、招商银行等作为上海票据交易所（下称票交所）的第一批试点金融机构，推出业内全新的电票支付产品“票付通”，从而开启了电商电票支付的新时代。

2019年1月26日，随着银联平台817万元耐火材料订单的线上票据支付成功，中信银行“票付通”产品实现了上线投产。中信银行与上海票据交易所线上票据支付系统对接，采用开放银行和系统直联并用的技术手段，线上化输出票付通产品，支持平台会员在交易时支付并锁定电票、在交易完成或取消时解锁电票，可以有效地保障交易安全。同时，在提供电票锁定、解锁等核心功能的基础上，中信银行票付通产品还提供票据状态更新、业务对账等辅助功能，以及一键开票、自动提示承兑、自动提示收票、自动锁定等增值功能，助力电商平台订单交易和电票结算的紧密结合，打消买卖双方顾虑，实现票据流、信息流和物流三流合一，让结算回归平台。并且，一旦交易出现异常，电商平台根据指令锁定电票，卖方则可以取消交易，而买方则可以撤回票据，最终保证交易的安全性。

同一天，招商银行与中建电商有限责任公司、中国石油化工集团有限公司，通过上海票据交易所“票付通”产品完成首单交易。招行的电商票据解决方案基于平台的真实贸易背景及采购方与供应商的需求，平台上的采购方与供应商采用票据结算货款，在供应商发货的当天采购方即在平台上冻结自身企业网银中符合供货金额的电子银行承兑汇票，并锁定该票据的收款人为供应商，则供应商第一时间即可看到未来将要收到的货款信息，解决供应商的回款后顾之忧；货物送达后由采购方验货，验货通过后立即在平台发出支付指令，将之前冻结的电子银行承兑汇票背书给供应商。

可以说，“票付通”产品的推出，为解决 B2B 的支付难题贡献了新的方案。iiMedia Research（艾媒咨询）数据显示，2018 年中国实有各类市场主体 11020 万户，其中个体工商户 7328.6 万户，大量市场主体对于移动支付 B 端服务的需求，带动了移动支付 B 端市场的发展。在移动支付 C 端市场发展基本成熟的情况下，各平台竞争焦点开始往 B 端服务市场集中，而庞大的市场主体也为移动支付 B 端服务市场的发展提供了广阔的空间。很多机构最初集中力量研究和探索 B2B 现金支付的创新，电商电票系统的推广可以说是为 B2B 支付另辟蹊径。因为票据天然是为 B 端而生的，在 B2B 支付方面，电票更方便地承担了电商交易中的担保功能，且电票开具方便，锁定和撤回都在系统上进行，操作快捷，易于实现，切合电商交易特征。但电票模式也有其需要完善的地方，一是对于大部分的市场主体，尤其是个体工商户来说，开具和使用电票的程序还有待简化。二是周期有待缩短，只要银行账户有保证金可以随时开票。这样，让市场主体在收付票据和收付现金基本同样方便时，通过“票付通”解决 B2B 支付难题就容易了。

四、商业银行在 B2B 支付领域的机遇

在 B2B 支付方面，未来还有很长的路要走，最终可能是现金支付模式胜出

也可能是票据模式胜出，不过笔者认为最终会是一种相互结合模式，金额小频次高的交易主要通过现金支付模式（如双向保付，冻结支付等），金额大频次相对低的交易主要通过票据模式进行支付。但无论最终的B2B支付格局如何，商业银行与第三方支付相比，在支付服务方面有天然的竞争优势，因为支付结算、清算及账户管理原本是他们的基础服务。预授权支付、冻结支付可以应对用户多种支付场景，商业银行通过内部账户的方式为电商平台及其用户提供按照平台指令完成资金转移的服务，发挥银行资金监管优势，解决电商平台用户之间及用户对于第三方支付服务的不信任问题。电商电票支付更是银行的特有方式，可以说银行在B2B支付方面占尽先机。但与第三方支付相比，在与电商平台的结合及跨行支付方面商业银行有其局限性。商业银行是否能够发挥优势，在即将到来的产业互联网大潮中抓住机遇，在B2B支付领域中占得先机，不得而知。

第五节 集团财务公司的服务延伸

大型集团企业通常横跨多个产业，集团企业内部企业之间以及以集团内部企业为核心企业的上下游之间形成的产业协同和连接是产业互联网重要的组成部分。许多产业互联网平台都是由集团企业内部提升协同效率的需求为原动力，并在应用成熟后向全社会开放，以形成更大范围的产业系统的需求下诞生的。财务公司作为服务集团企业的非银金融服务机构，在产业互联网进入迅猛发展的阶段，如何发挥其连接企业和金融的优势，助力大型企业集团的产业互联网转型是值得关注的。

一、财务公司面临的转型问题

企业集团财务公司是中国企业体制改革和金融体制改革的产物。国家为了增强国有大中型企业的活力，盘活企业内部资金，增强企业集团的融资能力，支持企业集团的发展，促进产业结构和产品结构的调整，以及探索具有中国特色的产业资本与金融资本相结合的道路，于1987年批准成立了中国第一家企业集团财务公司，即东风汽车工业集团财务公司。根据《中国企业集团财务公司行业发展报告（2019）》有关数据，我国财务公司法人机构达到253家，全行业内外资产达到9.5万亿，财务公司作为我国金融体系重要的一个组成部分，服务着国内200多家大中型企业集团及其20多个重要产业。

在服务对象上，企业集团财务公司一般都是以母公司、股东单位为服务重点。在监管方面，财务公司是企业集团内部的金融机构，其股东大多是集团公司成员企业，因而其经营活动必然受到集团公司的监督。同时，财务公司所从事的是金融业务，其经营活动必须接受银监局监管。在业务开展方面，财务公司是企业集团内部的金融机构，其经营范围只限于企业集团内部，主要为企业集团内的成员企业提供金融服务。在业务范围方面，财务公司的业务包括存款、贷款、结算、担保和代理等一般银行业务，还可以经人民银行批准，开展证券、信托投资等业务。

财务公司自诞生以来即定位为服务企业集团成员的财资集约化管理公司，但据招商银行《2018 中国企业财资管理白皮书》的分析，由于财务公司敏捷力不足，即财务公司普遍缺乏基于企业财资管理之需，捕捉并洞察外部资讯，高效配置整合财金资源，快速决策反应的能力，财务公司亦缺乏与服务企业及银行之间的有效协同，效率比较低下。由于与银行的同质竞争，真正在产业链上的资源优势、信息优势、金融优势没有得到有效释放。随着大型集团企业纷纷触网，财务公司如何适应形势拓展业务范围，做好集团产业链金融，助力产业互联网平台生态建设是每一个财务公司都需要思考和面对的问题。

二、财务公司业务创新

近年来，财务公司服务功能不断深化，对于企业集团、成员单位和产业链等服务功能也在不断深化完善。在服务好所在企业集团的同时，很多财务公司也在积极进行金融创新，探索服务产业链和服务实体经济的新机制，尤其是重点拓展产业链金融服务。2016 年 12 月 1 日，银监会办公厅印发了《中国银监会办公厅关于稳步开展企业集团财务公司延伸产业链金融服务试点工作有关事项的通知》（银监办发〔2016〕167 号），允许有条件的财务公司申请延伸产业链金融服务。以中国铁建财务公司、兵工财务公司等为代表的财务公司获批延伸产业链金融服务，这些财务公司可以为集团公司成员单位系统外供应商提供票据贴现和应收账款保理等服务。该项业务试点资格的取得促进了集团公司产业链金融发展，提升了集团公司产业链运行的效率。到 2018 年，有 43 家财务公司向产业链下游开展消费信贷、买方信贷和集团产品融资租赁业务，涉及中小微企业 4756 家。有 54 家财务公司向产业链上游开展延伸产业链业务，全年累计发生额 1318 亿元，涉及中小微企业 5287 家。财务公司通过产业链金融服务更好地服务集团主业，改善产业链上下游企业融资难融资贵的现状，促进产业链整体健康的发展。

尽管财务公司近些年保持较好的发展势头，但部分财务公司在业务的拓展

过程中，也遇到了一些发展瓶颈。尤其在新兴经济模式方面，财务公司立足于集团公司，主要开展的是集团公司内部业务，即使获批延伸供应链服务，也受诸多条件的限制，可开展的业务有限。

三、平台经济模式下财务公司发展机遇与挑战

随着电子商务的推广、平台技术的逐步成熟以及移动互联网的发展，各种垂直及综合的平台纷纷崛起，阿里巴巴、亚马逊、微信、京东等高科技企业迅速成功，平台模式及商业生态系统成为主导的商业模式，其价值正在被越来越多的传统企业所重视。伴随着这些国内外巨头的崛起，一些传统制造业、产业链龙头企业等大型企业集团依托自身的行业地位、配套资源以及影响力也纷纷进行模式创新，依托平台进行交易，发展平台经济。如海尔集团、一汽集团、航天科工、华为、三一重工等纷纷发展工业互联网平台，建设平台生态系统。

在各种平台不断发展，新的生态逐步形成的过程中，平台交易逐步增加，各种支付争相介入。而集团内的财务公司反而难以“近水楼台先得月”，究其原因，平台生态的形成和交易的发展，往往是以集团公司及其成员单位为核心，围绕核心形成的供应链生态系统，这个系统中既包括了核心企业的供应商和客户，也包括了供应商的客户和供应商以及客户的供应商和客户，甚至更多。在这样的平台生态系统中的交易既有“一头在外”的业务，也有“两头在外”的交易，且后者所占比例更大，这部分业务集团财务公司恰恰参与不了。

针对上述情况，笔者认为，第一，在财务公司的金融创新探索中，可以探索有限制的“两头在外”业务，即对于集团内平台上的业务和参与方，集团财务公司可以深度参与基于集团企业真实交易场景的支付、信贷、票据贴现和应收保理等。第二，支付牌照的创新探索。财务公司可以积极申请支付牌照用于开放的产业互联网平台业务，也可以和相关部门共同探索有限制的支付牌照创新，即仅限于服务集团公司及其成员单位的平台业务。

除此之外，在产业互联网阶段，财务公司发挥其连接产业和金融的优势，通过打造产业生态级系统，使得产业与产业之间、产业链上下游之间、产业中介与周边生态之间有效协同，将是财务公司的创新方向。比如财务公司可以推动与集团内部成员单位之间系统的联通、与金融同业系统的互通，通过专有云、混合云的建设，形成全方位的数据资产视图，为真正的数据经营提供必要的基础设施，提高集团数据资产运营能力。

当然，在业务创新的尝试和探索中存在风险和不确定性，但只有一步步摸索，敢于抬起脚步向前迈，才能不断前进。

第六节 支付与金融技术的融合发展

2020 年 1 月 3 日下午，A 股移动支付和金融科技板块异动，多只概念股直线拉升，随后财付通公司与银联正在开展条码支付互联互通合作试点的消息被得到证实。在此之前，2019 年 10 月下旬，因为中共中央政治局就区块链技术的第十八次集体学习消息的传出，区块链相关的概念股也持续火热了一段时间。2019 年 9 月 6 日，央行官方正式发布了《金融科技（FinTech）发展规划（2019—2021 年）》，其中提到要加大科技赋能支付服务力度。从资本市场对于这些消息的反应及国家政策的导向可以看出金融科技已经成为各方关注的焦点，而金融科技与支付的融合发展也必将会影响产业互联网平台未来在线支付的实现。

一、区块链技术与支付变革

《2016 年全球支付报告》指出，金融科技日益成为潮流，大数据、云计算、预测分析学、区块链技术加速与支付行业相融合，使支付数据实时可得、可分析、可预测并产生效益。麦肯锡在最新报告中建议全球商业银行加快优化操作流程，以确保能对接区块链支付技术，提供更多高效的银行终端业务，提高支付效率，避免支付延迟。

2019 年年中，Facebook 上线加密数字货币项目 Libra，使得区块链技术在全球范围内骤然升温。而 10 月下旬中共中央政治局就区块链技术发展现状和趋势进行了第十八次集体学习，则使得区块链技术一夜之间在国内再次站到了风口浪尖，与区块链相关的概念股一飞冲天。由于区块链技术特有的分布式账本具有即时性的数据记录功能、流程溯源功能以及数字资产功能，其记账逻辑从账户导向到资产导向，所以区块链技术将在跨境支付、改造金融市场基础设施以及央行数字货币等与支付清算相关的领域得到应用，从而对支付行业产生深远影响。目前基于区块链技术的数字货币、应收账款资产分割使用，将为企业间交易支付创新提供更大的想象空间。

二、第三方支付与支付领域模式变革

随着移动通信技术、条码技术与支付技术的结合，移动支付飞速发展，传统支付手段受到极大冲击，一部智能手机在手几乎可以应对日常生活中所有需

要支付的场景，现金、银行卡几乎退出了人们的生活。第三方支付对于原有银行支付清算体系的冲击还并不限于支付手段，在资金清算环节，第三方支付账户模式打破了银行账户垂直体系分割，并与交易场景的不断融合，直接威胁银联在清算环节的地位，打破了支付市场原有秩序。央行推出了网联平台以解决第三方支付领域的数据安全问题以及资金监管问题，重新平衡支付市场不同的主体利益。

在央行《金融科技（FinTech）发展规划（2019 - 2021 年）》中提到，要利用人工智能、支付标记化、云计算、大数据等技术优化移动支付技术架构体系，实现账户统一标记、手机客户端软件（APP）规范接口、交易集中路由，推动条码支付互联互通等。2020 年新年伊始，因为财付通公司与银联正在开展条码支付互联互通合作试点的消息引起的移动支付和金童科技板块的异动，都说明在政策的引导及技术的创新下，支付领域的变革仍在继续。条码支付互联互通将改变用户手机 APP 和商户码标之间无法互认的问题，增加消费者、商家使用的便捷性，降低市场交易时间成本，同时也冲击支付巨头长期形成的线下支付格局。

可见目前新形成的支付秩序和利益格局并非一劳永逸，随着技术与模式创新的加快，支付领域的变革脚步不会就此停止。

三、支付与数据服务行业

随着支付行业与互联网电子商务的紧密结合，生成了海量客户消费数据和支付数据。欧盟率先通过允许第三方支付机构跨网采集客户消费数据和支付数据的《支付服务指引 2》，将催生一个崭新的行业：数据生产和分析商。2019 年 ETC 成为支付宝、微信及银行新的战场，这得益于 ETC 先天拥有的客户优势，并且还拥有富于想象的应用场景。

在产业互联网领域，随着在线支付的实现，供应链金融服务与实际场景的结合，反应 B2B 用户真实经营状况的数据将会在平台沉淀，以数据为基础的征信服务、金融服务将会反过来推动产业互联网平台的发展。

附录　详解产业互联网平台支付相关政策核心条款

一、非金融机构支付服务管理办法

（一）发文时间：2010 年 9 月

（二）发布机构和字号：中国人民银行令〔2010〕第 2 号

（三）出台背景

非金融机构以其丰富的服务方式，拓展了银行业金融机构支付业务的广度和深度，较好地满足了电子商务企业和个人的支付需求，促进了电子商务的发展，但随着业务范围及规模的扩大，产生了新的风险隐患，如信息系统安全、客户备付金权益保障、反洗钱义务履行等问题，同时也存在违反市场规则无序竞争的问题，需要通过必要的法规制度和监管措施及时加以预防和纠正。

（四）与产业互联网平台相关的政策要点解读

（1）建立统一的非金融机构支付服务市场准入制度和严格的监督管理机制，未取得《支付业务许可证》的非金融机构不得从事支付业务，使得处于“半阳光”状态的第三方支付业务进入了“完全阳光化”状态。这是 1999 年第 1 家支付机构诞生后第一次要求支付机构需持牌经营，此举意义重大。

（2）对支付业务许可证的申请设置了较高的的门槛，这将使得大部分小型第三方支付企业退出支付市场。

（3）支付业务许可证不做数量限制，且无论是国有资本还是民营资本，只要符合该办法的规定，都可以参与支付市场的公平竞争。

（五）与产业互联网平台在线支付相关的关键条款摘录

第三条　非金融机构提供支付服务，应当依据本办法规定取得《支付业务许可证》，成为支付机构。支付机构依法接受中国人民银行的监督管理。未经中国人民银行批准，任何非金融机构和个人不得从事或变相从事支付业务。

第九条　申请人拟在全国范围内从事支付业务的，其注册资本最低限额为 1 亿元人民币；拟在省（自治区、直辖市）范围内从事支付业务的，其注册资本最低限额为 3 千万元人民币。注册资本最低限额为实缴货币资本。

第二十四条　支付机构接受的客户备付金不属于支付机构的自有财产。

支付机构只能根据客户发起的支付指令转移备付金。禁止支付机构以任何形式挪用客户备付金。

第二十五条　支付机构应当在客户发起的支付指令中记载下列事项：

（一）付款人名称；

（二）确定的金额；

（三）收款人名称；

（四）付款人的开户银行名称或支付机构名称；

（五）收款人的开户银行名称或支付机构名称；

（六）支付指令的发起日期。

客户通过银行结算账户进行支付的，支付机构还应当记载相应的银行结算账号。客户通过非银行结算账户进行支付的，支付机构还应当记载客户有效身份证件上的名称和号码。

第二十六条　支付机构接受客户备付金的，应当在商业银行开立备付金专用存款账户存放备付金。中国人民银行另有规定的除外。

第三十二条　支付机构应当具备必要的技术手段，确保支付指令的完整性、一致性和不可抵赖性，支付业务处理的及时性、准确性和支付业务的安全性；具备灾难恢复处理能力和应急处理能力，确保支付业务的连续性。

二、非金融机构支付服务管理办法实施细则

（一）发文时间：2010 年 12 月

（二）发布机构和字号：中国人民银行公告〔2010〕第 17 号

（三）出台背景

配合《非金融机构支付服务管理办法》，落实办法中的实施细则和具体措施。

三、支付机构反洗钱和反恐怖融资管理办法

（一）发文时间：2012 年 3 月

（二）发布机构和字号：银发［2012］54 号

（三）出台背景

支付涉及资金的流动，存在被犯罪分子利用的风险，银行针对此类风险的管理措施相对完善，支付机构作为支付服务的新加入者，需要加强这类风险的规范管理。

（四）与产业互联网平台相关的政策要点解读

（1）网络支付机构在为客户开立支付账户时，支付机构应通过合理手段对客户进行实名认证，以过滤和识别风险客户。这意味着交易平台用户在使用平台合作支付机构的服务时需要提供一些证明材料，且平台需要对接相关认证机构对用户进行实名认证。

（2）支付机构要制定客户风险等级划分标准，评定客户风险等级，根据客户的风险等级定期审核，并对风险级别最高的客户加强对交易活动的监测。这需要支付机构与交易平台配合，建立交易安全保障系统和制度体系，对客户在平台的交易事项进行识别。

（3）支付机构要保存客户完整的交易记录，保证能准确重现交易。这需要交易平台在发送支付指令时也要包括交易双方的信息及交易订单号。

（五）与产业互联网平台在线支付相关的关键条款摘录

第五条　支付机构总部应当依法建立健全统一的反洗钱和反恐怖融资内部控制制度，并报总部所在地的中国人民银行分支机构备案。反洗钱和反恐怖融资内部控制制度应当包括下列内容：

（一）客户身份识别措施；

（二）客户身份资料和交易记录保存措施；

（三）可疑交易标准和分析报告程序；

（四）反洗钱和反恐怖融资内部审计、培训和宣传措施；

（五）配合反洗钱和反恐怖融资调查的内部程序；

（六）反洗钱和反恐怖融资工作保密措施；

（七）其他防范洗钱和恐怖融资风险的措施。

第十条　支付机构应当勤勉尽责，建立健全客户身份识别制度，遵循“了解你的客户”原则，针对具有不同洗钱或者恐怖融资风险特征的客户、业务关系或者交易应采取相应的合理措施，了解客户及其交易目的和交易性质，了解实际控制客户的自然人和交易的实际受益人。

第十一条　网络支付机构在为客户开立支付账户时，应当识别客户身份，登记客户身份基本信息，通过合理手段核对客户基本信息的真实性。

第二十条　支付机构应按照客户特点和交易特征，综合考虑地域、业务、行业、客户是否为外国政要等因素，制定客户风险等级划分标准，评定客户风险等级。客户风险等级标准应报总部所在地中国人民银行分支机构备案。

首次客户风险等级评定应在与客户建立业务关系后60天内完成。支付机构应对客户持续关注，适时调整客户风险等级。

支付机构应当根据客户的风险等级，定期审核本机构保存的客户基本信息。对本机构风险等级最高的客户，支付机构应当至少每半年进行一次审核，了解其资金来源、资金用途和经营状况等信息，加强对其交易活动的监测分析。

第二十六条　支付机构应当妥善保存客户身份资料和交易记录，保证能够完整准确重现每笔交易。

第二十八条　支付机构保存的交易记录应当包括反映以下信息的数据、业务凭证、账簿和其他资料：

（一）交易双方名称；

（二）交易金额；

（三）交易时间；

（四）交易双方的开户银行或支付机构名称；

（五）交易双方的银行账户号码、支付账户号码、预付卡号码、特约商户编号或者其他记录资金来源和去向的号码。

本办法未要求开展客户身份识别的业务，支付机构应按照保证完整准确重现每笔交易的原则保存交易记录。

第二十九条　支付机构应当建立客户身份资料和交易记录保存系统，实时记载操作记录，防止客户身份信息和交易记录的泄露、损毁和缺失，保证客户信息和交易数据不被篡改，并及时发现和记录任何篡改或企图篡改的操作。

四、非银行支付机构网络支付业务管理办法

（一）发文时间：2015年12月

（二）发布机构和字号：中国人民银行公告〔2015〕第43号

（三）出台背景

支付安全是电子商务健康发展的保障。随着网络支付业务的发展，非银行支付机构支付账户数量越来越庞大，使用频率越来越高，而非银行支付机构存在的匿名、假名账户严重阻碍了支付账户实名制的落实，客户信息泄密事件也时有发生。与此同时，网络支付法律法规相对滞后，没有明确的法律法规规范参与各方的关系。出台《非银行支付机构网络支付业务管理办法》根据支付机

构的分类评级情况和支付账户实名制落实情况，央行对支付机构事项差别化管理，引导支付机构合规经营，同时加强了客户权益的保护机制。

（四）与产业互联网平台相关的政策要点解读

（1）支付机构应当与客户签订服务协议，约定双方责任、权利和义务，这要求交易平台在引导用户使用支付机构服务时，不但要知悉交易平台的支付服务协议，而且要确认支付机构的服务协议。

（2）用户存放于支付账户所记录的资金余额虽然所有权归属于用户，但是该部分资金是以支付机构名义存放在银行，并且由支付机构向银行发起资金调拨指令。这意味着用户使用平台担保支付功能时，在确认订单时支付的资金实际上是进入了支付机构的备付金账户，用户不能再动用这笔资金，除非卖方同意取消订单后，这笔资金会由支付机构原路返回用户的实体资金账户。而当用户确认收货后，支付机构会直接向银行发送指令将这笔资金转给商家，这个过程并不需要用户在资金账户进行任何操作。

（3）《办法》强调支付机构以服务好电子商务发展为出发点和落脚点，不要经营或者变相经营证券、保险、信贷、融资等业务，这是支付机构与金融机构业务的界限，某种程度上也是电子商务平台与互联网金融平台的界限。

（4）《办法》将个人支付账户分为三类，各类账户对实名验证强度要求不一样，网上交易限额高低与不同账户实名程度、安全性等或正相关的关系，这兼顾了消费者的使用便捷与安全。同时根据实名账户的比例对支付机构实行分类管理，有利于资本实力、技术能力和市场份额占优的企业业务发展。虽然拥有牌照，但缺少优势和特色的小型支付机构来说发展前景不容乐观。

（五）与产业互联网平台在线支付相关的关键条款摘录

第二条　支付机构从事网络支付业务，适用本办法。

本办法所称网络支付业务，是指收款人或付款人通过计算机、移动终端等电子设备，依托公共网络信息系统远程发起支付指令，且付款人电子设备不与收款人特定专属设备交互，由支付机构为收付款人提供货币资金转移服务的活动。

第三条　支付机构应当遵循主要服务电子商务发展和为社会提供小额、快捷、便民小微支付服务的宗旨，基于客户的银行账户或者按照本办法规定为客户开立支付账户提供网络支付服务。

第六条　支付机构应当遵循“了解你的客户”原则，建立健全客户身份识别机制。支付机构为客户开立支付账户的，应当对客户实行实名制管理，

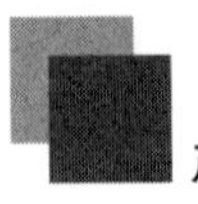

登记并采取有效措施验证客户身份基本信息，按规定核对有效身份证件并留存有效身份证件复印件或者影印件，建立客户唯一识别编码，并在与客户业务关系存续期间采取持续的身份识别措施，确保有效核实客户身份及其真实意愿，不得开立匿名、假名支付账户。

第七条　支付机构应当与客户签订服务协议，约定双方责任、权利和义务，至少明确业务规则（包括但不限于业务功能和流程、身份识别和交易验证方式、资金结算方式等），收费项目和标准，查询、差错争议及投诉等服务流程和规则，业务风险和非法活动防范及处置措施，客户损失责任划分和赔付规则等内容。支付机构为客户开立支付账户的，还应在服务协议中以显著方式告知客户，并采取有效方式确认客户充分知晓并清晰理解下列内容："支付账户所记录的资金余额不同于客户本人的银行存款，不受《存款保险条例》保护，其实质为客户委托支付机构保管的、所有权归属于客户的预付价值。该预付价值对应的货币资金虽然属于客户，但不以客户本人名义存放在银行，而是以支付机构名义存放在银行，并且由支付机构向银行发起资金调拨指令。"

第九条　支付机构不得经营或者变相经营证券、保险、信贷、融资、理财、担保、信托、货币兑换、现金存取等业务。

第十条　支付机构向客户开户银行发送支付指令，扣划客户银行账户资金的，支付机构和银行应当执行下列要求：

（一）支付机构应当事先或在首笔交易时自主识别客户身份并分别取得客户和银行的协议授权，同意其向客户的银行账户发起支付指令扣划资金；

（二）银行应当事先或在首笔交易时自主识别客户身份并与客户直接签订授权协议，明确约定扣款适用范围和交易验证方式，设立与客户风险承受能力相匹配的单笔和单日累计交易限额，承诺无条件全额承担此类交易的风险损失先行赔付责任；

（三）除单笔金额不超过 200 元的小额支付业务，公共事业缴费、税费缴纳、信用卡还款等收款人固定并且定期发生的支付业务，以及符合第三十七条规定的情形以外，支付机构不得代替银行进行交易验证。

第十一条　支付机构应根据客户身份对同一客户在本机构开立的所有支付账户进行关联管理，并按照下列要求对个人支付账户进行分类管理：

（一）对于以非面对面方式通过至少一个合法安全的外部渠道进行身份基本信息验证，且为首次在本机构开立支付账户的个人客户，支付机构可以为其开立Ⅰ类支付账户，账户余额仅可用于消费和转账，余额付款交易自账户开立起累计不超过1000元（包括支付账户向客户本人同名银行账户转账）；

（二）对于支付机构自主或委托合作机构以面对面方式核实身份的个人客户，或以非面对面方式通过至少三个合法安全的外部渠道进行身份基本信息多重交叉验证的个人客户，支付机构可以为其开立Ⅱ类支付账户，账户余额仅可用于消费和转账，其所有支付账户的余额付款交易年累计不超过10万元（不包括支付账户向客户本人同名银行账户转账）；

（三）对于支付机构自主或委托合作机构以面对面方式核实身份的个人客户，或以非面对面方式通过至少五个合法安全的外部渠道进行身份基本信息多重交叉验证的个人客户，支付机构可以为其开立Ⅲ类支付账户，账户余额可以用于消费、转账以及购买投资理财等金融类产品，其所有支付账户的余额付款交易年累计不超过20万元（不包括支付账户向客户本人同名银行账户转账）。客户身份基本信息外部验证渠道包括但不限于政府部门数据库、商业银行信息系统、商业化数据库等。其中，通过商业银行验证个人客户身份基本信息的，应为Ⅰ类银行账户或信用卡。

第十四条　支付机构应当确保交易信息的真实性、完整性、可追溯性以及在支付全流程中的一致性，不得篡改或者隐匿交易信息。交易信息包括但不限于下列内容：

（一）交易渠道、交易终端或接口类型、交易类型、交易金额、交易时间，以及直接向客户提供商品或者服务的特约商户名称、编码和按照国家与金融行业标准设置的商户类别码；

（二）收付款客户名称，收付款支付账户账号或者银行账户的开户银行名称及账号；

（三）付款客户的身份验证和交易授权信息；

（四）有效追溯交易的标识；

（五）单位客户单笔超过5万元的转账业务的付款用途和事由。

五、非银行支付机构风险专项整治工作实施方案

（一）发文时间：2016年4月

（二）发布机构和字号：银发〔2016〕112号

（三）出台背景

互联网金融风险引起了各界关注，非银行支付机构作为互联网金融的一个

组成部分，必定也会进入监管机构关注的视野，特别是支付机构挪用客户备付金的风险及一些平台和机构无证开展支付业务的问题一直存在，《非银行支付机构风险专项整治工作实施方案》是《关于促进互联网金融健康发展的指导意见》和《互联网金融风险专项整治工作实施方案》的配套方案，针对支付机构存在的风险旨在推动支付服务市场健康发展，提升支付行业服务质量和服务效率，切实防范支付风险。

（四）与产业互联网平台相关的政策要点解读

（1）将支付备用金作为风险整治重点，对备付金管理薄弱、存在挪用备付金行为的支付机构依法从严、从重处理，逐步取消对支付机构客户备付金的利息支出，降低客户备付金账户资金沉淀，将会引导支付机构回归支付本原，不以变相吸收存款赚取利息收入。这意味着支付机构未来可能不能把担保支付过程中沉淀资金孳息作为主要盈利模式，支付机构盈利方式的变动将会对合作交易平台的在线支付业务产生影响。

（2）支付机构与银行多头连接开展的业务应全部迁移到将要建立的网络支付清算平台处理，逐步取缔支付机构与银行直接连接处理业务的模式，确保客户备付金集中存管制度落地。这一条是在为后续支付机构的断直连做准备。

（3）按照总量控制、结构优化、提高质量、有序发展的原则，一般不再受理新机构设立申请，这意味着短时间内支付牌照可能会出现只减少不增加的状况，交易平台即使业务模式成熟也很难获得支付牌照，只能通过购买支付牌照或与支付机构合作的方式完成在线支付。

（4）根据无证机构业务规模、社会危害程度、违法违规性质和情节轻重分类施策，意味着对目前市场上已经存在的交易量小的电商平台无证支付的情况给于了整改的期限，而对于业务规模较大、存在资金风险隐患、不配合监管部门行动的无证机构，将依法取缔。

（五）与产业互联网平台在线支付相关的关键条款摘录

二、整治重点和措施

（一）开展支付机构客户备付金风险和跨机构清算业务整治。

1. 加大对客户备付金问题的专项整治和整改监督力度。一是强化客户备付金监测管理，及时预警客户备付金安全风险，加大执法检查中发现问题的整改力度。二是定期、不定期对支付机构的客户备付金安全性、完整性和合规性开展抽检、核查、整治，重点抽检业务不规范、风险问题较多且经营亏损较为严重的支付机构。三是因地制宜采取监管措施，增强支付机构的“红线”意识和备付金存管银行的责任意识。对备付金管理薄弱、存在挪用备付金行为的支付机构依法从严、从重处理。对未尽职履责甚至与支付机构合谋的备付金存管银行，采取限期改正、警告、罚款、通报批评、暂停或终止备付金存管业务等措施进行处罚。强化备付金存管银行关于客户备付金损失的责任，必要时要提供流动性支持。

2. 建立支付机构客户备付金集中存管制度。以保障客户备付金安全为基本目标，制定客户备付金集中存管方案，要求支付机构将客户备付金统一缴存人民银行或符合要求的商业银行，加强账户资金监测，防范资金风险。研究互联网金融平台资金账户的统一设立和集中监测。

3. 逐步取消对支付机构客户备付金的利息支出，降低客户备付金账户资金沉淀，引导支付机构回归支付本原、创新支付服务，不以变相吸收存款赚取利息收入。

4. 支付机构开展跨行支付业务必须通过人民银行跨行清算系统或者具有合法资质的清算机构进行，实现资金清算的透明化、集中化运作，加强对社会资金流向的实时监测。推动清算机构按照市场化原则共同建设网络支付清算平台，网络支付清算平台应向人民银行申请清算业务牌照。平台建立后，支付机构与银行多头连接开展的业务应全部迁移到平台处理。逐步取缔支付机构与银行直接连接处理业务的模式，确保客户备付金集中存管制度落地。

5. 严格支付机构市场准入和监管，加大违规处罚。按照总量控制、结构优化、提高质量、有序发展的原则，一般不再受理新机构设立申请，重点做好对已获牌机构的监管引导和整改规范。对于业务许可存续期间未实质开展过支付业务、长期连续停止开展支付业务、客户备付金管理存在较大风险隐患的机构，不予续展《支付业务许可证》。加大监督检查力度，严肃处理各种违法违规行为，坚决撤销严重违法违规机构的支付牌照，维护市场秩序，保护消费者合法权益。

（二）开展无证经营支付业务整治。

排查梳理无证机构名单及相关信息，包括但不限于机构工商注册信息、客户或商户数量及分布、交易规模、业务模式，结算方式、资金规模、存放情况，与商业银行、支付机构合作情况，是否存在跨地区开展业务、层层转包业务、与其他无证机构合作情况，是否存在挪用、占用资金的可能，相关机构董事、监事、高级管理人员是否存在违法犯罪记录或其他异常情况。

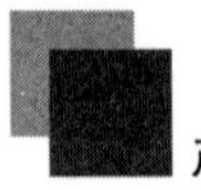

根据无证机构业务规模、社会危害程度、违法违规性质和情节轻重分类施策。对于业务量小、社会危害程度轻、能够积极配合监管部门行动的无证机构，可给予整改期，限期整改不到位的，依法予以取缔；对于业务规模较大、存在资金风险隐患、不配合监管部门行动的无证机构，依法取缔。采取集中曝光和处理的方式，整治一批未取得《支付业务许可证》、非法开展资金支付结算业务的典型无证机构，发挥震慑作用，维护市场秩序。

六、关于加强支付结算管理防范电信网络新型违法犯罪有关事项的通知

（一）发文时间：2016 年 9 月

（二）发布机构和字号：银发〔2016〕261 号

（三）出台背景

电信网络新型违法犯罪利用科技手段，钻监管空子，对警惕性不高的人群下手，严重危害人民群众财产安全和合法权益，损害社会诚信和社会秩序，需要提供支付结算的机构加强对账户、银行卡、终端设施及转账结算行为的管理，从而有效防范电信网络新型违法犯罪，切实保护人民群众财产安全和合法权益。

（四）与产业互联网平台相关的政策要点解读

（1）通知细化了支付结算的管理措施，如进一步加强账户实名制管理，个人账户实行同一人在同一银行只能开设一个Ⅰ类账户；已开立Ⅰ类账户的，可开立Ⅱ类、Ⅲ类账户；惩戒买卖银行账户、冒名开户；暂停涉案账户业务；严格审核异常账户；对单位账户要审慎核实其信用状况；向存款人提供实时到账、普通到账、次日到账等多种转账方式选择，存款人在选择后才能办理业务；非柜面转账限额管理等。这些对于产业互联网平台在线支付的影响主要体现在平台单位和个人用户在使用在线支付业务时，首先要满足银行和支付机构对其账户、支付限额、支付方式的管理，一旦出现异常交易将会直接影响到后续支付的使用。

（2）加大对无证机构的打击力度，尽快依法处置一批无证经营机构。这意味着一些没有取得支付牌照但却直接或变相提供支付服务的平台和机构会面临被处罚的风险。

（五）与产业互联网平台在线支付相关的关键条款摘录

一、加强账户实名制管理

（一）全面推进个人账户分类管理。

1. 个人银行结算账户。自2016年12月1日起，银行业金融机构（以下简称银行）为个人开立银行结算账户的，同一个人在同一家银行（以法人为单位，下同）只能开立一个Ⅰ类户，已开立Ⅰ类户，再新开户的，应当开立Ⅱ类户或Ⅲ类户。银行对本银行行内异地存取现、转账等业务，收取异地手续费的，应当自本通知发布之日起三个月内实现免费。

个人于2016年11月30日前在同一家银行开立多个Ⅰ类户的，银行应当对同一存款人开户数量较多的情况进行摸排清理，要求存款人做出说明，核实其开户的合理性。对于无法核实开户合理性的，银行应当引导存款人撤销或归并账户，或者采取降低账户类别等措施，使存款人运用账户分类机制，合理存放资金，保护资金安全。

2. 个人支付账户。自2016年12月1日起，非银行支付机构（以下简称支付机构）为个人开立支付账户的，同一个人在同一家支付机构只能开立一个Ⅲ类账户。支付机构应当于2016年11月30日前完成存量支付账户清理工作，联系开户人确认需保留的账户，其余账户降低类别管理或予以撤并；开户人未按规定时间确认的，支付机构应当保留其使用频率较高和金额较大的账户，后续可根据其申请进行变更。

（二）暂停涉案账户开户人名下所有账户的业务。自2017年1月1日起，对于不法分子用于开展电信网络新型违法犯罪的作案银行账户和支付账户，经设区的市级及以上公安机关认定并纳入电信网络新型违法犯罪交易风险事件管理平台“涉案账户”名单的，银行和支付机构中止该账户所有业务。

（三）建立对买卖银行账户和支付账户、冒名开户的惩戒机制。自2017年1月1日起，银行和支付机构对经设区的市级及以上公安机关认定的出租、出借、出售、购买银行账户（含银行卡，下同）或者支付账户的单位和个人及相关组织者，假冒他人身份或者虚构代理关系开立银行账户或者支付账户的单位和个人，5年内暂停其银行账户非柜面业务、支付账户所有业务，3年内不得为其新开立账户。人民银行将上述单位和个人信息移送金融信用信息基础数据库并向社会公布。

（五）建立单位开户审慎核实机制。对于被全国企业信用信息公示系统

列入“严重违法失信企业名单”，以及经银行和支付机构核实单位注册地址不存在或者虚构经营场所的单位，银行和支付机构不得为其开户。银行和支付机构应当至少每季度排查企业是否属于严重违法企业，情况属实的，应当在3个月内暂停其业务，逐步清理。

对存在法定代表人或者负责人对单位经营规模及业务背景等情况不清楚、注册地和经营地均在异地等异常情况的单位，银行和支付机构应当加强对单位开户意愿的核查。银行应当对法定代表人或者负责人面签并留存视频、音频资料等，开户初期原则上不开通非柜面业务，待后续了解后再审慎开通。支付机构应当留存单位法定代表人或者负责人开户时的视频、音频资料等。

支付机构为单位开立支付账户，应当参照《人民币银行结算账户管理办法》（中国人民银行令〔2003〕第5号发布）第十七条、第二十四条、第二十六条等相关规定，要求单位提供相关证明文件，并自主或者委托合作机构以面对面方式核实客户身份，或者以非面对面方式通过至少三个合法安全的外部渠道对单位基本信息进行多重交叉验证。对于本通知发布之日前已经开立支付账户的单位，支付机构应当于2017年6月底前按照上述要求核实身份，完成核实前不得为其开立新的支付账户；逾期未完成核实的，支付账户只收不付。支付机构完成核实工作后，将有关情况报告法人所在地人民银行分支机构。

（八）增加转账方式，调整转账时间。自2016年12月1日起，银行和支付机构提供转账服务时应当执行下列规定：

1. 向存款人提供实时到账、普通到账、次日到账等多种转账方式选择，存款人在选择后才能办理业务。

2. 除向本人同行账户转账外，个人通过自助柜员机（含其他具有存取款功能的自助设备，下同）转账的，发卡行在受理24小时后办理资金转账。在发卡行受理后24小时内，个人可以向发卡行申请撤销转账。受理行应当在受理结果界面对转账业务办理时间和可撤销规定做出明确提示。

3. 银行通过自助柜员机为个人办理转账业务的，应当增加汉语语音提示，并通过文字、标识、弹窗等设置防诈骗提醒；非汉语提示界面应当对资金转出等核心关键字段提供汉语提示，无法提示的，不得提供转账。

（九）加强银行非柜面转账管理。自2016年12月1日起，银行在为存款人开通非柜面转账业务时，应当与存款人签订协议，约定非柜面渠道向非同名银行账户和支付账户转账的日累计限额、笔数和年累计限额等，超出限额和笔数的，应当到银行柜面办理。

除向本人同行账户转账外，银行为个人办理非柜面转账业务，单日累计金额超过5万元的，应当采用数字证书或者电子签名等安全可靠的支付指令验证方式。单位、个人银行账户非柜面转账单日累计金额分别超过100万元、30万元的，银行应当进行大额交易提醒，单位、个人确认后方可转账。

（十）加强支付账户转账管理。自2016年12月1日起，支付机构在为单位和个人开立支付账户时，应当与单位和个人签订协议，约定支付账户与支付账户、支付账户与银行账户之间的日累计转账限额和笔数，超出限额和笔数的，不得再办理转账业务。

（十一）加强交易背景调查。银行和支付机构发现账户存在大量转入转出交易的，应当按照“了解你的客户”原则，对单位或者个人的交易背景进行调查。如发现存在异常的，应当按照审慎原则调整向单位和个人提供的相关服务。

（十二）加强特约商户资金结算管理。银行和支付机构为特约商户提供T+0资金结算服务的，应当对特约商户加强交易监测和风险管理，不得为入网不满90日或者入网后连续正常交易不满30日的特约商户提供T+0资金结算服务。

（十五）确保交易信息真实、完整、可追溯。支付机构与银行合作开展银行账户付款或者收款业务的，应当严格执行《银行卡收单业务管理办法》（中国人民银行令〔2013〕第9号发布）、《非银行支付机构网络支付业务管理办法》（中国人民银行公告〔2015〕第43号公布）等制度规定，确保交易信息的真实性、完整性、可追溯性以及在支付全流程中的一致性，不得篡改或者隐匿交易信息，交易信息应当至少保存5年。银行和支付机构应当于2017年3月31日前按照网络支付报文相关金融行业技术标准完成系统改造，逾期未完成改造的，暂停有关业务。

（十六）加强账户监测。银行和支付机构应当加强对银行账户和支付账户的监测，建立和完善可疑交易监测模型，账户及其资金划转具有集中转入分散转出等可疑交易特征的（详见附件1），应当列入可疑交易。

对于列入可疑交易的账户，银行和支付机构应当与相关单位或者个人核实交易情况；经核实后银行和支付机构仍然认定账户可疑的，银行应当暂停账户非柜面业务，支付机构应当暂停账户所有业务，并按照规定报送可疑交

易报告或者重点可疑交易报告；涉嫌违法犯罪的，应当及时向当地公安机关报告。

（十八）理顺工作机制，按期接入电信网络新型违法犯罪交易风险事件管理平台。2016 年 11 月 30 日前，支付机构应当理顺本机构协助有权机关查询、止付、冻结和扣划工作流程；实现查询账户信息和交易流水以及账户止付、冻结和扣划等；指定专人专岗负责协助查询、止付、冻结和扣划工作，不得推诿、拖延。银行、从事网络支付的支付机构应当根据有关要求，按时完成本单位核心系统的开发和改造工作，在 2016 年底前全部接入电信网络新型违法犯罪交易风险事件管理平台。

（十九）依法处置无证机构。人民银行分支机构应当充分利用支付机构风险专项整治工作机制，加强与地方政府以及工商部门、公安机关的配合，及时出具相关非法从事资金支付结算的行政认定意见，加大对无证机构的打击力度，尽快依法处置一批无证经营机构。人民银行上海总部，各分行、营业管理部、省会（首府）城市中心支行应当按月填制《无证经营支付业务专项整治工作进度表》（见附件 2），将辖区工作进展情况上报总行。

七、中国人民银行支付结算司关于将非银行支付机构网络支付业务由直连模式迁移至网联平台处理的通知

（一）发文时间：2017 年 8 月

（二）发布机构和字号：银支付（2017）209 号

（三）出台背景

直联模式存在多次开发、第三方支付风控水平参差不齐、交易过程资金和信息不透明，第三方支付在为用户提供便捷支付的同时，也出现了非法套现、洗钱、非法挪用沉淀资金、网络诈骗等乱象。但由于第三方支付与银行直连的方式，使得客户的资金收付信息滞留在第三方支付机构内部，央行无法像监管银行一样监管资金的来源和去向，从而增加了监管难度和成本，而且直联模式下第三方机构与银行都存在多次开发、同质竞争的问题。同时随着第三方支付出现垄断竞争格局，某些头部机构掌握了大量交易双方的账户信息，在大数据时代，账户安全和数据安全都是需要从更高层面来考虑的。

（四）与产业互联网平台相关的政策要点解读

209 号文规定了两个时间节点，自 2018 年 6 月 30 日起，支付机构受理的涉及银行账户的网络支付业务全部通过网联平台处理，2017 年 10 月 15 日前完成

接入网联平台和业务迁移相关准备工作。这意味着，支付机构由直联迁移网联的工作有了明确的截止时间节点，到时通过直联开展的支付业务将被全部切断，对于交易平台来说，并无直接影响，但对于合作支付机构来说，随着清算结构、监管方式的变化，过去依靠直联银行赚取备付金利差的盈利模式将成为历史，必须和交易平台联合进行业务创新，形成价格和服务的差异化竞争才能继续发展。短期内支付机构因为盈利压力可能会通过提高手续费的模式赢得持续发展的时间，长期看，支付机构的业务创新会有利于产业互联网平台在线交易的发展。

（五）与产业互联网平台在线支付相关的关键条款摘录

根据党中央、国务院关于互联网金融风险专项整治的工作部署，人民银行指导支付清算协会建设“非银行支付机构网络支付清算平台”（以下简称网联平台），主要处理非银行支付机构（以下简称支付机构）发起的涉及银行账户的网络支付业务。现就网络支付业务由支付机构与银行直连模式迁移至网联平台处理有关事项通知如下：

一、自2018年6月30日起，支付机构受理的涉及银行账户的网络支付业务全部通过网联平台处理。

二、各银行和支付机构应于2017年10月15日前完成接入网联平台和业务迁移相关准备工作。

三、网联平台运营机构应制定实施计划，组织各银行和支付机构妥善做好接入工作，包括联调测试、生产验证、压力测试和存量迁移等，并提供相关业务、技术支持。

四、各银行和支付机构应高度重视，加强组织协调，按照计划完成相关工作。指定专人负责工作对接，并于8月15日前将联系人名单反馈人民银行支付结算司。

五、请人民银行各分支机构支付结算处速将本通知转发至辖区内各银行和支付机构，指导并督促其认真做好接入网联平台和业务切量工作。

八、中国人民银行办公厅关于进一步加强无证经营支付业务整治工作的通知

（一）发文时间：2017年11月

（二）发布机构和字号：银办发〔2017〕217号

（三）出台背景

电商平台在无法取得支付牌照的情况下，通过对接或“大商户”模式接入

持证机构，留存商户结算资金，并自行开展商户资金清算的“二清”行为已经成为电商平台的一种通行做法，而这种在线支付的解决方式形成了监管机构无法监管的资金池，资金去向很难掌握，也存在平台挪用资金或卷款跑路的风险。加强对二清行为的整治势在必行。

（四）与产业互联网平台相关的政策要点解读

以包括银行、银联、第三方支付机构、地方清算中心等支付服务市场主体为重点检查对象，全面检查持证机构违规为无证经营支付业务机构提供支付清算服务的行为。这次的整治从落实支付服务市场主体责任，强化监管问责入手，是从源头上切断无证机构的支付业务渠道，说明央行对无证经营支付业务的整治力度进一步加大，对无支付牌照但却变相提供资金清算业务的电商平台影响巨大，因此217号文被称为史上最严厉的支付行业整顿文件。

附件中清晰地列举了无证机构支付业务主要经营模式及特点，既为支付服务机构自查自纠提供了指导，也为电商交易平台审视自身业务，在提供支付服务时主动规避法律风险提供了依据。

（五）与产业互联网平台在线支付相关的关键条款摘录

一、整治工作主要目标

（一）切实加强无证机构整治，加大处罚力度，坚决切断无证机构的支付业务渠道，遏制支付服务市场乱象，整肃支付服务市场的违规行为。

（二）从严惩处违规为无证机构提供支付服务的市场主体，坚决整治严重干扰支付服务市场秩序的行为，规范支付业务活动，从根源上净化支付服务市场环境。

（三）持续强化人民银行支付结算监管工作，提高新形势下支付结算队伍的履职能力，培养敢于监管、勇于严管的监管精神，坚持问题导向和底线思维，筑牢支付安全防线。

二、整治工作检查范围

本次整治工作以持证机构为切入点，全面检查持证机构为无证机构提供支付清算服务的违规行为。持证机构包括：

（一）银行业金融机构。

（二）非银行支付机构（以下简称支付机构）。

（三）中国银联、农信银资金清算中心、城市商业银行资金清算中心。

（四）同城清算系统运营机构、小额支付系统集中代收付中心运营机构。

三、整治工作原则

（一）突出重点，以点带面。分析研究无证机构支付业务主要经营模式及特点（附件1），重点检查为无证机构违规提供支付清算服务的持证机构，以点带面，排查清理无证机构。以打击为无证机构违规提供支付清算服务的持证机构为抓手，加强源头治理，掌握无证机构整治工作主动性。

（二）严肃执法，形成震慑。强化监管政策的执行与落实，重申持证机构监管底线要求，从严惩处持证机构违法违规行为，并曝光典型违法违规案例，保持高压震慑态势。

（三）防打结合，打早打小。既要着力整治已经暴露的支付服务市场乱象，讲求策略方法，依法、有序、稳妥处置无证机构支付业务风险；更要通过整治工作总结经验教训，研究建立支付服务市场监管治理长效机制，做好风险防范和预警，尽可能使无证经营支付业务行为不发生、少发生；一旦发生要在苗头时期、涉众范围较小时及时有效解决。

四、整治工作思路

（一）全面检查持证机构，排查持证机构事前、事中、事后各环节中的可疑违规线索，筛查无证机构名单。

（二）以查处无证机构为切入点，结合无证整治和投诉举报等线索，彻查为其提供支付服务的持证机构，并据此检查该持证机构为其他无证机构违规提供支付服务的情况。上述两条检查主线并行实施，实现检查全覆盖，无死角。对于重复排查发现的无证机构，责令终止支付业务，情节严重造成较大损失的，按照规定会同相关部门予以取缔和处罚；对于反复出现违法违规行为的持证机构，严惩不贷。

五、整治工作安排

人民银行支付结算司负责本次整治工作的组织、协调、持续督导和统筹处置。具体工作安排如下：

（一）持证机构自查自纠阶段（2017年12月底前）

持证机构对照监管制度和检查内容（附件2）自查。自查主体包括持证机构总公司及各分支机构，要全面梳理支付业务合作主体、支付服务接口开放情况。针对自查发现的无证机构合作行为：

1. 客观分析查找原因，采取有效整改措施，在本阶段内确保整改到位。

2. 按照“了解你的客户”原则调查无证机构详细信息，并按照即查即报的原则，及时将相关信息报送所在地人民银行副省级城市中心支行以上分支机构（以下简称人民银行分支机构），配合开展相关无证机构清理工作。

持证机构应按周向人民银行分支机构上报自查自纠工作进展情况，并于工作完成后提交总结报告。

（二）人民银行分支机构组织检查阶段（2018年2月底前）

1. 检查无证机构。一是根据《互联网金融风险专项整治工作实施方案》和《非银行支付机构风险专项整治工作实施方案》等文件确定的工作机制，继续推进无证机构支付业务摸排、核查、处置工作。二是对于持证机构自查发现的无证机构，及时组织开展调查核实。

2. 检查持证机构。一是根据无证机构相关核查工作发现的线索，按图索骥，排查为无证机构提供支付服务的持证机构，并组织开展相应的检查。二是根据持证机构自查自纠工作情况，自行确定持证机构检查范围，组织开展现场检查，排查是否还存在为其他无证机构违规提供支付服务。

3. 分类处置无证机构。对查实的无证机构，人民银行分支机构要督促其限时整改并退出市场，整改期间存量违规业务必须下降、不合规业务不再新增。对于抗拒监管要求，以及违规情形严重、社会影响较大的，人民银行分支机构要积极协调工商、公安等相关部门依法查处。

4. 总结报告。人民银行分支机构每半月向总行上报一次检查工作进展情况，包括持证机构为无证机构提供支付服务的模式分析、规模统计、市场影响研判等，并于工作完成后提交总结报告。

5. 人民银行总行将汇总违规线索信息，及时分办人民银行分支机构调查核实。违规情形涉及面广、影响范围大、情节严重的，由互联网金融风险专项整治工作领导小组办公室推进跨区域、跨部门协调开展清理整治。

（三）人民银行总行组织开展现场督查阶段（2018年4月底前）

人民银行总行以支付结算业务执法检查人员名录库为基础，统一组织成立3－5个检查组，对人民银行分支机构检查工作情况进行抽查，视情直接对持证机构自查自纠情况进行飞行检查。人民银行总行抽查发现人民银行分支机构检查工作存在重大遗漏、持证机构为无证机构提供支付服务情形严重的，严肃追究相关责任人员责任。

人民银行分支机构检查工作期间，总行将视情组织人员对重点地区的检查工作进行评估、督查和督办。

（四）处罚与总结阶段（2018年6月底前）

1. 处罚持证机构。人民银行总行统筹考虑全国整治工作情况，根据持证机构的违规性质、违规情节、影响程度等因素，统一处罚标准。人民银行分支机构根据处罚标准，对相关持证机构实施同案同罚。

2. 人民银行分支机构工作总结。将无证经营支付业务整治纳入人民银行分支机构支付结算工作年度考核。整治工作成绩突出的，通报表扬，并对相关经验做法进行推广；整治工作要求落实不到位，或辖区内出现重大风险的，支付结算工作年度考核一票否决。

3. 总结报告。全面总结本次整治工作情况，重点总结如何将专项整治和日常监管有机结合，推动形成常态化、长效化的制度安排，构建支付结算监管工作长效机制。

六、整治工作要求

（一）加强组织领导。人民银行分支机构对辖区内支付服务市场秩序负总责，要有效落实属地管理职责，确保辖区内无证经营支付业务整治工作组织到位、体系完善、机制健全、保障有力。要将无证经营支付业务整治工作作为履行支付结算监督管理职责的重要内容，明确责任，表扬先进，对工作失职、渎职行为严肃追究责任。在当前无证经营支付业务多发的形势下，要加强基础支持工作，做好人员、经费等保障工作。持证机构要深刻认识整治工作对营造公平竞争的市场环境、促进支付行业健康持续发展的重要意义，积极配合人民银行监管工作。

（二）重视部门协作配合。人民银行分支机构要及时协调公安机关对初步认定的无证机构违法违规行为开展立案侦查；推动工商部门在企业信用信息公示系统公示有关情况，并按照公司登记管理、无照经营等法律法规采取吊销营业执照等惩处措施；会同相关部门共同做好群体性事件的预防和处置工作，齐抓共管，形成合力。对于检查中发现的疑似违反反洗钱、消费者权益保护等法律法规的行为，要及时移交反洗钱、金融消费者权益保护等部门进一步调查处理。

（三）建立健全工作机制。人民银行分支机构要周密部署、迅速行动，不断优化工作方法，加强对无证经营支付业务活动的监测预警和风险研判，做到早发现、早预防、早处置。检查工作要注意程序严格规范，调查取证充分有力。对于无证机构，要注意区分违法违规程度、风险大小等情况，分类处置。对于持证机构，要坐实违法违规事实，确保行政处罚有理有据，并注意总结违规情形及频次，不断完善日常监管工作。持证机构对于自身存在的问题，不推脱、不隐瞒，既要全面整改，更要研究利用互联网、大数据等技

术手段不断提升风险控制能力，合规健康发展。

（四）做好宣传教育引导。中国支付清算协会、人民银行分支机构要加强关于无证经营支付业务整治工作的政策解读和舆论引导工作，主动适时发声，有针对性地回应社会关切，增信释疑，防范个别机构通过不实言论混淆视听。要充分运用各类宣传媒介或载体报道典型案件，通过案件剖析揭露无证经营支付业务违法违规手法和本质，提高支付风险宣传教育的广泛性、针对性和有效性。持证机构主动配合做好宣传教育引导工作或提供有力支持的，可在分类评级等日常监管中给予监管奖励。

（五）畅通举报投诉渠道。鼓励和引导社会公众及有关各方积极举报投诉无证机构，努力营造全社会共同抵制、打击无证经营支付业务的良好氛围。中国支付清算协会要充分发挥支付结算违法违规行为举报平台的作用，强化社会监督约束。持证机构主动提供有价值线索、有力协助整治工作的，可视情给予监管奖励，或对其违规行为酌情从轻处罚。

附件1　无证经营支付业务筛查要点、认定标准及持证机构违规情形说明

一、无证经营支付业务筛查要点

在无证经营支付业务筛查中，对存在以下特点的资金划转行为进行重点关注：

（一）资金集中转入、分散转出，涉及跨区域交易。

（二）资金快进快出，不留余额；或留下一定比例余额后转出，过渡性质明显。

（三）拆分交易痕迹明显，故意规避交易限额。

（四）资金转入、转出金额与实际经营规模、经营活动明显不符。

二、无证经营支付业务主要认定标准

（一）银行卡收单业务

1. 以平台对接或“大商户”模式接入持证机构，留存商户结算资金，并自行开展商户资金清算，即所谓“二清”行为。

2. 从事其他收单核心业务，重点关注特约商户资质审核、受理协议签订等业务活动。

（二）网络支付业务

1. 采取平台对接或“大商户”模式，即客户资金先划转至网络平台账户，再由网络平台结算给该平台二级商户。

2. 为客户开立的账户或提供的电子钱包等具有充值、消费、提现等支付功能。

三、持证机构为无证机构违规提供支付服务的情形

（一）为无证机构提供资金清算、结算通道。（重点关注：中国银联等清算服务主体）

（二）通过系统发起集中代收付等业务的委托人直接从事支付业务。（重点关注：中国银联等清算服务主体）

（三）持证机构向无证机构开放支付接口，无证机构以平台对接或“大商户”模式接入持证机构。无证机构通过支付接口将其拓展的商户交易上送持证机构，由该持证机构为其商户结算资金，或者通过其他持证机构为其商户结算资金。（重点关注：银行业金融机构、支付机构）

（四）持证机构向无证机构开放支付接口，无证机构以平台对接或“大商户”模式接入持证机构。无证机构与持证机构签订代付合作协议（如代付工资等名义），由该持证机构直接将资金结算至无证机构指定账户。（重点关注：银行业金融机构、支付机构）

（五）持证机构将部分核心业务交由外包服务机构办理，或外包服务机构再次进行转让或转包，导致无证机构从事收单核心业务。该类核心业务主要包括特约商户资质审核、受理协议签订、受理终端主密钥生产和管理等。（重点关注：银行业金融机构、支付机构）

（六）为无证机构开立内部过渡户，用于接收无证机构的商户资金；或者直接从内部过渡户向无证机构指定账户划转资金。（重点关注：银行业金融机构）

附件2　持证机构自查内容

一、特约商户资质审核

是否遵循“了解你的客户”原则，严格落实商户实名制，重点检查是否存在以平台对接或“大商户”模式拓展特约商户（含网络商户），特约商户巡检制度是否落实到位。通过外包商拓展的商户，收单机构是否履行了审核责任，收单机构与外包商协议及合作内容是否符合相关规定，是否存在将核心业务外包的违规行为。

二、受理终端主密钥与网络支付接口管理

是否建立商户终端主密钥和网络支付接口的日常管理、风险交易监测等内控制度，是否设置专人专岗负责密钥的生成与管理，是否存在由外包商办理商户终端主密钥的生成、灌装和管理的情况，巡检制度落实情况；各持证机构应重点排查是否存在网络支付接口转接、挪用的情况。

三、交易处理

收单机构是否自主完成收单业务交易处理；是否向其他收单机构、未获收单业务许可的其他机构开放交易接口；是否存在系统化变造、伪造交易信息的情形；是否与支付机构在相关领域合作开展收单业务；收单业务合作外包商是否建立交易处理平台，以直接向收单机构、发卡银行、中国银联、农信银资金清算中心、城市商业银行资金清算中心、同城清算系统运营机构、小额支付系统集中代收付中心运营机构直接发送交易信息。

四、资金结算

重点检查收单资金（包括与其他机构合作开展的收单业务）结算流程，是否完成系统改造确保交易信息真实、完整、可追溯；收单机构是否建立特约商户收单账户设置和变更审核制度，是否违规为不符合制度要求的特约商户提供T+0资金结算服务；是否按协议约定及时将交易资金直接结算到特约商户的收单银行结算账户，是否存在将商户资金汇总至收单机构支付账户后以代付名义转移资金的情况；是否存在将特约商户的结算资金划转至“二清”机构拥有或实际控制的账户，再由“二清”机构通过其他途径完成对商户入账；银行是否为未获收单业务许可的其他机构提供资金转移服务。

五、客户备付金管理与账户开立

客户备付金制度执行情况、客户备付金安全性，重点检查是否存在使用非备付金账户存放、划转客户备付金的情况。为支付机构开立备付金银行账户的情况，以及是否履行了相关监督职责。

六、账户开立与使用合规性

账户包含个人及单位的银行结算账户和支付账户。对于银行结算账户，账户实名制落实情况；2016年12月1日后，是否为同一个人在同一家银行新开立超过一个I类户；个人银行账户分类管理落实情况，如是否远程开立I类户，开立II、III类户时，是否存在直接向支付机构验证账户信息等行为，II、III类户限额管理执行情况，非柜面开立的II类户是否可以从非绑定账户入金，II类户是否可以超限额购买非银行自营或代销的理财产品。对于支付账户，是否严格落实账户实名制；账户分类管理及交易限额落实情况；支付机构为客户开立支付账户，是否通过合法安全的外部渠道进行客户身份基本信息验证；通过银行验证个人客户身份基本信息的，是否为I类银行账户或信用卡。

七、内部过渡账户开立情况

用于开展支付结算业务的内部过渡账户开立情况，具体业务背景为何；

内部过渡账户开立和使用是否合规，是否直接或变相为无证机构结算商户资金提供便利；对无证机构大额或高频的可疑交易是否监测得力，是否存在直接从内部过渡户向无证机构指定账户进行资金转账的情况。

八、收单外包业务管理

外包商是否存在以特约商户名义入网，并发送其他特约商户的银行卡交易信息；是否再次转包业务；是否直接或间接掌握、存储商户交易明细信息。差错争议处理工作是否交由外包商办理，差错争议处理过程中收单机构提供的交易凭证是否真实。

九、代收付业务开展情况

重点调查与其他机构合作开展代收付业务的相关情况，是否以代付的名义直接或变相为无证机构提供商户收单资金的货币资金转移服务，是否就代收付业务与客户签订协议，协议内容是否符合有关法规制度规定，是否审核客户资质和申请开展代收付业务的实际背景，是否执行风险交易监测和反洗钱的相关职责要求。

十、防范电信网络新型违法犯罪的各项责任履行情况

《中国人民银行关于加强支付结算管理防范电信网络新型违法犯罪有关事项的通知》（银发〔2016〕261号）落实情况，如银行自助柜员机是否执行24小时后办理非本人同行转账、是否建立单位开户审慎核实机制、是否为入网不满90日或者入网后连续正常交易不满30日的特约商户提供T+0资金结算服务、是否在网上买卖POS机、刷卡器等受理终端。

十一、风险案件处置情况

外包商或支付业务合作方是否发生过风险案件；特约商户是否发生过风险案件。

九、中国人民银行关于规范支付创新业务的通知

（一）发文时间：2017年12月

（二）发布机构和字号：银发［2017］281号

（三）出台背景

近年来，第三方支付的不断创新推动了支付行业及整个电子商务行业的发展，也倒逼传统银行进行支付服务创新以避免在电子商务高速发展过程中支付服务陷入被动。但缺乏监管的创新往往也意味着一定的风险，不利于支付行业的长期健康发展。因此需要监管机构介入，对支付创新业务进行指导和规范。

（四）与产业互联网平台相关的政策要点解读

（1）“各银行业金融机构（以下简称银行）、非银行支付机构（以下简称支付机构）提供支付创新产品或者服务、与境外机构合作开展跨境支付业务、与其他机构开展重大业务合作的，应当对相关业务的合规性和安全性进行全面评估，并于业务开展前30日书面报告中国人民银行及其分支机构。”这意味着支付创新产品或者服务要先报备再开展，在一定程度上可能会抑制支付服务机构支付业务创新的动力，但也可以避免一些风险性创新产品流入市场。

（2）“（支付服务机构）不得滥用本机构及关联企业的市场优势地位，排除、限制支付服务竞争；不得采用低价倾销、交叉补贴等不当手段拓展市场；不得夸大宣传、散布虚假信息，损害其他市场主体的商业信誉。”这主要是对一些头部支付机构靠资源和补贴争夺用户的行为进行约束，短期内用户或平台使用支付业务的成本会提高，但长远看可能会降低头部支付机构依靠垄断地位进行垄断竞争的情况。

（3）281号文关于代收代付业务也做了进一步明确，并指出代收业务的使用范围仅限于固定收款人定期发起的支付业务，其他支付业务应由付款人开户机构按照有关规定进行交易验证，不得由收款人代为验证。交易平台在提供代收业务时需要特别关注是否符合要求，以免产生支付风险。

（4）加大银行支付接口和跨行清算服务管理的规定则使得市场上的电商平台无法再通过直接对接银行接口由银行完成收单，再由平台进行资金清算，也无法通过直接对接银行接口实现跨行结算，是在217号文基础上对二清业务的进一步整治。

（五）与产业互联网平台在线支付相关的关键条款摘录

一、开展支付创新业务应事前报告

各银行业金融机构（以下简称银行）、非银行支付机构（以下简称支付机构）提供支付创新产品或者服务、与境外机构合作开展跨境支付业务、与其他机构开展重大业务合作的，应当对相关业务的合规性和安全性进行全面评估，并于业务开展前30日书面报告中国人民银行及其分支机构。全国性银行报告中国人民银行；其他银行、支付机构按属地管理原则，报告法人所在地中国人民银行分支机构。

报告内容包括但不限于以下方面：拟推出产品或者服务的名称、基本业务流程、支付指令传输路径、资金清算及结算方式，合作机构名称及业务开展情况、合作方式，业务规则、技术标准、客户权益保护措施、内部控制及风险管理制度，业务试点开展时间及区域，收费项目及标准，潜在市场影响，相关合同及协议模板等。

二、维护支付服务市场公平竞争秩序

各银行、支付机构应当切实增强社会责任意识，遵循依法合规、安全可控、商业可持续的原则，稳妥推广支付业务，共同维护支付服务市场健康持续发展。不得滥用本机构及关联企业的市场优势地位，排除、限制支付服务竞争；不得采用低价倾销、交叉补贴等不当手段拓展市场；不得夸大宣传、散布虚假信息，损害其他市场主体的商业信誉。

中国支付清算协会应当充分发挥行业自律作用，动态调整支付结算违法违规行为重要举报事项，将扰乱市场秩序、侵害消费者合法权益等行为纳入重要举报事项范畴，进一步加大自律惩戒力度。

五、加强代收业务管理

银行、支付机构等代收服务机构根据收款人的委托协议，定期向付款人开户机构（包括银行和支付机构）发送支付指令，提请付款人开户机构不经交易验证直接扣划付款人账户资金的，应当执行下列要求：

付款人开户机构应当事先或者在首笔交易时取得付款人授权，明确收款人名称、支付款项的用途、扣款时间、授权期限、交易限额、异议处理和交易关闭方式等事项，并在后续交易时及时提示付款人交易信息。

代收服务机构应当要求收款人事先与付款人签订收款协议，并在代收交易处理中验证协议关系。代收服务机构应当真实、完整传输交易金额、交易时间、收款人名称和收款用途等代收交易信息，并采取有效措施禁止收款人滥用、出借、出租、出售代收交易接口。

具备合法资质的清算机构在核准业务范围内提供代收业务的交易转接和资金清算服务的，可通过与成员机构制定业务规则或者签订协议等方式，约定代收服务机构和付款人开户机构之间的权利、义务和责任。清算机构应当严格规范代收交易信息，完善交易监测机制，并及时处置违规交易。

上述代收业务的使用范围仅限于固定收款人定期发起的支付业务，其他支付业务应由付款人开户机构按照有关规定进行交易验证，不得由收款人代为验证。

六、加强支付业务系统接口管理

各银行、支付机构、清算机构应当建立支付业务系统接口统一管理制度，明确牵头部门，严格业务审批，加强接入单位审核、使用范围、交易信

息和资金安全等管理。同时，加大交易监测力度，确保接入单位将支付业务系统接口用于协议约定的范围和用途，并采取有效措施防止支付业务系统接口被用于违法违规用途。各银行、支付机构之间不得相互开放和转接支付业务系统接口，预付卡发卡机构为其受理机构开放支付业务系统接口的，以及中国人民银行另有规定的除外。严禁银行、支付机构、清算机构支持或者变相支持无证机构经营支付业务。

七、严格遵守跨行清算政策要求

各银行、支付机构开展支付业务涉及跨行清算业务时，必须通过中国人民银行跨行清算系统或者具备合法资质的清算机构处理。自本通知印发之日起，各银行、支付机构不得新增不同法人机构间直连处理跨行清算的支付产品或者服务；对存量业务，应当按照中国人民银行有关规定尽快迁移到合法的清算机构处理。

十、客户备付金集中存管政策演变

中国人民银行一直把保障支付机构客户备付金安全作为重点工作之一，为此人民银行发布了一系列政策，逐步提高备付金集中存管比例，并与2019年1月实现客户备付金100%的集中存管。通过客户备付金集中存管制度的实施，改变了备付金分散存放和多头管理的状况，提高了交易透明度，有效遏制了备付金挪用风险，为健全反洗钱和反恐怖融资监测机制发挥了重要的基础作用。但客户备付金集中存管制度也给支付机构提出了考验，吃利差和孳息的盈利模式宣告终结，支付机构必须探索更多支付场景，通过技术创新和业务模式创新更好地为用户服务。备付金100%集中交存与断直连一样也被认为是支付行业发展的标志性事件之一。

时间	文号	政策	要点
2013年6月	中国人民银行公告［2013］第6号	支付机构客户备付金存管办法	对客户备付金存放、归集、使用、划转等存管活动做了严格规定，明确了备付金存管银行的监督责任
2017年1月	银办发［2017］10号	关于实施支付机构客户备付金集中存管有关事项的通知	建立了支付机构客户备付金集中存管制度。从2017年4月17日起，获得多项支付业务许可的支付机构，从高适用交存比例，最高20%

（续）

时　　间	文　　号	政　　策	要　　点
2017 年 12 月	银发办［2017］248 号	关于调整支付机构客户备付金集中交存比例的通知	以 2018 年 1 月 8 日、2 月 22 日、3 月 12 日、4 月 9 日为四个时间节点规定银行卡收单业务、网络支付业务、预付卡发行与受理业务的交存比例，交存比例提高至平均 50%
2018 年 7 月	银发办［2018］114 号	关于支付机构客户备付金全部集中交存有关事宜的通知	自 2018 年 7 月起逐月提高交存比例，至 2019 年 1 月实现客户备付金 100% 集中交存
2018 年 12 月	银支付［2018］238 号	关于支付机构撤销人民币客户备付金账户有关工作的通知	支付机构能够依托银联和网联清算平台实现收、付款等相关业务的，应于 2019 年 1 月 14 日前撤销开立在备付金银行的人民币客户备付金账户

十一、中国人民银行关于取消企业银行账户许可的通知

（一）发文时间：2019 年 2 月

（二）发布机构和字号：银发［2019］41 号

（三）出台背景

2018 年 12 月 24 日国务院常务会议强调要针对市场呼声和难点痛点，持续深化“放管服”改革、优化营商环境，进一步激发市场活力和社会创造力，在分批试点基础上，2019 年底前完全取消企业银行账户开户许可。境内依法设立的企业法人、非企业法人、个体工商户办理基本或临时存款银行账户，由核准改为备案，便利企业开业经营。

（四）与产业互联网平台相关的政策要点解读

2019 年底前实现完全取消企业银行账户许可，企业银行账户办理由核准制改为备案制，人行不再核发开户许可证，这意味着企业办理银行账户开户的环节减少，企业带齐所有开户资料且完成开户意愿审核等前提下即可完成开户，不再需要开户行上传人民银行核准，因此开户效率会大幅提高。但因为企业银行账户管理基本交由开户银行完成，意味着银行必须着手准备更多关于开立企业银行账户的事前、事中、事后工作，采取宽进严管的策略，防范冒名开户等风险。对于产业互联网平台来说，在线支付使用的第一步便是需要企业开通银行账户，而且一些银行的特色支付服务也需要企业开通该行的账户，企业开户便利后，有利于产业互联网平台 B2B 在线支付的落地。

（五）与产业互联网平台在线支付相关的关键条款摘录

一、总体要求

深入贯彻落实党的十九大精神、中央经济工作会议、第五次全国金融工作会议工作部署和“放管服”改革要求，按照国务院常务会议决定在全国分批取消企业银行账户许可，优化企业银行账户服务，强化银行账户管理职责，全面加强事中事后监管，切实做到“两个不减、两个加强”，即企业开户便利度不减、风险防控力不减，优化企业银行账户服务要加强、账户管理要加强，全面提升服务实体经济水平，支持企业尤其是民营企业、小微企业高质量发展。

二、工作安排

自2019年2月25日起，取消企业银行账户许可地区范围由江苏省泰州市、浙江省台州市扩大至江苏省、浙江省。

其他各省（区、市）、深圳市在2019年年底前完成取消企业银行账户许可工作。

三、取消许可范围

境内依法设立的企业法人、非法人企业、个体工商户（以下统称企业）在银行办理基本存款账户、临时存款账户业务（含企业在取消账户许可前已开立基本存款账户、临时存款账户的变更和撤销业务），由核准制改为备案制，人民银行不再核发开户许可证。

机关、事业单位等其他单位办理银行账户业务仍按现行银行账户 管理制度执行。机关、实行预算管理的事业单位开立基本存款账户、临时存款账户和专用存款账户，应经财政部门批准并经人民银行核准，另有规定的除外。

四、业务管理

取消企业银行账户许可后，企业基本存款账户、临时存款账户开立、变更、撤销以及企业银行账户管理，应当遵循《企业银行结算账户管理办法》（附件1）。银行为企业开立、变更、撤销基本存款账户、临时存款账户，应当通过人民币银行结算账户管理系统（以下简称账户管理系统）向人民银行当地分支机构备案。

企业一般存款账户、专用存款账户开立、变更、撤销等管理，仍按照《人民币银行结算账户管理办法》（中国人民银行令〔2003〕第5号）等制度执行。

十二、银行业金融机构反洗钱和反恐怖融资管理办法

（一）发文时间：2019 年 2 月

（二）发布机构和字号：银保监会令〔2019〕第 1 号

（三）出台背景

与国际接轨，加强银行业反洗钱、发恐怖融资管理。

（四）与产业互联网平台相关的政策要点解读

（1）将洗钱和恐怖融资风险管理纳入全面风险管理体系，作为合规管理和内控管理制度的重要组成部分，除了规定银行要加强分支机构和附属机构的反洗钱管理外，还明确了银行内部责任部门责任人，说明管理进一步细化。

（2）“银行应采取持续的客户身份识别措施，并建立健全和执行大额交易和可疑交易报告制度。”这一条继续强调客户身份识别的重要性，因为从支付结算角度来看，支付的媒介是银行账户，而账户的归属是客户，只有严格履行客户身份识别才能做好支付结算的风险防控。银行、支付机构与电商平台在客户身份识别和交易监管方面应深度合作。

十三、关于进一步加强支付结算管理防范电信网络新型违法犯罪有关事项的通知

（一）发文时间：2019 年 3 月

（二）发布机构和字号：银发〔2019〕85 号

（三）出台背景

在 2016 年出台《关于加强支付阶段管理防范电信网络新型违法犯罪有关事项的通知》基础上，针对近年来打击治理电信网络新型违法犯罪面临的新形势、新要求和新情况的要求发布本通知。

（四）与产业互联网平台相关的政策要点解读

相对银发〔2016〕261 号文，银发〔2019〕85 号文从健全紧急止付和快速冻结机制、加强账户实名制管理、加强转账管理、强化特约商户与受理终端管理、广泛宣传教育、落实责任追究机制等方面提出了 21 项措施，进一步巩固支付结算安全防线。特别是附件《电信网络新型违法犯罪交易风险事件管理平台部分业务事项说明》清晰地列举了银行和支付机构在账户交易明细查询反馈报文中需包括交易流水号和交易类型，这对交易平台了解支付机构交易类型并设计平台支付功能很有帮助。

（五）与产业互联网平台在线支付相关的关键条款摘录

附件：电信网络新型违法犯罪交易风险事件管理平台部分业务事项说明

一、查询反馈业务重点数据项说明

对公安机关通过电信网络新型违法犯罪交易风险事件管理平台发起的账户交易信息明细查询（银行对应报文类型编码为100301，支付机构对应报文类型编码为A00301），银行和支付机构应当在账户交易明细查询反馈报文（银行对应报文类型编码为100302，支付机构对应报文类型编码为A00302）中准确反馈下列信息：

（一）交易流水号。对于支付机构发起的涉及银行账户的交易，银行和支付机构应当按照以下规则反馈交易流水号和交易类型：

1. 通过中国银联股份有限公司（以下简称银联）处理的业务。

（1）网银支付。反馈银联发送银行的交易订单号（唯一订单标识），交易类型字段填写“银联网银”。

（2）协议支付。反馈协议支付请求报文（报文类型1001）中的交易流水号字段（TrxId），交易类型字段填写“银联协议”。

（3）直接支付。反馈直接支付请求报文（报文类型1002）中的交易流水号字段（TrxId），交易类型字段填写“银联直接”。

（4）贷记付款。反馈贷记付款请求报文（报文类型2001）中的交易流水号字段（TrxId），交易类型字段填写“银联贷记”。

2. 通过网联清算有限公司（以下简称网联）处理的业务。

（1）协议支付。反馈协议支付申请报文（epcc.201.001.01）中的交易流水号字段（TrxId），交易类型字段填写“网联协议”。

（2）网关支付。反馈网关支付跳转报文（epcc.242.001.01）中交易流水号字段（TrxId），交易类型字段填写“网联网关”。

（3）认证支付。反馈银行验证支付申请报文（epcc.231.001.01）中交易流水号字段（TrxId），交易类型字段填写“网联认证”。

（4）商业委托支付。反馈协议支付申请报文（epcc.201.001.01）中交易流水号字段（TrxId），交易类型字段填写“网联商业委托”。

（5）付款业务。反馈付款申请报文（epcc.211.001.01）中交易流水号字段（TrxId），交易类型字段填写“网联付款”。

（二）商户名称和交易发生地。对银行卡收单业务，银行和支付机构应当准确填写“商户名称”数据项。对于通过自动柜员机办理的业务，银行应当在“交易发生地”字段填写办理该笔业务的自动柜员机布放地址。

（三）备注。交易通过网联处理的，在备注中填写“网联”；交易通过银联处理的，在备注中填写“银联”。

（四）支付机构应当支持根据清算机构发送的交易流水号进行查询；同时支持根据银行卡号查询交易明细，在“支付账户交易明细查询”报文（报文类型编码A00301）中，当“明细查询操作的传入参数”<DataType>=01时，支付机构依据传入的支付账号，查询该账号下所有账户交易明细并反馈；当<DataType>=02时，支付机构依据传入的银行卡号，查询该银行卡号所绑定的支付账户交易明细并反馈。

二、交易查询要求

对于公安机关发起交易信息明细查询（银行对应报文类型编码为100301，支付机构对应报文类型编码为A00301），银行和支付机构应当支持查询近两年内的交易，同时支持查询当日交易。对于查询反馈结果超过1000笔交易信息的，反馈最近1000笔交易。对于已撤销账户，支持查询销户前交易明细。

十四、支付机构外汇业务管理办法

（一）发文时间：2019年4月

（二）发布机构和字号：汇发〔2019〕13号

（三）出台背景

为积极支持跨境电子商务发展，防范互联网外汇支付风险，国家外汇管理局于2013年在北京、上海、重庆等5个地区启动支付机构跨境外汇支付试点，并于2015年将试点扩大至全国，外汇局跨境外汇支付许可的第三方支付机构也达30多家。随着跨境电子商务快速发展，市场主体对跨境外汇支付及结算提出了更多需求，比如服务贸易新业态发展对跨境支付提出了新的挑战，而支付机构在创新跨境结算服务满足市场需求的同时，也出现个别支付机构存在真实性审核职责履行不到位等问题。需要出台管理办法完善支付机构外汇业务管理，在为跨境电子商务结算提供便利的同时，防范跨境资金流动风险。

（四）与产业互联网平台相关的政策要点解读

（1）《管理办法》对支付机构外汇业务定义是支付机构通过合作银行为市场

交易主体跨境交易提供的小额、快捷、便民的经常项下电子支付服务，包括代理结售汇及相关资金收付服务，并且支付机构需办理贸易外汇收支企业名录登记后方可开展外汇业务。这项规定明确了支付机构必须是取得《支付许可证》和外汇局关于电子商务外汇支付业务试点的批复文件后才可从事外汇业务，同时支付机构不得利用经营资格违规办理资本项目尤其是目前尚未放开管制的资本项目。

（2）在《管理办法》出台前，只有和外汇局合作的试点支付机构可以从事外汇业务，但《管理办法》明确了支付机构从事外汇业务的范围和条件，可能会有更多支付机构入局，特别是在境内电子商务市场竞争激烈，央行对支付监管趋严的情况下，中小支付机构对于小额、便捷、便民的支付场景可能会有介入机会。对于产业互联网平台来说，部分平台可能会涉及跨境交易，了解《管理办法》中对于市场交易主体身份的真实性、合法性的核验和对交易的真实性、合法性及其与外汇业务的一致性审查要求有利于平台更好地规划跨境交易业务。

十五、关于规范代收业务的通知（征求意见稿）

（一）发文时间：2019 年 12 月

（二）发布机构：中国人民银行

（三）出台背景

安全和效率是支付服务发展的目标，但通常也是一对矛盾体。代收业务的基本特征是付款人事先授权，实际交易发生时不再逐笔确认，这为交易双方都提供了便利，但因为代收交易验证强度较弱，容易造成付款人的资金风险。近年来因业务开展不规范导致的资金损失风险事件逐渐暴露，人民银行本次发布的征求意见稿便是基于前期对代收业务风险梳理研究的基础上起草的，旨在进一步规范代收业务的各参与方的行为，以保障金融消费者的合法权益，防范代收业务风险。

（四）与产业互联网平台相关的政策要点解读

征求意见稿对代收业务进行了明确的定义，针对代收业务的范围，根据不同的签约条件，给出了代收业务不同的使用场景，并以附表的形式列出了使用场景说明，今后支付机构或者平台开展代收业务时可以对照查看支付业务是否属于代收范围。如征求意见稿除规定代收机构不得为各类投融资交易、P2P 网络借贷等办理支付业务外，也不能为各类交易场所（平台）和电子商务平台等办理支付业务，不过一些原本可以通过代收代扣方式实现的不需要付款人逐笔确认的小额交易业务可以依据《非银行支付机构网络支付业务管理办法》（中国人民银行公告〔2015〕第43号公布）有关小额免密支付业务的规定执行，交易平台在设计相关业务的支付功能时需要考虑以上规定。

（五）与产业互联网平台在线支付相关的关键条款摘录

一、代收业务定义

（一）本通知所称代收业务，是指经付款人同意，收款人委托代收机构按照约定的频率、额度等条件，从付款人开户机构扣划付款人账户资金给收款人，且付款人开户机构不再与付款人逐笔进行交易确认的支付业务。

代收业务适用于收款人固定，付款频率或额度等条件事先约定且相对固定的特定场景。

四、代收业务适用场景

（一）对于付款人与收款人、付款人与付款人开户机构、收款人与代收服务机构分别签订代收服务协议的，付款人开户机构可支持付款人（代收服务机构可根据收款人委托）通过代收业务办理便民服务、政府服务、通讯、非投资型保险等相关税费缴纳，公益捐款，信用卡及银行贷款偿还，资金归集，以及缴纳租金、会员费用等小额便民业务。（详见附表《代收业务适用场景》）

（二）对于付款人、收款人及付款人开户机构同时签订三方代收服务协议的，除上述适用场景外，付款人开户机构还可支持付款人（代收服务机构还可根据收款人委托）通过代收业务办理教育培训费用缴纳、小额贷款公司贷款偿还、金融机构发行的定期或定额基金理财产品购买、投资型保险费用缴纳等业务。（详见附表《代收业务适用场景》）

（五）代收机构应当采取有效措施控制代收业务适用场景，不得通过代收业务为各类投融资交易、外汇交易、股权众筹、P2P网络借贷，以及各类交易场所（平台）和电子商务平台等办理支付业务。

（六）银行或支付机构在每次交易活动完成后向付款人开户机构发送支付指令、但无须付款人逐笔验证即从付款人支付账户或银行账户划转资金的支付业务，执行《非银行支付机构网络支付业务管理办法》（中国人民银行公告〔2015〕第43号公布）有关小额免密支付业务的规定，不得通过代收业务办理。

附表：代收业务适用场景

<table>
<tr><th colspan="3">类　　型</th><th>说　　明</th></tr>
<tr><td rowspan="9">需符合“四、代收业务适用场景”第（一）条规定的授权要求</td><td colspan="2">便民缴费</td><td>水、电、煤、燃气、供暖、废弃物处理费用、物业费、交通出行费用</td></tr>
<tr><td colspan="2">政府服务税费</td><td>涉及政府服务（社会保险、社会保障服务）的税收、财政非税收入、五险一金</td></tr>
<tr><td colspan="2">公益捐款</td><td>向社会福利与公益慈善组织的捐款</td></tr>
<tr><td colspan="2">通讯服务费</td><td>固话、手机、网络、电视等缴费</td></tr>
<tr><td colspan="2">还款</td><td>信用卡还款、银行业金融机构贷款还款</td></tr>
<tr><td colspan="2">保险费用</td><td>保费缴纳（不含投资型保险）</td></tr>
<tr><td colspan="2">资金归集</td><td>同一法人控股集团内收款、同一品牌特许经营类收款、具有合法资金收付协议关系的企业上下游资金归集等</td></tr>
<tr><td rowspan="2">小额便民</td><td>跨机构业务</td><td>缴纳租金、会员费用等，具体由清算机构制定并报告人民银行后实施</td></tr>
<tr><td>本机构业务</td><td>缴纳租金、会员费用等，具体由付款人开户机构制定并报告人民银行后实施</td></tr>
<tr><td rowspan="4">需符合“四、代收业务适用场景”第（二）条规定的授权要求</td><td colspan="2">教育培训费用</td><td>限定为经教育主管部门、人社部门等有权部门批准成立的教育及培训类机构费用缴纳</td></tr>
<tr><td colspan="2">小额贷款公司贷款偿还</td><td>—</td></tr>
<tr><td colspan="2">基金理财产品购买</td><td>限定为金融机构发行的定期或定额基金理财产品</td></tr>
<tr><td colspan="2">保险费用</td><td>保费缴纳（投资型保险）</td></tr>
</table>